Martin Dahms
Spanien

Martin Dahms

Spanien

Ein Länderporträt

Ch. Links Verlag, Berlin

Para Rosa, que pronto lo leerá.

Die Deutsche Nationalbibliothek verzeichnet diese Publikation
in der Deutschen Nationalbibliografie;
detaillierte bibliografische Daten sind im Internet über
http://dnb.d-nb.de abrufbar.

1. Auflage, März 2011
© Christoph Links Verlag GmbH
Schönhauser Allee 36, 10435 Berlin, Tel.: (030) 44 02 32-0
www.christoph-links-verlag.de; mail@christoph-links-verlag.de
Umschlaggestaltung: KahaneDesign, Berlin,
unter Verwendung eines Fotos vom
traditionellen Stierlauf in Pamplona, 2009 (imago/Gran Angular)
Lektorat: Günther Wessel, Berlin
Satz: Agentur Siegemund, Berlin
Druck und Bindung: Druckerei F. Pustet, Regensburg

ISBN 978-3-86153-631-4

Inhalt

Vorwort

»Neu an einem Ort, möchte man nach einer Woche
ein Buch schreiben. Nach einem Monat einen Artikel.
Nach einem Jahr nichts mehr.« (Journalistenerfahrung)

»Und? Gefällt dir Spanien?«, bin ich tausend Mal von Spaniern
mit weit aufgerissenen Augen gefragt worden, die nur eine Antwort zuließen: Na klar! Und wie! Früher habe ich ohne Zweifel
geantwortet: Na klar! Und wie! Deswegen war ich ja nach Spanien gekommen: weil es mir gefiel, und deswegen beschloss ich
zu bleiben und nahm mir eine Wohnung mitten in Madrid. Den
ganzen September über renovierte ich in Papierhut und Unter-
hose, denn es war so heiß in Madrid, wie man sich das vor-
stellt. Ich bekam Besuch von deutschen Freunden, die mich nicht
wegen der Wohnung beneideten, die etwas dunkel war, sondern wegen der Hitze und wegen Madrid, der Stadt, die sie für
so ungefähr die coolste Stadt Europas hielten. Und erst die Spanierinnen! – Was auch immer geschähe, ein Jahr würde ich mindestens bleiben, und wenn es die Umstände gut mit mir meinten, vier oder fünf. Und dann zurück nach Deutschland. Ich
rechnete nicht damit, in Spanien auf Dauer heimisch zu werden.
Um hier Wurzeln zu schlagen, glaubte ich, müsste ich zum Spanier werden, und zum Spanier würde ich nicht werden, ob ich
wollte oder nicht.

Über Weihnachten flog ich zum ersten Mal für ein paar Tage
nach Deutschland. Kurz vor Silvester, spät abends, landete ich
wieder in Madrid. Ich nahm mir ein Taxi, das mich vom Flughafen Barajas zu meiner Wohnung bringen sollte. Als wir die
Puerta de Alcalá umrundet hatten, sah ich vor mir den festlich
beleuchteten Cibeles-Brunnen und ein paar Meter dahinter, auf
der Ecke zur Gran Vía, die ebenso festlich beleuchtete Fassade

des Metrópolis-Gebäudes. Mir dehnte sich der Brustkorb vor Glück. Es war das Glück, nach Hause zu kommen.

Das war 1994, und ich lebe immer noch in Madrid. Die Umstände meinten es gut mit mir. Nach drei Jahren kaufte ich mir eine Wohnung (Wohnungen waren damals noch billig in Spanien) und dachte nicht mehr daran, nach Deutschland zurückzukehren. Offenbar musste ich nicht zum Spanier werden, um hier Wurzeln zu schlagen. Ich begann mich als Deutscher unter Spaniern heimisch zu fühlen. Madrid ist eine gastfreundliche Stadt, die meisten Madrider sind selbst Zugezogene oder Kinder von Zugezogenen. Auswärtige sind willkommen, und falls irgendjemand gegen mich als Deutschen Vorurteile gehegt haben sollte, hat er es mich nicht spüren lassen. Im Gegenteil empfand ich einen gewissen Exotenbonus, der mir das Leben leicht machte.

Doch natürlich geschah etwas mit mir. Ich blieb nicht der Deutsche, der ich war. Auf einmal fielen mir merkwürdige Verhaltensweisen an anderen Leuten auf: Frauen reichten mir die Hand, statt mir die Wange zum Kuss entgegenzuhalten; fremde Leute setzten sich im Restaurant an meinen Tisch; Gesprächspartner zuckten zusammen, wenn ich sie am Arm berührte. Deutsche! – Vielleicht sollte ich ein Buch über Deutschland schreiben. Mir ist Spanien so vertraut, dass ich die Muster immer schwerer erkenne, die Spanien von anderen Ländern unterscheiden. Für jede offenbare nationale Eigenart fällt mir ein Gegenbeispiel ein. Die Spanier reden laut und schnell? Alba redet leise und bedächtig. Die Spanier gehen gern bis in den frühen Morgen aus? Carlos ist das zu teuer. Die Spanier sind katholisch, lieben den Stierkampf und hören den ganzen Tag Flamenco? Bestimmt gibt es den Klischeespanier. Ich bin ihm aber noch nicht begegnet.

Heute fragt mich kaum noch ein Spanier, ob mir Spanien gefällt. Heute sagen sie: »So lange lebst du schon in Spanien? Na dann gefällt es dir aber!« Ich kann darauf nicht mehr so unbefangen antworten wie früher. Ist es denn möglich, dass einem ein ganzes Land gefällt? Das wäre ja die reinste Liebesgeschichte. Aber Liebesgeschichten mit ganzen Ländern kann ich mir nicht vorstellen, so wenig wie Gustav Heinemann, der auf die Frage, ob er denn diesen Staat, diese Bundesrepublik

Deutschland, liebe, etwas unwirsch antwortete: »Ach was, ich liebe keine Staaten, ich liebe meine Frau; fertig!« Wenn ich heute gefragt werde, ob mir Spanien gefalle, antworte ich: Mir gefällt mein Leben in Spanien – mein Leben in der Altstadt von Madrid, mein Leben unter spanischen und ausländischen Freunden, mein Leben als Journalist, der von Berufs wegen häufiger Beobachter als Teilnehmer ist. Nur aus dem Blickwinkel dieses Lebens kann ich Ihnen etwas über Spanien erzählen. Ich werde versuchen, das einzige Spanien zu beschreiben, das ich kenne: mein Spanien. Sollten Sie bei einem Besuch auf ein anderes Spanien stoßen, würde mich das nicht wundern.

Der Umweg nach Europa

»Spanien ist das Problem, Europa die Lösung.«
(José Ortega y Gasset)

Hinter den Pyrenäen beginnt Afrika, soll Alexandre Dumas der Ältere gesagt haben.

Wahrscheinlich hat er es nie gesagt. Als Dumas schon gestorben war, erklärte sein Sohn, Alexandre Dumas der Jüngere, einem spanischen Freund: »Der berühmte Satz, der meinem Vater zugeschrieben wird und in dem er nach seinem Gutdünken die Geografie verändert, ist apokryph. Sie werden ihn in keinem seiner Texte finden. Sowohl mein Vater als auch ich waren leidenschaftliche Bewunderer Spaniens, obwohl wir in der Provinz Granada von der gesamten Einwohnerschaft eines Dorfes, an dessen Namen ich mich nicht erinnern möchte, mit Steinen beworfen wurden.«

Trotz ungeklärter Urheberschaft hat der Satz vom Afrika hinter den Pyrenäen Furore gemacht. Ich hörte ihn in abgewandelter Form zum ersten Mal 1995 von einer spanischen Kollegin während eines Kongresses auf Lanzarote. Sie sagte: »Spanien ist das nördlichste Land Afrikas«, weil Spanien im Vergleich zu Europa etwas zurückgeblieben sei und weil fast 800 Jahre arabischer Herrschaft ihre Spuren in der Mentalität der Spanier hinterlassen hätten. Ich glaubte der Kollegin kein Wort. Wir waren auf Lanzarote, also geografisch in Afrika, aber alle schwarzwilde Natur konnte nicht das europäische Gepräge der Insel überdecken. In Madrid fühlte ich mich sowieso zu Hause: zu Hause in Europa. Nur die Spanier selbst hatten ihre Zweifel. Damals verreisten sie noch wenig ins Ausland, und wenn das Gespräch auf London oder Rom oder die griechischen Inseln kam, sagten sie: »Ich bin noch nie in Europa gewesen.« Sie meinten den Kontinent jenseits der Pyrenäen. Und in der Madrider Zeitung *El Mundo* erschien eine Karikatur, die eine Europa-Flagge zeigte, auf der ein Stern durch zwei Pobacken ersetzt worden war. Die Botschaft: Spanien ist der Arsch Europas.

Spanien war mal das mächtigste Land der Welt. In der zweiten Hälfte des 16. Jahrhunderts herrschte Philipp II. über ein Reich, in dem die Sonne niemals unterging. Doch alles Gold und Silber aus den amerikanischen Kolonien verhinderte nicht Spaniens wirtschaftlichen und politischen Abstieg. »Gegen Ende des achtzehnten Jahrhunderts war fast überall in Westeuropa das Mittelalter ausgetilgt. Auf der Iberischen Halbinsel, die auf drei Seiten vom Meer, auf der vierten von Bergen abgeschlossen ist, dauerte es fort,« schreibt Lion Feuchtwanger in *Goya oder der arge Weg der Erkenntnis*. Zu Beginn des 19. Jahrhunderts verlor Spanien die meisten seiner Kolonien, und während im Rest Europas die Ideen von Demokratie und Kapitalismus zu keimen begannen, blieb Spanien zurück. Weder ideell noch materiell hatte das Land etwas zur Entwicklung Europas beizutragen.

Um die Wende vom 19. zum 20. Jahrhundert fanden es die klügeren Spanier an der Zeit, dass Spanien endlich seine mentalen Pyrenäen überwinde. Während eines Vortrages in Bilbao im März 1910 forderte der damals gerade 26 Jahre alte Philosoph José Ortega y Gasset die Erneuerung Spaniens: »Erneuerung ist untrennbar von Europäisierung. Erneuerung ist der Wunsch – Europäisierung ist das Mittel, ihn zu befriedigen. Es war von Anfang an klar zu sehen, dass Spanien das Problem war und Europa die Lösung.«

In seiner zugespitzten Form – Spanien ist das Problem, Europa die Lösung – wurde Ortegas Bemerkung zum geflügelten Wort. Wollte Spanien aus seiner Misere herausfinden, müsste es sich dem Rest Europas nähern und ihm ähnlicher werden. Doch daraus wurde vorerst nichts. Den späten Frühling der Demokratie, die 1931 ausgerufene Zweite Republik, zertrampelte General Francisco Franco. Der im Spanischen Bürgerkrieg (1936–1939) siegreiche Diktator verordnete seinem Land Autarkie und traditionelle Werte: Die Armen blieben arm, die Frauen am Herd und die Jungen ohne Illusionen. Franco hielt nichts von einer

Annäherung an Europa, schließlich lauerten in Europa die Kommunisten. Die spanischen Kinder lernten in der Grundschule wieder, dass – Gott sei Dank! – hinter den Pyrenäen Afrika beginne. Wenn überhaupt, dann sollte sich Europa Spanien nähern, Heimstatt von Christentum und katholischer Moral.

Weil aber das Fressen vor der Moral kommt und die Spanier schon viel zu lange hungerten, leitete das Franco-Regime 1959 die wirtschaftliche Kehrtwende ein und gab seine fatale Autarkiepolitik auf. In den 1960er Jahren kamen die europäischen Touristen ins Land und legten sich im Bikini an die spanischen Strände. Die Spanier staunten: So frei war Europa! Und Hunderttausende spanische Emigranten in Frankreich, der Schweiz oder in Deutschland staunten auch: So frei war Europa, und so reich!

Doch erst mit dem Tod des Diktators Ende 1975 öffnete sich Spanien aus vollem Herzen dem Rest des Kontinents: Europa war die Lösung! Und der Kontinent öffnete sich Spanien. Nachdem das Land den Übergang zur Demokratie gewagt und geschafft hatte, wurde es 1986 zur Belohnung in die damalige Europäische Gemeinschaft aufgenommen. Erst feierten die Spanier. Und dann schimpften sie, weil Zugehörigkeit zu Europa auch Konkurrenz aus Europa bedeutete. Überall nur deutsche, französische, holländische Waren! Weinstöcke mussten ausgerissen, Milchquoten eingehalten, der Fischfang reduziert werden. Spanien war wirklich der Arsch Europas. Dass gleichzeitig die Exporte von Apfelsinen, Zitronen und sonstigem Obst und Gemüse sprunghaft anstiegen, machte weniger Schlagzeilen. Darum merkten es die Leute anfangs kaum, dass Spanien ab Mitte der 1990er Jahre zum Wirtschaftswunderland aufstieg. Das Inlandsprodukt wuchs stärker als im Rest Europas und die Beschäftigung auch. Und weil die Regierung noch dazu den Staatshaushalt in den Griff bekam, durfte Spanien, was vorher viele nicht für möglich gehalten hätten, von Anfang an beim Euro mitmachen. Grund für neu erwachten europäischen Stolz: Wir sind immer noch arm, aber richtige Europäer.

Die relative Armut – das spanische Prokopfeinkommen lag Ende der 1990er Jahre bei 80 Prozent des EU-Durchschnitts – war keine Schande, sondern eine Herausforderung: für die anderen. Schon der Sozialist Felipe González, Regierungschef von

1984 bis 1996, besaß keine Hemmungen, die Partnerländer mit seinen Forderungen nach Solidarität zu nerven. Er hatte Erfolg damit. Das reichere Europa gab sich großzügig und trug mit Kohäsions- und Regionalfonds jahrelang mehr als 1,5 Prozent zur spanischen Wirtschaftsleistung bei. Auch der konservative González-Nachfolger José María Aznar, Regierungschef von 1996 bis 2004, wollte nicht als europäischer Subventionsversager dastehen. Noch im Frühjahr 2001 pochte er darauf, dass Spanien wegen des Beitritts ärmerer osteuropäischer Länder zur EU zwar verhältnismäßig reicher aussehe als früher, aber wegen dieses »statistischen Effektes« keinesfalls benachteiligt werden dürfe. Europa war gut. Aber am besten war Europa, wenn es Geld brachte.

Irgendetwas geschah dann. Für Mentalitätswandel gibt es keinen Stichtag, er vollzieht sich unmerklich, und erst im Rückblick wird er augenfällig. Kurz vor seinem Ausscheiden aus dem Amt als Regierungschef Anfang 2004 sagte José María Aznar in Brüssel: »Wir haben immer gesagt: Unser Ehrgeiz ist es, kein Kohäsionsland mehr zu sein, sondern wie ein wohlhabendes Land zu denken. Und wir sind kurz davor, dieses Ziel zu erreichen. Spanien muss diese Tatsache akzeptieren und eine entsprechende Mentalität annehmen.« Was Spanien vor allem akzeptieren musste: dass der Geldfluss aus der EU-Hauptstadt spärlicher rinnen würde. Unwahr an Aznars Behauptung war nur, dass er das schon immer gesagt habe. Aber er hatte Recht in der Hauptsache: Spanien war nicht mehr der arme Verwandte hinter den Pyrenäen, sondern eine der am kräftigsten wachsenden Wirtschaften der Europäischen Union. Das Preußen des Südens: verlässlich, ernsthaft, zielstrebig. Vorbei die Zeiten der Bettelei in Brüssel. Aznars sozialistischer Nachfolger José Luis Rodríguez Zapatero, Regierungschef seit 2004, fordert keine Geschenke mehr. Er fordert seinen Platz am Tisch der Großen: im Kreis der G-20. Spanien ist erwachsen geworden. Es ist kein Problemkind mehr. Spanien ist Europa – also ein Teil der Lösung.

»Als junger Mann«, sagt der Soziologe Emilio Lamo de Espinosa, Jahrgang 1946, »bin ich mit einem unbezwingbaren Minderwertigkeitskomplex durch Europa gereist und – warum soll ich's nicht sagen – fast beschämt, ein Spanier zu sein. Wenn meine Kinder reisen, tun sie es nicht komplexbeladen, sondern stolz. Es gibt nichts, wessen sie sich schämen müssten. Ganz im Gegenteil.«

Spanien, eine Erfolgsgeschichte. Aber sie ist hier noch nicht ganz zu Ende.

Am Telefon. Ich verabrede mich mit einem Spanier zum Interview: »Damit Sie mich erkennen, ich sehe so aus, wie Sie sich einen Deutschen vorstellen, groß, blond, Brille …« – »Und ich bin der typische Spanier, dunkelhaarig, klein, hässlich …« Großes Gelächter am anderen Ende der Leitung.

Gewöhnlich zeichnen sich Spanier nicht durch den Hang zur Selbstironie aus, aber wenn sie »groß und blond« hören, fällt ihnen zur Selbstbeschreibung sofort »klein und hässlich« ein. Antonio Banderas hin oder her. Meinen sie das ernst? Ja, ein bisschen. Im Juni 2008 hatte es die spanische Fußballnationalmannschaft ins Viertelfinale der Europameisterschaft geschafft. Der Gegner würde Italien sein. Am Vorabend zeigte der Fernsehunterhalter Andreu Buenafuente in seinem Nachtprogramm erst ein Bild des gut aussehenden italienischen Nationaltrainers Roberto Donadoni und dann eines des spanischen Trainers Luis Aragonés mit seinem verknautschten Arbeitergesicht. Das Publikum lachte, und Buenafuente grinste: Seien wir ehrlich – können wir die besiegen?

Irgendwo sitzt da noch ein Zweifel. Können wir das? Sind wir so schön wie die anderen? Seit 44 Jahren hatte das spanische Nationalteam kein wichtiges Turnier mehr gewonnen, obwohl der spanische Fußball doch Weltruhm besaß. Alle zerbrachen sich den Kopf über das Rätsel des fußballerischen Missgeschicks der Nationalmannschaft. War da ein kollektives Unterlegenheitsgefühl im Spiel – der unbezwingbare Minderwertigkeitskomplex von Lamo de Espinosa? Oder lag es doch am unvollständig entwickelten Nationalstolz, weil baskische und katalanische Spieler lieber für ihre eigene statt für die spanische Fahne gespielt hätten? Beides gab es und gibt es: Mangelndes Vertrauen in die eigenen Leistungen und ein zersplittertes Nationalgefühl. Beides vergaßen die spanischen Spieler bei der EM 2008. Sie besiegten die Italiener. Und dann die Russen. Und dann die Deutschen. Spanien wurde Europameister. Und zwei Jahre später Weltmeister.

Viele Spanier sind immer noch verwundert über die eigenen Erfolge. Sie glauben es kaum, dass die spanischen Züge pünktlicher sind als die deutschen, dass der Madrider Flughafen, der in den 1980er Jahren noch ein Provinzflughafen war, fast so viel Verkehr bewältigt wie der Frankfurter und dass sie in der ganzen Welt bei *Zara* einkaufen können. Nur dass der berühmteste Koch der Welt, Ferran Adrià, ein Spanier ist, das wundert sie nicht. Auf ihre Küche haben sie immer große Stücke gehalten. An Heimatstolz fehlt es den Spaniern nicht. »Como aquí no se vive en ninguna parte« – »so (gut) wie hier lebt man nirgends«, ist ihre felsenfeste Überzeugung. Sie halten sich für Weltmeister in der Kunst, das Leben zu genießen, und da ist was dran. Allerdings ist mit dem »hier« meistens nicht das ganze Land gemeint, sondern der kleine Zipfel Land, auf den einen die Geburt verschlagen hat: das eigene Dorf, die Stadt, die Region. Die *patria chica* – das kleine Vaterland. Wenn außerhalb Spaniens vor allem vom katalanischen und baskischen Nationalismus zu hören ist, dann deshalb, weil dort die militantesten Separatisten zu Hause sind, nicht, weil Spanien ansonsten ein homogenes Ganzes wäre, eine unverbrüchliche Einheit. Asturianer behaupten, dass sie sich in Andalusien wie im Ausland fühlten, Valencianer wollen nichts mit ihren nördlichen Nachbarn, den Katalanen, zu schaffen haben, und die Kanaren stehen mit ihren Füßen sowieso in Afrika. Spanien ist zerbrechlicher als man außerhalb Spaniens ahnt.

Am Tag nach dem EM-Sieg ihrer Fußballnationalmannschaft über die italienische erfuhren die Spanier von einem fast noch schöneren Sieg: Spanien hatte Italien beim Prokopfeinkommen um ein paar weitere Punkte abgehängt. Spanien vor Italien, dem Gründungsmitglied der Europäischen Gemeinschaft! – Ein paar Wochen später gab die Banco de España bekannt, dass die spanische Wirtschaft im zweiten Quartal 2008 zum ersten Mal nach vierzehn unglaublichen Boomjahren nicht mehr gewachsen sei. Das war der Anfang vom Absturz. Spanien erlitt einen Schwächeanfall, von dem es sich zwei Jahre später noch nicht erholt hatte. Die sozialistische Regierung entschuldigte sich damit, dass die Krise aus den USA nach Spanien herübergeschwappt sei, was die konservative Opposition nicht gelten ließ: Die Unfähigkeit der Sozialisten sei für den Schlamassel verantwortlich. Es war alles wie üblich: Regierung und Opposition schlugen sich gegenseitig die Köpfe ein. Aber keine von beiden ließ einen Zweifel daran, dass es mit Spanien demnächst wieder aufwärts gehen werde. Die Krise: nur eine Panne, die bald behoben sei. Auch die Zeitungskommentatoren, ob links oder rechts, trauten Spanien trotz allen beunruhigenden Defiziten die Lösung seiner Probleme zu – wenn bloß die politische Klasse mitspielte.

Nur abends beim Rotwein hörte ich Sätze, die nicht in den Zeitungen standen: Wir haben's einfach nicht raus. Wir sind eben keine Deutschen. Hier wollen alle bloß schnelles Geld verdienen. Die alten Selbstzweifel. Fehlte nur noch, dass jemand Spanien zum nördlichsten Land Afrikas erklärt hätte. Das tat aber keiner. Das wissen meine Freunde auch: Spanien ist in Europa angekommen. Beinahe jedenfalls.

Ankunft

Mission: Impossible – über den Kampf der Spanier mit dem Englischen

»Spanisch zu sprechen ist eine Frage des Überlebens.« (Rosa)

Es ist leicht, sich mit Spaniern zu verstehen. Wenn man sie versteht. Leider sprechen sie kein Englisch. Als Tom Cruise im Juli 2000 zur Spanien-Premiere von »Mission: Imposible II« nach Madrid reiste, ließ er sich im Kino von einem spanischen Fernsehreporter interviewen. Ein Dolmetscher musste die Fragen ins Englische und die Antworten ins Spanische bringen. Weder war es dem Sender eingefallen, einen Englisch sprechenden Kollegen auf den Termin zu schicken, noch war es dem Reporter peinlich, auf die Dienste eines Dolmetschers angewiesen zu sein. Schlechte oder gar keine Englischkenntnisse sind keine Schande, sondern der Normalfall. Während einer Debatte auf dem Weltwirtschaftsforum 2010 in Davos saß Spaniens Regierungschef José Luis Rodríguez Zapatero zehn Minuten lang hilflos auf dem Podium, weil er die anderen, Englisch sprechenden Redner nicht verstand und der Übersetzungsdienst versagte. Zapateros Vorgänger José María Aznar gab sich Mühe und hielt als Ex-Premier Vorträge an der Washingtoner Georgetown-Universität – in solch exotischem Englisch, dass es nur der Gutwilligkeit seiner Zuhörer zu danken war, dass sie ihn nicht auslachten. Das tun seitdem die Spanier, wenn sie den Youtube-Hit »Aznar en Georgetown« anklicken.

Nun gut, das klingt nach mutwilliger Verallgemeinerung. Schröder und Merkel sind auch keine Englischleuchten. Also ein paar Zahlen. Als die Europäische Kommission Ende 2005 die Europäer nach ihren Fremdsprachenkenntnissen befragte, sagten 44 Prozent der Spanier, dass sie außer ihrer Muttersprache mindestens noch eine andere Sprache gut genug beherrschten, um sich darin zu unterhalten. Das war einer der niedrigsten Werte in der EU. Näher betrachtet, sah das Ergebnis noch kümmerlicher aus: Da es in Spanien auch katalanische, baskische und galicische Muttersprachler gibt, benannten 9 Prozent der Befragten als erste Fremdsprache Spanisch, weitere 10 Prozent eine der Regionalsprachen. Das hilft dem ausländischen Besucher nicht weiter. Halbwegs flüssiges Englisch sprachen nach eigenem Bekunden nur 23 Prozent der Befragten (in Deutschland waren es 48 Prozent). Wobei Ex-Premier Aznar nicht der einzige Spanier ist, der ein eher unorthodoxes Englisch spricht. Da wären noch die Flugbegleiter. Im Zug geht ein herzliches »Ssenkju foa trewelling wis Deutsche Bahn« noch durch, aber im Flugzeug möchte man im Fall der Fälle gerne die Anweisungen zur Benutzung der Notrutsche verstehen. Als meine spanische Freundin Rosa und ich vor kurzem nach Mallorca flogen und fasziniert dem vollkommen unverständlichen Begrüßungsenglisch der Iberia-Stewardess lauschten, meinte Rosa plötzlich: »Siehst du, Spanisch zu sprechen ist eine Frage des Überlebens.« Es gibt natürlich Ausnahmen. Manche Spanier beherrschen Englisch wie ihre Muttersprache.

Den Wert von Fremdsprachen erkennen die Spanier durchaus an. In der oben erwähnten Umfrage sagten fast zwei Drittel der Spanier, dass jedermann in der Europäischen Union zwei Fremdsprachen beherrschen sollte (von den Deutschen fand das nur ein gutes Drittel). Der Wille ist da. Schon 1900, als sich Spanien auf seinen langen Weg nach Europa machte, bemerkten die Autoren eines königlichen Dekretes zur Reform der Sekundarschule: »Um die unheilvolle Isolierung, in der wir gelebt haben, hinter uns zu lassen, ist die Kenntnis der lebenden Sprachen unvermeidlich.« Viele Jahrzehnte war Französisch die meistgelehrte Fremdsprache, seit den 1970er Jahren ist das Englische auf dem Vormarsch. Heute wird selbst in der Vorschule Englisch unterrichtet. Aber gute Ergebnisse lassen auf sich warten. Eine deutsche Freundin, die in Madrid einige Jahre jungen Erwachsenen Englisch-Unterricht gab, stöhnte: »Sie können *he* und *she* nicht unterscheiden!« (Was daran liegen mag, dass es im Spanischen weder den H- noch den SCH-Laut gibt.) Die Spanier sind selbst etwas verzweifelt. »Wissenschaftlich gesichert ist, dass kein fehlendes Chromosom es dem Spanier unmöglich macht, korrektes Englisch zu sprechen«, schrieb eine *El País*-Autorin 2008 in ihrem Artikel: »Warum kostet es uns solche Mühe, Englisch zu sprechen?« Klare Antworten auf ihre Frage hatte die Autorin auch nicht. Lange machten die Spanier das schlechte franquistische Bildungssystem verantwortlich, aber Franco ist nun auch schon lange tot. Wahrscheinlicher ist, dass das Bildungssystem immer noch nicht auf der Höhe der Zeit ist. Mitschreiben statt mitreden ist an Schule und Uni die Regel. Die Spanier lernen Englisch schreiben und Englisch lesen, aber nicht Englisch sprechen. Kino und Fernsehen in Originalversion würde helfen, aber wie in Deutschland werden in Spanien Filme und Serien synchronisiert. Also geben die spanischen Familien viel Geld aus, um ihre Kinder zum Englischkurs nach Großbritannien oder Irland zu schicken. Das hilft, aber es hilft nicht immer. Dem Lernerfolg steht die Sehnsucht nach Landsleuten im Wege: Spanier sind im Ausland gerne unter sich. Sie finden sich selbst unterhaltsamer als ihre Gastgeber, und ihr eigenes Essen schmeckt ihnen auch besser. Sie lassen es sich gut gehen, aber sie lernen kein Englisch.

Zum Glück für die Spanier ist Spanisch eine weit verbreitete Sprache. Die Römer brachten das Lateinische auf die Iberische Halbinsel, woraus sich im Laufe der Jahrhunderte das Spanische und Portugiesische entwickelten (und das Katalanische und Galicische). Die Spanier brachten ihre Sprache nach Amerika, nachdem Kolumbus ihnen vor 500 Jahren die Neue Welt entdeckt hatte. Und die Lateinamerikaner sind gerade dabei, das Spanische in die USA zu bringen, diesmal nicht als Eroberer, sondern als Küchenhilfen. Das Instituto Cervantes (das spanische Gegenstück zum deutschen Goethe-Institut) berichtete 2008, dass in den USA bereits 45 Millionen Spanischsprecher lebten, mehr als in Spanien selbst; nur in Mexiko mit seinen gut 100 Millionen Einwohnern gibt es mehr spanische Muttersprachler. Der US-Erfolg ihrer Sprache gefällt den Spaniern und hat ihren Filmstars – Antonio Banderas, Penélope Cruz oder Javier Bardem – den Weg nach Hollywood geebnet. Würden sich das Arabische oder das Rumänische ähnlich schnell in Spanien ausbreiten, gefiele das den Spaniern wahrscheinlich weniger. Außerhalb Spaniens und an Spaniens Rändern nennen die Menschen ihre spanische Muttersprache *castellano*, also Kastilisch, weil das Spanische in Spaniens Herzregion Kastilien entstand. Heute ist es den meisten Studien zufolge die nach Chinesisch am weitesten verbreitete Sprache der Welt.

Der Rang als Weltsprache hat das Spanischlernen populär gemacht, auch in Deutschland, wo Spanisch (mit einigem Abstand) nach Englisch und Französisch die meistgelehrte Sprache ist. Spanien profitiert von der Beliebtheit seiner Sprache, gut 150 000 Ausländer kommen im Jahr, um Spanisch in Spanien zu lernen. Wer vorher schon eine andere romanische Sprache gelernt hat, dem wird Spanisch nicht allzu schwerfallen. Und zum Glück für den Spanischlernenden kommt er mit seinem spanischen Spanisch in der ganzen spanischsprachigen Welt durch. Man wird die Herkunft seiner Spanischkenntnisse an seinem spanisch gelispelten Z und an der geringen Melodiosität seiner Aussprache erkennen, aber man wird ihn verstehen. Und umgekehrt wird er sich nach wenigen Tagen in andere Akzente des Spanischen eingehört haben.

Wer sich mit seinem ersten unbeholfenen Spanisch unter die Spanier begibt, wird schnell belohnt: »¡Qué bien hablas!«, bekommt er zu hören, wie gut du sprichst! Wer, wie die meisten Spanier, im Kampf mit fremden Sprachen regelmäßig der Unterlegene ist, der hat großen Respekt vor jedem, der sich ins Abenteuer stürzt, die seine zu lernen. Zum Glück ist es leicht, sich mit Spaniern zu verstehen.

Kommunikationswunder und -weh – wie Spanier miteinander reden

»Du *musst* laut sprechen. Wie soll man dich sonst verstehen, wenn alle gleichzeitig reden?« (Piedi)

Einer Vorstellung spanischer Gesprächskunst wohnte ich zum ersten Mal im Sommer 1990 bei. Wir saßen mit einer Gruppe von Freunden in einer Berliner Küche und hatten zwei Spanierinnen zu Besuch. Die eine war ein Jahr lang als Erasmus-

Studentin in Berlin gewesen und sprach flüssiges Deutsch, die andere, mit ein paar Deutschkursen im Gepäck, hatte nach einem weinseligen Abend ihre Hemmungen abgeworfen und redete drauflos, als sei sie in Deutschland geboren. Die beiden erzählten Fluganekdoten. Uns Deutschen gingen die Ohren über. Wir saßen da, hörten zu und konnten nicht mithalten. Wir fühlten uns wie Rollstuhlfahrer, die Kubanern beim Salsatanzen zuschauen. Die Spanierinnen erzählten ihre Geschichten mit Witz, Begeisterung und Spielfreude. Eine versuchte die andere zu übertreffen. Mit Gefühl für Tempo und Rhythmus. Mal graziös, mal derb. Voller Stegreifmetaphern: »Auf dem Flughafen war es so voll wie ... in Japan.« Was zählte, war die Lust, den Moment zu leben. Nichts anderes im Kopf, als sich zu unterhalten und uns zu unterhalten.

Wenn Spanier einen schönen Abend unter Freunden verbracht haben, werden sie wahrscheinlich am nächsten Tag erzählen: »¡Qué risas!« – »was haben wir gelacht!« Und sie erstrahlen in Erinnerung an ihr eigenes Gelächter. Ein Deutscher kann sich einen schönen Abend vorstellen, bei dem nicht gelacht wurde. Eine anregende Unterhaltung muss nicht zum Lachen sein. Für einen Spanier gehört es jedoch dazu. Er lernt, andere zum Lachen zu bringen. Er beherrscht die Kunst der Anekdote. Und er hat ein paar Witze auf Lager. Es ist ziemlich wahrscheinlich, dass auf einem Fest jemand anfängt, Witze zu erzählen. Andere lassen sich animieren und erzählen etwas aus ihrem Repertoire. Das kann sich lange hinziehen. Und ziemlich wahrscheinlich werden die Witze bald schmutziger. Die Spanier lieben schmutzige Witze: Ein Hotelgast kann nicht schlafen, weil er aus dem Nachbarzimmer immer wieder eine Männerstimme rufen hört: »Organisation!« Nach dem dritten Mal geht er in den Flur hinaus, die Tür zum Nachbarzimmer ist nur angelehnt, als er sie öffnet, sieht er im Halbdunkel vier nackte Frauen und zwei Männer, von denen sich einer gerade von hinten über den anderen hermacht – der ruft gebieterisch: »Organisation!« Nicht zum Lachen? Ich bin kein Spanier, wahrscheinlich kann ich keine Witze erzählen.

Spanier haben einen Hang zum Ordinären. Das kann sehr lustig sein. Peter Ustinov erzählte mal von einem Auftritt in Spanien, bei dem die Zuschauer so lautstark jubelten, dass er verzweifelt rief: »Da fallen mir ja die Ohren ab!« Worauf einer aus dem Publikum zurückrief: »Besser als der Schwanz!« Recht hatte er, fand Ustinov. Eine andere Geschichte hat mir eine spanische Freundin erzählt: wie sich während einer Semana-Santa-Prozession in Málaga ein Mann in mittleren Jahren vor einer Marien-Figur auf die Knie warf und ihr inbrünstig anbot: »Schöne, Schöne, ich werde deine Möse vernaschen!« (Meine Freundin Rosa sagt: Aber das beschreibt doch nicht Spanien! Sie hat Recht: So sind die Spanier nicht. Aber Spanien ist das einzige Land, in dem ich mir einen solchen Ausbruch sexuell aufgeladener Frömmigkeit vorstellen kann.)

Im Alltag kann einem der häufige Gebrauch von Kraftausdrücken auf die Nerven gehen. Es gibt Leute, die kommen keine zwei Sätze ohne ¡joder!, ¡coño! oder ¡hostias! aus. *Joder* ist ein etwas veralteter Ausdruck für den Liebesakt, etwa wie bumsen; *coño* heißt Möse, *hostias* Hostien (die so, fluchend, entweiht werden). Nicht nur das blöde Volk liebt diese Wörter. Als der spanische Schriftsteller Camilo José Cela 1989 den Literaturnobelpreis zuerkannt bekam, rief er aus: »¡Por fin, coño!«, also etwa: »Endlich, verdammt!« Wer öffentlich so redet, will zeigen, dass er ein ganzer Kerl ist, der sich die guten Sitten sonstwohin stecken darf. Auf der Straße ist das Mackergerede allgegenwärtig. »¡Me cago en la puta!«, ruft einer aus, wenn er sauer oder enttäuscht ist. Wörtlich sagt er: »Ich scheiße auf die Nutte.« Warum tut er das? Oft scheißt er auch »en la leche« – in die Milch (gemeint ist die Muttermilch, die einst jemand anderen aufpäppelte). Und wenn er etwas richtig gut findet, dann ist das »de puta madre« – nuttenmütterlich. Nicht alle Spanier reden so. Die Wohlerzogeneren hassen es, dass die anderen so reden. Aber die anderen sind die Mehrheit.

Wer zum ersten Mal nach Spanien kommt und kein Spanisch versteht, der glaubt, in einem Land des ewigen Streits gelandet zu sein. Nicht wegen der Kraftausdrücke, die er noch nicht versteht, sondern wegen der Lautstärke. Als ich vor vielen Jahren meine spanische Freundin Marián im Wagen vom Flughafen in Frankfurt abholte, machten wir unterwegs Halt an einer Autobahnraststätte. Wir setzten uns in die Cafeteria und erzählten uns was. Da merkte Marián plötzlich auf und fragte mich: »Hörst du was?« Ich hörte nichts. »Eben,« sagte sie, »man hört hier nichts.« In der Cafeteria saßen lauter Deutsche und unterhielten sich, und man hörte sie nicht. Spanier hört man. Vom Weltraum aus kann man die Chinesische Mauer sehen und die Lichter von Las Vegas, und Spanien hört man. Spanier brüllen sich an. Öffentlich. Sie treffen sich lieber in der Kneipe als zu Hause, meistens in größeren Gruppen. Es fängt damit an, dass einer was zu erzählen hat und alle es hören sollen. Ein anderer hat aber auch was zu erzählen und quatscht dem ersten dazwischen, der deswegen noch lange nicht aufhört zu reden, sondern nur etwas lauter spricht, der andere aber auch, und der dritte, der sich einmischt, noch lauter. So geht das.

Zum Bedürfnis, den anderen zu übertönen, kommt die Lust an der Inszenierung. Spanier spielen mit Worten gerne ganze Szenen aus dem Leben nach. Statt der Kunst der Reduzierung üben sie die Kunst der Ausschmückung. Dialoge werden nicht zusammengefasst, sondern vorgeführt: »Él dice ... yo digo ... él dice ... yo digo ...« – »er sagt ... ich sage ... er sagt ... ich sage ...« Ein nacherzählter Streit wird in der Erzählung wahrscheinlich viel heftiger ausgefochten, als er stattgefunden hat. Für einen ahnungslosen Deutschen kann das sehr böse klingen. Zumal die Spanier zum Verzweifeln schnell reden und ihre Sprache nicht besonders melodiös ist. Sie schießen ihre Worte heraus wie Maschinengewehrsalven. Kein Wunder, dass sich der Neuankömmling erschreckt. Bald wird er feststellen, dass alles Theater ist. Dass die Spanier lachen und sich gern haben.

Geborene Schauspieler. Vor einer Kamera blühen sie auf. Auf der Bühne werden sie so theatralisch, als sei das 19. Jahrhundert noch nicht zu Ende gegangen, woran aber die Regisseure schuld sind. Fernsehjournalisten sind dann am besten, wenn sie live vor der Kamera stehen. Als am 11. September 2001 der Terror über New York hereinbrach, musste die Präsentatorin Ana Blanco im ersten Programm des Staatssenders TVE durch eine Sendung führen, in der nichts vorgeplant war und die sich statt über 45 Minuten über mehr als sieben Stunden hinzog. Nie fehlten ihr die Worte, nie verhaspelte sie sich. Seit ich mich an spanische Live-Übertragungen von Fußballspielen (oder vom Eurovisions-Wettbewerb) gewöhnt habe, klingen mir die deutschen fad. Und erst im Radio: Da überkommen einen die Fußballreportagen wie Amazonasgewitter. »¡Gol gol gol gol gol goooooooooool!«

Die Redekunst stößt an ihre Grenzen, wenn bei einem Gespräch etwas herauskommen soll. Sagen wir: bei einer Hausversammlung. Ich habe wunderbare Nachbarn. Wenn sich zwei im Treppenhaus über den Weg laufen, bleiben sie für einen Moment stehen und tauschen die wichtigsten Neuigkeiten aus. Mindestens das Wetter gibt verlässlich zu reden, weil die Madrider immer finden, dass es gerade zu kalt oder zu heiß ist. Soweit alles prima – bis wir uns im neonbeleuchteten Keller unserer Hausverwaltung treffen, um die Jahresendabrechnung abzusegnen, den Einbau eines Fahrstuhls zu erwägen oder notwendige Renovierungsarbeiten auf den Weg zu bringen. Die Hausversammlungen haben die geheime Funktion einer Gruppentherapie. Jeder entledigt sich der Gewichte, die ihm auf der Seele liegen. Es gibt eine Tagesordnung, aber niemand hält sich daran. Zwecklos, seine Hand zu heben, um so ums Wort zu bitten: Es reden sowieso alle gleichzeitig. In diesem Moment fühle ich mich unsichtbar. (So wie ich mich lange an Kneipentresen unsichtbar fühlte, weil ich dumm darauf wartete, dass mir der Barmann mit einem Blick zu verstehen gäbe, dass ich an der Reihe sei. Hier muss man rufen wie alle anderen auch: »¡¡Oye!!, ¡¡ponme una caña!!« – »hör mal, stell mir ein Bier hin!«) Vor einiger Zeit wollten wir die alte Hausmeisterwohnung, die wir über etliche Jahre vermietet hatten, verkaufen, doch zwei der Nachbarn stellten sich quer. Statt über das Für und Wider eines möglichen Verkaufs zu debattieren, begannen alle gleichzeitig lautstark ihr Herz zu entlasten. »Die im vierten Stock rechts wollen eine ihrer Terrassen in ein Zimmer umwandeln, das ist illegal!«, »Dieser Mieter in der Hausmeisterwohnung hat ein paar Monate seine Miete nicht bezahlt, was für ein dreister Kerl!«, »Es sieht ganz so aus, als ob bei uns jeder Rollläden in der Farbe anbringt, die ihm gerade passt!«, »Als ich Präsident der Hausgemeinschaft war, habe ich drei paar Schuhe verschlissen, um Kostenvoranschläge für eine Grundrenovierung unseres Hauses zu besorgen!«, »Und was ist mit den Subventionen, die uns die Stadtverwaltung versprochen hat?« Die Hausmeisterwohnung ist bis heute nicht verkauft, einen Mieter haben wir schon lange nicht mehr.

Auf solchen Versammlungen herrscht wirklich keine gute Stimmung. Einige der Nachbarn beschimpfen sich ernsthaft.

Verblüffenderweise ist beim Bier danach alle schlechte Laune verflogen. Luisa, Rentnerin und die redseligste von allen, beschreibt ihre letzte Blasenoperation als komisches Abenteuer, und schon lacht der ganze Haufen. Die Spanier sind nicht nachtragend, scheint mir. Oder vielleicht sind sie doch nachtragend, aber sie lassen sich davon nicht den Abend verderben. Deswegen halten auch spanische Familien besser zusammen als deutsche. Nicht dass Eltern und Kinder keine Konflikte durchmachten. Aber sie ignorieren die Konflikte. »Warum soll ich mich mit meinem Vater streiten? Er wird sich doch nicht ändern«, sagen sie. Wir Deutschen diskutieren die Dinge gerne aus. Die Spanier nicht so gerne. Das ist sympathisch. Und manchmal fatal.

Die Spanier beherrschen die Kunst der Unterhaltung, aber ihre Gesprächskultur ist ein Desaster. Hemos discutido – wir haben diskutiert – bedeutet: Wir haben uns gestritten. Unterschiedlicher Meinung zu sein, ist ein Anlass für Streit, nicht für eine fruchtbare Diskussion. »No te quiero convencer«, sagt einer zum anderen, »ich will dich nicht überzeugen.« Dass aus These und Antithese eine Synthese erwachsen könnte, hält ein Spanier für ganz unmöglich. Eine deutsche Erasmus-Studentin in Madrid erzählte mir, wie sie während eines Seminars ihrem Professor widersprach. Der antwortete: »Du siehst, wir sind nicht derselben Meinung.« Womit der Widerspruch erledigt war.

Die Unlust, abweichenden Überzeugungen mit Argumenten zu begegnen, führt im Privaten dazu, dass die meisten Spanier Diskussionen aus dem Wege gehen. Über Politik wird so lange geredet, wie sich alle einig sind. Kommen ernsthafte Meinungsverschiedenheiten auf, ist der beliebteste Ausweg der Themenwechsel. Ist die Debatte öffentlich, wird gnaden- und fruchtlos weitergeredet. Fernsehen und Radio füllen ihre Sendezeit mit *tertulias*, stundenlangen Gesprächsrunden, in der die Teilnehmer von nichts eine Ahnung, aber zu allem eine Meinung haben. (Ja, das ist böse zugespitzt. Aber weniger, als Sie denken.) Weil sich die *tertulianos* gewöhnlich gegenseitig ins Wort fallen, hat TVE ein Format erfunden, das den Diskutanten Fesseln anlegt: In der wöchentlichen Debattensendung *59 segundos* dürfen die Teilnehmer nicht länger als 59 Sekunden am Stück sprechen, dann versinkt das Mikrofon vor ihnen im Pult. So reden immerhin nicht alle gleichzeitig, ansonsten verbessert es die Qualität der Debatte kaum. Die wenigsten der geladenen Gäste haben ein Interesse, ihre Zuhörer von irgendetwas zu überzeugen. Sie hauen sich bloß ihre Meinungen um die Ohren. Den Spaniern fällt dazu ein Goya-Bild ein: Im »Duelo a garrotazos« schlagen zwei Gestalten mit Knüppeln gegenseitig aufeinander ein, während sie bis zu den Knien im Dreck stecken. Leider hat sich Spaniens Streitkultur in den vergangenen 200 Jahren wenig fortentwickelt.

Das beunruhigt auch die klügeren Spanier. Fernando Savater, einer der einflussreichsten Philosophen Spaniens, schrieb 1997 in seinem Essay *El valor de educar* (deutsch: *Darum Erziehung*): »Diskutieren, bestreiten, begründen zu lernen, was man denkt, ist ein unverzichtbarer Teil jeder Erziehung, die den Titel ›humanistisch‹ für sich in Anspruch nimmt. Dafür reicht es nicht, sich klar und deutlich ausdrücken zu können [...], sondern man muss auch die Fähigkeit entwickeln, dem zuzuhören, was auf dem diskursiven Turnierplatz vorgeschlagen wird.« Und weil es an dieser Stelle hakt in Spanien, mehr als in anderen Ländern, schlug Savater vor einigen Jahren die Einführung eines Schulfaches vor, das den Schülern (neben anderen Fähigkeiten) das Diskutieren beibringen solle. Die sozialistische Zapatero-Regierung griff die Idee auf und setzte 2006 die *Educación para la Ciudadanía* auf den Stundenplan – die Erziehung zum Staatsbürgertum. Spaniens Rechte und die katholische Kirche bekämpften das Schulfach und riefen die Lehrer zur »Gewissensverweigerung« auf, weil Erziehung Sache der Eltern sei, nicht des Staates. In Wirklichkeit hatten sie Angst, dass den Kindern zu viel Toleranz beigebracht werde, gegen Homosexuelle zum Beispiel. Das Fach gibt es trotzdem noch, aber die Lehrpläne sind so weit verwässert, dass jede Schule ihre eigene Staatsbürgererziehung betreibt und niemand mehr weiß, ob die einst hochgesteckten Ziele erreicht werden.

So bleiben die Spanier Unterhaltungskünstler. Um der lauernden Verallgemeinerung zu entkommen: Manche sind zugleich die klügsten Gesprächspartner. Wie es ja auch unterhaltsame Deutsche gibt.

Quadratköpfe – was Spanier
über die Deutschen wissen

»Bestimmt hat sie Haare unter den Achseln.«
(Youtube-Kommentar eines Spaniers zu Lena Meyer-Landrut)

Verabredung um 17 Uhr im Büro einer Pressefrau. Ich bin drei
Minuten zu spät. Pünktlichkeit ist die Höflichkeit der Könige,
aber ich bin kein König, und außerdem lebe ich schon lange in
Spanien. Drei Minuten zu spät ist so gut wie pünktlich, auch
wenn es um eine berufliche Verabredung geht. Die Empfangsdame ruft im Büro der Pressefrau an und bittet mich zu warten.
Also warte ich. Auf einem Tischchen liegt eine Zeitung, in der
ich herumblättere. Eine wirklich schlechte Zeitung. Die Pressefrau kommt nicht. Ich fühle mich wie beim Zahnarzt. Die wollte
doch was von mir und nicht ich von ihr. Nach zehn Minuten
stehe ich auf und gehe, unbemerkt von der Empfangsdame.
Nachher habe ich zwei Nachrichten auf dem Anrufbeantworter
meines Mobiltelefons: Wo ich denn sei? Ob man mich zu lange
habe warten lassen?
   »In Spanien ereignet sich nichts zur angesetzten Zeit. In der
Regel geschieht alles zu spät«, schrieb George Orwell in seinem
Bürgerkriegsbericht *Mein Katalonien*: »Ein Zug, der um acht
Uhr abfahren soll, wird normalerweise irgendwann zwischen
neun und zehn abfahren, aber vielleicht einmal in der Woche
fährt er dank einer persönlichen Laune des Lokomotivführers
um halb acht ab.« Das ist lange her, die Dinge haben sich geändert. Die spanischen Züge sind pünktlich. Die Madrider U-Bahn
ist pünktlich. (Was daran liegt, dass auf dem Fahrplan keine
festen Uhrzeiten stehen. Auf dem Fahrplan steht: Die Züge kommen alle drei bis fünf Minuten. Das tun sie auch.) Stierkämpfe
beginnen pünktlich. Das Kino beginnt pünktlich. Mehr fällt mir
nicht ein.
   Unpünktlichkeit macht das Leben entspannter. Vor allem für
den Unpünktlichen. Er muss sich nicht abhetzen, kann seinen
Kaffee in Ruhe austrinken, muss kein Telefongespräch über-
stürzt abbrechen, erledigt, was er noch zu erledigen hat. Und
macht sich auf den Weg, umso entspannter, je weniger er mit

sozialer Missbilligung zu rechnen hat. Wahrscheinlich zeichnen sich die Spanier nicht so sehr durch Unpünktlichkeit aus, als dadurch, dass sie Unpünktlichkeit eher klaglos hinnehmen. Das ist sehr freundlich. Und verführerisch. Was sind schon drei Minuten?

Penible Pünktlichkeit wird in Spanien »britische Pünktlichkeit« genannt. Das mag für Deutsche enttäuschend sein, die glauben, die Pünktlichkeit erfunden zu haben. Es waren aber die Briten, glauben die Spanier. Die Deutschen dagegen sind *cabezas cuadradas*, Quadratköpfe. Sie machen alles nach Plan, sonst gehen ihnen die Koordinaten verloren. Pünktlich sind sie nicht aus Höflichkeit, sondern aus Fantasielosigkeit. »Solche Sturköpfe!«, sagt meine spanische Freundin Sonia, die in ihrer Firma viel mit Deutschen zu tun hat. Meine 17-Uhr-Verabredung, die ich nach zehn Minuten Warterei ihrem Schicksal überließ, hat mich bestimmt als »Quadratkopf, Quadratkopf, Quadratkopf« beschimpft, so wie ich es andere Spanier in anderen Situationen murmeln gehört habe (wenn es um andere quadratköpfige Deutsche ging). Ich habe den Quadratkopf schon selbst gemurmelt: wenn ein Deutscher im Restaurant darauf bestand, genau seinen Anteil der Rechnung zu begleichen, nicht mehr, nicht weniger. Das ist in Spanien nicht üblich. Da wird der Rechnungsbetrag durch die Zahl der Köpfe geteilt, und jeder zahlt gleich viel. (Aber weil in Spanien, wie sonst auf der Welt, die Dinge nie ganz so sind, wie man erwartet, treffe ich in letzter Zeit immer mehr Spanier, die auf genauer Abrechnung bestehen. Allerdings aus der Furcht, *zu wenig* zu bezahlen, nicht zu viel.) »Die Deutschen sind Geizhälse«, sagte mir eine Deutsche, die seit Jahrzehnten in Spanien lebte, als ich gerade selbst in Spanien angekommen war. Ob auch die Spanier die Deutschen für Geizhälse halten, weiß ich nicht. Für den Geizhalsspott haben die Spanier ihre eigenen Leute, die Katalanen. Wie heißt »Lass uns die Rechnung bestellen« auf Katalanisch? »Ich muss mal aufs Klo.« Klischees. Um die soll's hier gehen.

In das spanische Bild vom Quadratkopf passen all die Vorurteile hinein, die wahrscheinlich auch der Rest der Welt über die Deutschen hegt. Im Wesentlichen sind die Deutschen: effizient und freudlos. Sie bauen die besten Maschinen und funktionieren wie Maschinen. Auch die deutsche Fußballnationalmannschaft funktioniert wie eine Maschine, ganz gleich, wie sie spielt. Deutschland ist eine Maschine, da kann man nichts machen. Wenn aber einer zum anderen sagt: »Eres una máquina«, »du bist eine Maschine«, dann ist das zum Glück ein Kompliment. Dann beherrschst du dieses oder jenes so gut, wie es der Komplimentmacher nur einer Maschine zutrauen würde (wenn du zum Beispiel die Restaurantrechnung ohne Taschenrechner durch sieben geteilt bekommst (und heimlich gleich mit überschlägst, ob du mit den spanischen Zahlungssitten gut oder schlecht wegkommst)). Maschine Deutschland ist gar kein so übles Bild.

Feste verstehen die Deutschen natürlich nicht zu feiern (außer der *Fiesta de la Cerveza*, dem Bierfest, wie das Münchner Oktoberfest auf Spanisch heißt und wo offenbar jeder Spanier schon mal gewesen ist). Aus Sicht der Spanier versteht eigentlich niemand Feste so zu feiern wie sie selbst. Außerdem essen die Deutschen immerzu Würstchen, hin und wieder in Form einer *bratwurst,* begleitet von *chucrut* (Sauerkraut) und Bier in großen Krügen. Deutsche Küche ist mutmaßlich ein Desaster, was ebenfalls keine Schande ist, weil die spanische Küche die beste der Welt ist, wenn man die Spanier fragt, und außer ihnen sowieso keiner kochen kann. Und deutsche Frauen rasieren sich weder die Beine noch die Achseln, geschweige denn privatere Zonen. Das haben die Spanier einst an ihren Stränden beobachtet, und das vergessen sie so schnell nicht wieder. Als Lena Meyer-Landrut im Mai 2010 den Eurovision Song Contest gewann, kommentierte ein Spanier auf Youtube: »Sie ist süß. Aber bestimmt hat sie Haare unter den Achseln.« Da half auch der Augenschein nicht: Auf dem Video ließ sich Lena unter die Arme schauen. Und da war nichts.

Spanier kennen Deutsche vor allem in Gestalt von Touristen. Bekanntlich ist der Mensch als Tourist nicht der beste Botschafter seines Landes, trotzdem hat das Deutschlandbild der Spanier durch die deutschen *Ballermänner* keinen ernsthaften Schaden genommen. Engländer seien schlimmer, sagen mir die Spanier. Vielleicht sagen sie den Engländern, dass die Deutschen schlimmer seien. So genau sind Engländer und Deutsche für einen Spanier auch nicht auseinanderzuhalten. Die einen wie die anderen sind *guiris,* hellhäutige Ausländer. Über *guiris* wissen die Spanier, dass sie sich gerne rot brennen lassen, Sangría trinken (was die Spanier seltener tun) und auch bei größter Hitze Socken in Sandalen tragen. *Guiri* besitzt etwa den Beleidigungsgehalt von Ami oder Wessi – kommt ganz darauf an, wer das Wort in welchem Zusammenhang benutzt. Als ich einst, am Tresen der Bahnhofskneipe von Málaga, mal wieder nicht bedient wurde, weil ich nach Kellnerblicken haschte, statt laut meine Bestellung einzufordern, rief die eine Bedienung endlich der anderen zu: »Der *guiri* wartet noch.« Worauf ich sagte: »Der *guiri* will ein Wasser.« Das war der Bedienung peinlich. Wenn sie gewusst hätte, dass ich Spanisch verstehe, hätte sie sich den *guiri* gespart.

Die meisten *guiris* verstehen kein Spanisch, weder die Touristen noch die Residenten an der Mittelmeerküste oder auf den Urlauberinseln. Sie reden drauflos, wie ihnen der Schnabel gewachsen ist, und erwarten von ihren Gastgebern sprachliches Entgegenkommen. Die Spanier fügen sich, so schwer ihnen Fremdsprachen von der Zunge gehen. Die Kellner, Rezeptionisten und Souvenirverkäufer in den Feriengettos sprechen ausreichendes Ferienenglisch, und wo die Deutschen gebieten, sprechen sie Feriendeutsch: »Zwei Mal Menü Nummer 5, alles klar.« Wenn ich Spanier an der Playa de Palma auf Spanisch anspreche, müssen sie erst den inneren Schalter umlegen, um mir auf Spanisch zu antworten. Man sieht es in ihrem Gesicht.

Ein deutsches Wort kennen alle Spanier: *kartoffen*. Sie finden das sehr lustig. Dass da noch ein L wäre, wissen sie nicht. Manchmal, eher selten, nennen sie die Deutschen fröhlich oder despektierlich *kartoffen*. Sie kennen auch den Anfang der deutschen Nationalhymne, »Deutschland, Deutschland über alles«, welchen Anfang sonst? Und den *führer*, das *reich*, den *nazi*, *Mein kampf*. In die Hochsprache sind das *hinterland*, die *realpolitik*, das *lied* eingegangen, auch das *leitmotiv*, das die meisten Spanier für ein lateinisches Wort halten. Deutsch klingt nicht schön, finden die Spanier, die kein Deutsch sprechen. Zu viele harte Konsonanten, zu viele merkwürdige Zischlaute. Wie heißt *autobús* auf Deutsch? *Suban, empujen, estrujen, bajen*. Steigen Sie ein, drücken Sie, drängeln Sie, steigen Sie aus. Der Scherz liegt im drei Mal kehligen J, das wie das deutsche CH ausgesprochen wird: empu*ch*en-estru*ch*en-ba*ch*en – die Spanier machen das Deutsche etwa so nach wie die Deutschen das Arabische.

Manche lernen es trotzdem. Es soll Leute geben, die Kant-Hegel-Marx im Original lesen wollen. Ich kenne eine Spanierin, die nach einer jugendlichen *Hyperion*-Lektüre beschloss, Deutsch zu lernen, und heute literarische Übersetzerin ist. Manche lernen Deutsch, weil sie an der Strandbar ihr Geld verdienen wollen. Der deutsche Botschafter in Madrid findet, dass man Deutsch lernen sollte, weil Deutschland nach Frankreich Spaniens zweitwichtigster Handelspartner ist und mehr als 1100 deutsche Unternehmen eine Niederlassung in Spanien haben oder an spanischen Firmen beteiligt sind. Aber die meisten lernen Deutsch, weil sie auf die eine oder andere Weise mit Deutschen verbandelt sind. So wie meine Freundin Rosa. Sie kämpft. Wenn sie nach dem richtigen Zisch- oder Reibelaut sucht – einem SCH, einem CH als Vorder- oder Hintergaumenlaut, einem stimmhaften oder scharfen S –, wenn diese Laute zum Unglück von einem einzigen Vokal zusammengehalten werden – wie im schönen Wort »sprichst« –, dann hört sich Rosa an wie ein Weltempfänger auf der Suche nach dem richtigen Sender. Nach einer Studie des staatlichen Sozialforschungsinstituts CIS aus dem Jahr 2010 sagen 1,6 Prozent der Spanier von sich, dass sie Deutsch sprechen oder schreiben können. Mehr als zwei Drittel von ihnen fanden die Sprache schwer oder sehr schwer zu lernen. Aber dann, auf einem »Rammstein«-Konzert in Madrid, hörte ich Tausende mitsingen: »Du ... du hast ... du hast mich ... du hast mich gefragt, und ich hab nichts gesagt.« Geht doch.

Etliche Spanier haben ihre Deutschkenntnisse aus Deutschland mitgebracht. Einst, in schlechteren Zeiten, waren sie im Zug vom spanisch-französischen Grenzbahnhof Irún zum Kölner Hauptbahnhof gefahren, von wo sie zu ihrem Arbeitsplatz irgendwo in Deutschland gebracht wurden. Gastarbeiter nannte man sie damals. Insgesamt 600 000 Spanier machten sich zwischen 1960 und 1973 als Arbeitsemigranten auf den Weg nach Deutschland, dann kam der Anwerbestopp. »Es war ein karges Leben dort«, sagt die Schriftstellerin Carmen Santos, die ihre Kindheit als Gastarbeitertochter in Düsseldorf verbrachte. »Die Idee war, sehr hart zu arbeiten, um so schnell wie möglich zurückzukehren.« Fast alle kehrten zurück. Im Moment des Anwerbestopps Ende 1973 waren 70 Prozent der vorher eingereisten Spanier schon wieder in der Heimat. Sie nahmen ihre Erinnerungen und ein paar Brocken Deutsch mit (ihre Kinder mehr als nur ein paar Brocken). Ob es gute oder schlechte Erinnerungen sind, danach fragt sie keiner – dass Spanien mal ein Land von Emigranten war, ist heute fast vergessen. Die Spanier, die in Deutschland blieben, haben sich dort heimischer gemacht als die meisten anderen Ausländer. Aber das ist eine andere Geschichte.

Wenn Spanier heute nach Deutschland fahren, tun sie es als Touristen. So wie meine Nachbarin Luisa, die mit fast siebzig Jahren zum ersten Mal Spanien verließ, um endlich ihr Traum-schloss Neuschwanstein zu besichtigen. In ihrer Wohnung hat sie 25 goldgerahmte Neuschwansteinpuzzles hängen. Die unge-rahmte Wirklichkeit hat ihr noch besser gefallen. »Alles so sau-ber, so ordentlich, so viele Blumen, so viel Grün.«

Deutschlands stärkster Magnet ist Berlin. Fragt man einen Spanier, ob er schon mal in Deutschland war, sagt er wahr-scheinlich: Er wolle unbedingt mal nach Berlin. Vor einigen Jahren bekam ich von einer deutschen Zeitung den Auftrag, spanische Prominente nach ihrem Berlin-Bild zu befragen, und sie gaben die unwahrscheinlichsten Liebeserklärungen ab. »Ich stelle mir Berlin wie eine offene Hand vor, in deren Linien jedes menschliche Wesen sein Heim findet«, sagte die Schauspielerin Angela Molina. »Berlin ist unermesslich und magisch, eine Stadt der Märchen«, meinte die Flamenco-Sängerin Estrella Morente, die, wie Molina, noch nie in Berlin gewesen war. »Berlin ist ganz sicher die modernste Stadt Europas, vor London«, behauptete die Modemacherin Miriam Cobo. Eine etwas genauere Ahnung vom Großstadtgefühl Berlins hatte der Schriftsteller Javier Marías, der mitten in Madrid lebt und seine Stadt mehr ver-flucht als liebt. »Ich kann mir vorstellen, dass sowohl Madrid als auch Berlin Städte sind, auf die ihre Bewohner nicht beson-ders stolz sind – und in denen sie sich gerade deshalb wohl-fühlen. Sie benutzen sie mehr als dass sie sie verehren. Dafür sind Städte da: in ihnen zu leben, nicht dafür, sie zu bewun-dern.« Die Spanier bewundern Berlin trotzdem. Die deutsche Hauptstadt ist etwa so groß wie die spanische, die beiden sind miteinander verschwistert, aber sonst haben sie wenig gemein. Madrid funktioniert, die Stadt ist der wirtschaftliche Motor

Spaniens, die Straßen sind vom Verkehr verstopft, wie es sich die Berliner nicht ausmalen können – trotzdem riecht es hier immer noch ein wenig nach Provinz (was seinen Charme hat). Berlin funktioniert nicht, ist aber eine Kulturmetropole von Weltrang. Das ahnen die Spanier. Deswegen kamen sie vielleicht auch auf die etwas abwegige Idee, Berlin – die Stadt, ihre Menschen – 2009 mit dem »Prinz-von-Asturien-Preis für Eintracht« auszuzeichnen, aus Anlass des 20. Jahrestages des Mauerfalls. Ein Preis für eine Revolution also, und Berlin wurde als Ausführende dieser Revolution gewürdigt.

Deutschland und seine Hauptstadt Berlin sind den Spaniern ein ferner Spiegel. Um die eine Diktatur zu überwinden, mussten Deutschland und Berlin in Schutt und Asche gelegt werden, um die andere zu überwinden, reichte friedlicher Protest (und die passende weltpolitische Lage). Spanien wurde seinen Diktator los, indem es ihn in Ruhe im Bett sterben ließ, erst dann machte es sich an die Arbeit für einen demokratischen Wiederaufbau, der unruhig, aber letztlich glücklich über die Bühne ging. Die Geschichte verläuft nie in ganz gleichen Bahnen. Aber vielleicht trug die Erinnerung an die gerade selbst überwundene Diktatur dazu bei, dass kein Land die Entwicklung in Deutschland nach dem Mauerfall mit solcher Sympathie verfolgte wie Spanien. Als Helmut Kohl vor einigen Jahren den spanischen Europapreis Karl V. verliehen bekam, hielt der spanische Ex-Premier Felipe González die Laudatio für den lieben Freund Helmut. In seiner Dankesrede erzählte Kohl, wie ihn Felipe am Tag der Einheit, 1990, angerufen habe. Er sitze gerade zu Hause bei einer Flasche Rotwein. »Diese Flasche trinke ich auf dein Wohl und auf das Wohl Deutschlands«, habe Felipe gesagt. Einer der bewegendsten Momente seines Politikerlebens sei das gewesen, sagte Kohl. Felipe habe, ohne zu zögern, Ja zur deutschen Einheit gesagt. Er sei der Einzige gewesen.

Deutschland ist weit genug weg, um den Spaniern keine Angst zu machen. In Spanien gibt es, anders als im großen Rest Europas, keine bösen Erinnerungen an den Naziterror. Hitler griff in den Spanischen Bürgerkrieg ein, aber er tat es auf Bitten Francos. Den großen Nachbarn Frankreich betrachten viele Spanier immer noch mit leichtem Argwohn (weil es der große Nachbar ist), für das größere Deutschland empfinden die meisten fast nur

Respekt und Sympathie. Sollen die Deutschen ruhig Quadratköpfe sein. Es lässt sich mit ihnen leben.

Nicht erziehungsberechtigt – über den Umgang der Spanier mit fehlender Zivilisiertheit

»Por favor, respeta los espacios comunes.« – »Bitte achte die Gemeinschaftsräume.« (Hinweis, ausschließlich auf Spanisch, in einer Amsterdamer Jugendherberge)

Zwei Minuten von meiner Haustür entfernt standen bis vor kurzem drei Container: einer für Papier, einer für Glas und einer für Verpackungen. Trotz täglicher Leerung quoll der Papiercontainer schon morgens um zehn über, weil die Leute vom Supermarkt gleich um die Ecke ihre Pappkartons hineinwarfen, ohne sie zusammenzufalten, und noch einen Haufen Plastikhüllen hinterherstopften, als ob es weit und breit keinen Verpackungsmüllcontainer gäbe. Typisch Spanier (denkt der Deutsche), die haben den Bürgersinn nicht erfunden und das Umweltbewusstsein schon gar nicht. Es gibt aber auch andere Spanier. Die alten Damen zum Beispiel, die täglich bei ihren Containern vorbeischauen und aus einer kleinen Tüte einen aufgerissenen Briefumschlag, ein leeres Gurkenglas und einen ausgewaschenen Joghurtbecher hervorholen, um alles in den passenden Container zu werfen. Die Spanier sind so oder so. Die zivilisierteren unter ihnen sind nicht froh über die unzivilisierten. Aber sie halten den Mund.

Die Erkenntnis kam mir an einem sonnigen Sonntag, als ich einer jungen Frau begegnete, die ihren halben Hausrat in einen Papiercontainer entsorgte. Eine Nachttischlampe verschwand in der Containeröffnung, ein blinder Spiegel war schon auf halbem Wege. Da rief ich, eher verblüfft als empört: »Aber der gehört doch da nicht rein!« Sie antwortete leicht beschämt: »Naja, in die anderen passt er nicht«, und warf den Spiegel der Lampe hinterher. Ich ging weiter. Ich hatte etwas getan, was kein Spanier tut: Ich hatte mich in die Angelegenheiten fremder

Leute gemischt. Ein Spanier sagt einem anderen Spanier nicht, was er zu tun oder zu lassen hat. Als sich eine spanische Freundin während eines Deutschlandurlaubs an einer Tankstelle eine Zigarette anzündete, bat sie ein freundlicher Herr, der gerade seinen Wagen betankte, die Zigarette wieder zu löschen. Meine Freundin war ehrlich sauer. »Was kümmert den, was ich tue?« Vielleicht hatte er Angst, dass die Tankstelle in die Luft fliegt. Aber das hielt meine Freundin für übertrieben.

Leute, die anderen Leuten vorhalten, dass sie bei Rot über die Ampel gehen oder im Halteverbot geparkt haben, sind auch in Deutschland nicht beliebt. Verhaltensforscher nennen sie »altruistische Nörgler«, weil ihre Meckerei keinen unmittelbaren persönlichen Vorteil sucht. Ihre moralische Überheblichkeit ist schwer erträglich, aber sie nützt der Gemeinschaft, weil zivilisiertes Verhalten nicht nur aus Einsicht entsteht, sondern auch aus Furcht vor Sermonen. Auch ich trage den altruistischen Nörgler in mir (er ist aber im Laufe der Jahre schüchterner geworden). Einmal machte ich in meiner Nachbarschaft einen älteren Herren auf die Hinterlassenschaften seines Hundes aufmerksam. »Kümmere dich um die Dinge in deinem eigenen Land!«, sagte er. Ein anderes Mal platzte ich einem jugendlichen Graffitero in die Arbeit. Die ganze Madrider Altstadt ist graffitiverseucht, mein Viertel am schlimmsten. Wie Hunde, die an jede Straßenecke pinkeln, hinterlassen die Sprayer an allen Wänden ihren Schriftzug. Die Stadtverwaltung gibt im Jahr sechs Millionen Euro fürs Saubermachen aus, aber das ist wie Bügeln: Sisyphusarbeit. Die Sprayer sprayen alles wieder voll und versauen Madrid, so hoch ihr Arm reicht. »Die Schönheit Madrids beginnt im ersten Stock«, sagt mein deutscher Freund Winand. Mein jugendlicher Graffitero verewigte sich gerade an einem Erdgeschoss. Meine Hände waren schneller als mein Kopf: Ich schlug ihm auf die Brust, nicht heftig, aber heftig genug, dass er sich erschrak und ein paar Schritte von mir weg tat. Ich beschimpfte ihn. »Das ist Kunst!«, rief er, und ich rief: »Kunst? Deine Mutter!« Das ist aus irgendwelchen Gründen eine Beleidigung. Zum Glück verzog sich der Künstler. Ich hatte eine Wand gerettet. Ich sah, dass sie schon ziemlich graffitiverschmiert war.

»Die jungen Leute haben kein Bewusstsein für den Wert von

Allgemeingütern«, sagt der Madrider Philosophieprofessor Luis María Cifuentes. »Und sie empfinden eine enorme Geringschätzung für diejenigen, die ihre Zerstörungen zu reparieren haben. ›Darum werden sich schon die Putzfrauen kümmern‹, sagen sie.« Als eine junge spanische Freundin einem Gleichaltrigen vorhielt, dass er seine Chipstüte einfach auf den Boden geschmissen hatte statt in den nächsten Mülleimer, konterte der klug: So hätten die Straßenkehrer jedenfalls Arbeit. Viele meiner deutschen Besucher freuen sich, wie sauber Madrid sei. Dass Madrid nicht im Müll erstickt, liegt aber nicht an den Madridern, sondern am exzellenten städtischen Reinigungsdienst. Die Straßenkehrer sind meine Helden. Wenn ich abends nach Hause gehe, sind die Bürgersteige von Abfall übersät. Wenn ich morgens zum Zeitungskiosk laufe, haben die Straßenkehrer alles blitzblank gefegt. Ich möchte sie küssen.

Neulich waren allerdings ein paar Männer von der Straßenreinigung unterwegs, die ich lieber erschossen hätte. Wenn es in Madrid lange nicht geregnet hat, lässt die Stadtverwaltung die Straßen abspritzen. In meiner Straße kam der Spritztrupp gegen drei Uhr morgens vorbei. Es war eine heiße Sommernacht, und ich schlief bei offenem Fenster. Straßen abspritzen macht keinen besonderen Lärm. Den machten dafür die Männer, die sich beim Spritzen lautstark unterhielten. Ich wurde wach und verfluchte das spanische Bedürfnis, alle Welt an den eigenen Unterhaltungen teilhaben zu lassen. In Lissabon stehen die Leute auch gern auf der Straße und erzählen sich was, aber sie bewahren die Ruhe. Das nicht zu enträtselnde Geheimnis der Iberischen Halbinsel: dass sie dort leise sind und hier laut. Dort Portugal, hier Spanien, die nichts trennt als eine Linie auf der Landkarte und die trotzdem wenig gemeinsam haben.

Besonders laut sind die Jungen, wer sonst. Am Wochenende feiern sie den *botellón,* das kommt von *botella* (Flasche): Die Jugendlichen setzten sich irgendwo auf den Boden und lassen *litronas* kreisen, Literflaschen Bier, oder *calimocho* (Rotwein mit Cola) in großen Plastikflaschen. Das ist billiger als ein Abend in der Kneipe und würde niemanden stören, wenn mit dem Alkohol nicht das Krakeele begänne. Früher trafen sich Madrids Jugendliche zum *botellón* auf der Plaza Dos de Mayo. Da kamen leicht ein paar Tausend Leute zusammen, einige brachten Gitarren und Bongos mit, es war ein Fest. Aber nicht für die Anwohner. Bis fünf oder sechs am Morgen fanden sie keinen Schlaf. Und wenn das Volk endlich abzog, hinterließ es ein Schlachtfeld, das nach Pisse stank, weil die Jungs selbstverständlich gegen die Hauswände pinkelten. (Spanier pinkeln in der Öffentlichkeit gegen Hauswände. Eine argentinische Freundin, Mariana, hatte nach ein paar Wochen in Madrid einen Spanier kennengelernt, mit dem sie einen vielversprechenden Abend in der Diskothek verbrachte. Als sie die Diskothek verließen, stellte sich der Spanier vor eine Hauswand und pinkelte. Mariana schlug weitere Verabredungen aus.)

Im Sommer 2002 schritt die Madrider Regionalregierung ein. Sie erließ ein Anti-*botellón*-Gesetz, das Sünder wie Gerechte gleichermaßen traf. Seitdem darf in Madrid kein Mensch mehr Alkohol auf offener Straße konsumieren. Kein Verkauf von Alkohol und Zigaretten an Minderjährige mehr. Überhaupt kein Alkoholverkauf nach 22 Uhr. Kein Alkoholverkauf auf telefonische Bestellung – also kein Bier zur Telepizza – und auch kein Alkoholverkauf in Tankstellen. Der kalte Wind des Puritanismus begann durch Madrid zu blasen. Aber am Ende weht dieser Wind in Spanien immer etwas milder als anderswo. Beim *chino*, dem chinesischen Händler um die Ecke, bekomme ich meinen Wein auch nach 22 Uhr, weil mich der Händler kennt. Und die Jugendlichen haben sich von der Plaza Dos de Mayo in die umliegenden Gassen verstreut, wo sie weiter trinken und nun auch mir den Nachtschlaf rauben.

Mit dem *botellón* ist noch lange nicht Schluss. Als im Frühjahr 2006 rund 3000 junge Leute auf dem Universitätscampus von Sevilla ihre überstandenen Prüfungen feierten, artete das Fest so weit aus, dass es den regionalen Medien eine Nachricht wert war. Das rief die Studenten in Granada auf den Plan. »Werden die Sevillaner ins Fernsehen kommen und wir etwa nicht?«, schrieben sie ihren Freunden. Der Granadiner Gegen-*botellón* wurde für einen Tag im März angesetzt. Womit der Sportsgeist der spanischen Jugend geweckt war: Was die Sevillaner und die Granadiner können, das können wir schon lange. Ein Aufruf zum *macrobotellón* verbreitete sich per SMS und Internet in ganz Spanien. Die nationalen Medien berichteten, dann die internationalen. Die Gesundheitsministerin bangte um die

Gesundheit der spanischen Jugend. Die Stadtverwaltungen verdonnerten ihre kommunalen Polizeieinheiten zu Überstunden. Eine Madrider Studentin reflektierte: »In Frankreich versammeln sie sich, um gegen ungerechte Arbeitsgesetze zu protestieren. Hier veranstalten wir Wettbewerbe, welche Stadt am meisten trinkt.« Das nationale Gelage fand dann doch nicht statt, weil auf den beliebtesten *botellón*-Plätzen die Polizei auflief. Nur in Granada feierten 20 000 junge Leute auf einem Freigelände am Stadtrand. Währenddessen spazierte in Madrid ein Mann mittleren Alters über die verwaiste Plaza Dos de Mayo. Was er vom *botellón* halte? »Wir haben's ja genauso gemacht, als wir jung waren. Aber ist schon in Ordnung, dass sie es heute unterbinden.« Warum das? »Weil ich heute nicht mehr jung bin.«

Es ist ein hartnäckiger Kampf der Behörden gegen die unzivilisierten Tendenzen ihrer Schutzbefohlenen. Jahrzehntelang beklagte Spanien besonders viele Verkehrstote. Die Dirección General de Tráfico versuchte die Autofahrer mit drastischen Fernsehspots zum regelgerechten Fahren zu überreden, aber die Spanier ließen sich nicht überreden. Dass die Zahl der Verkehrstoten trotzdem langsam sank, lag an besseren Straßen und besseren Autos. Erst 2006 kam die Regierung auf die Idee, einen Führerschein auf Punkte einzuführen; später verschärfte sie die Strafen für Straßenverkehrsdelikte und vermehrte die Kontrollen. Das brachte durchschlagenden Erfolg. Die Zahl der Verkehrstoten ging von 2003 bis 2009 um mehr als die Hälfte zurück und liegt jetzt, im Verhältnis zur Einwohnerzahl, deutlich unter EU-Schnitt. Am Ende sind die Spanier wie die Deutschen: Sie halten sich an die Regeln, wenn sie befürchten müssen, erwischt zu werden. Auf dem Paseo de la Castellana, der vielspurigen Einfallstraße nach Madrid, missachtet alle Welt großzügig Tempo 50, weil es keine Geschwindigkeitskontrollen gibt. Auf der M-30, Madrids mittlerem Autobahnring, hält sich jeder ans vorgeschriebene Tempo 90, weil Radarfallen lauern. Viele spanische Autofahrer ignorieren die Ampel, wenn sie eben erst auf Rot umgesprungen ist, was an keiner besonderen Kamikazementalität liegt, sondern an fehlenden Ampelblitzern. Eines Tages werden sie bestimmt installiert. Nur spanische Fußgänger werden sich nie von roten Ampeln aufhalten lassen. Es stellt sie im Sündenfall auch niemand zur Rede, weder altruistische Nörgler noch zufällig dabeistehende Polizisten, die wahrscheinlich Wichtigeres zu tun haben.

Der Umgang mit Regeln ist in Spanien noch immer ein wenig entspannter als in Deutschland, aber eben nur: ein wenig entspannter. Als vor einigen Jahren das Rauchen auf den Metrobahnhöfen verboten wurde, war mein deutscher Freund Gregor davon überzeugt, dass sich niemand an das Verbot halten würde. Es hielten sich aber alle dran. Gregor ist etwas beunruhigt. Ihm scheint, dass Spanien langsam seine Lebensart verliert. Zum 2. Januar 2011 wurde auch noch das Rauchen in den Keipen verboten und wirklich befolgten die Menschen das Verbot. Dabei hatten die Spanier bisher auch zum Rauchen ein entspanntes Verhältnis: Als unhöflich galt nicht der Raucher, sondern der Nichtraucher, der den Raucher nicht rauchen ließ. Aber die Gesundheitsministerin besteht darauf, die Dinge auf den Kopf zu stellen.

Das Verhältnis der Spanier zu ihrem Staat ist ein gespaltenes: Sie haben große Erwartungen an ihn, aber nur mäßiges Vertrauen in seine Funktionstüchtigkeit. Für alle Fälle bauen sie hohe Mauern um ihre Grundstücke, bringen massive Eisengitter vor ihren Erdgeschossfenstern an und lassen nach Geschäftsschluss metallene Rollläden vor ihren Schaufenstern herunter. Sie verlassen sich weder auf die Institutionen noch auf die Zivilisiertheit ihrer Mitmenschen. Den anderen trauen sie eher böse als gute Absichten zu. Die anderen benutzen Kneipenböden als Abfalleimer, sie hupen wie blöde, wenn es im Stadtverkehr wieder nicht vorangeht, und drängeln sich in die Metrowaggons, als hinge ihr Leben dran. Aber lieber ärgern sich die Spanier über Dreck und Lärm und Geschubse, als einen Sünder zur Rede zur stellen. Das wäre ihnen peinlich. Die Fähigkeit der Rede ist den Spaniern gegeben, um sich zu unterhalten, nicht um die Welt zu verbessern. Die verbessert sich hoffentlich von allein.

Seit einigen Monaten stehen die Abfallcontainer in meinem Viertel nicht mehr da, wo sie früher standen. Ich muss jetzt ein paar Minuten länger zum nächsten Papier-, Glas- und Verpackungsmüllcontainer laufen. Dort bin ich neulich einem jungen Mann vom Supermarkt begegnet. Er hatte einen Einkaufswagen voll Pappkartons dabei, die er einen nach dem anderen zerlegte und faltete, bevor er alle zusammen in den Altpapiercontainer warf. Am Ende stopfte er die Plastikhüllen in den Verpackungsmüllcontainer. Ich war ein wenig verwirrt. Der Papiercontainer quillt jetzt nicht mehr über.

Zu spanischer Stunde – über die Siesta und das spanische Essen

Max: Where are you going?
Jackie: Spain.
Max: Madrid or Barcelona?
Jackie: Madrid first. Have you been there?
Max: I hear they don't eat dinner until midnight.
(Robert Forster [Max] und Pam Grier [Jackie] in Quentin Tarantinos »Jackie Brown«)

Javier Marías war empört. »Ich habe auf dem Bildschirm einen gewissen Ignacio Buqueras gesehen, Präsident der Nationalen Arbeitszeitkommission, einen Besessenen, der sich erlaubt uns auszuschelten wegen der Uhrzeiten, zu denen wir mittag- und abendessen, fernsehen oder ins Bett gehen. Was ist das denn?, fragte ich mich, als ich dem Flegel zuschaute.« Der Mann, der den spanischen Schriftsteller derart auf die Palme brachte, Ignacio Buqueras, war ein katalanischer Unternehmensberater, der kurz vor Weihnachten 2005 eine 275 Seiten dicke Studie unter dem Titel *España en hora europea* vorgelegt hatte (was sich ungefähr mit »Spanien zu europäischer Stunde« übersetzen lässt). Buqueras plädierte für fremde europäische Sitten in Spanien. Er wollte einer geheiligten Institution an den Kragen: der Siesta.

»Nachmittags braucht man sich auf nichts gefasst zu machen. Nachmittags passiert hier gar nichts. Es ist einfach Siesta, und es ist wunderbar.« Niko, ein deutscher Student, der im Sommer 2010 den Norden Spaniens auf dem Jakobsweg durchwanderte, war fasziniert: ein Land, geschlossen von 14 bis 17 Uhr. Geschäfte zu, Straßen leer. Das laute Spanien wird leise. Vielleicht plätschert irgendwo ein Brunnen, Schnurvorhänge rascheln im Wind, Zikaden singen. Sehr romantisch.

Von wegen. Für den gewöhnlichen Spanier (nicht für den kinderlosen Javier Marías mit Heimarbeitsplatz) ist die Siesta vor allem ein Organisationsproblem. Sein Arbeitstag beginnt um neun, wird von drei Stunden Mittagspause unterbrochen und endet um 20 Uhr, oft auch später. Weswegen für die Familie nur ein paar späte Abendstunden und die Wochenenden bleiben. Die überraschendste Erkenntnis von Ignacio Buqueras' »Nationaler Kommission für die Rationalisierung der spanischen Arbeitszeiten und ihrer Anpassung an die übrigen Länder der Europäischen Union«: Die späten Essenszeiten und die lange Mittagspause sind nicht so urspanisch, wie die Spanier selbst glauben. Sie haben sich erst Mitte des 20. Jahrhunderts eingebürgert, warum, das weiß auch Buqueras nicht genau zu sagen. Doch er ist davon überzeugt, dass sie seinem Land nicht guttun: Die Spanier schliefen zu wenig, weswegen sie gereizt und unproduktiv seien. Und dem internationalen Geschäft schade es auch: Welcher Deutsche oder Schweizer kann schon verstehen, dass zwischen zwei und fünf Uhr nachmittags kein Spanier an seinem Arbeitsplatz zu erreichen ist?

Was machen die Spanier bloß in dieser Zeit? Halten sie Siesta während der Siesta? Schön wär's. »Eine leichte Siesta von zehn oder fünfzehn Minuten nach dem Essen, das empfehlen die Spezialisten«, sagt Buqueras. Aber zum Schlafen bleibt keine Zeit. Mittags (also ab zwei) wird gegessen. Die Restaurants füllen sich mit Gruppen von Arbeitskollegen. Über ihre Tische ziehen Aperitif, Tapa, Vorspeise, Hauptgericht, Wein, Nachtisch, Kaffee, ein *chupito* zum Verdauen. Dazu Zigaretten und laute Gespräche. So geht der Mittagsklassiker. Die drei Siestastunden verfliegen, und während des nachmittäglichen Teils des Arbeitstages wird verdaut. Der Politologe Fernando Vallespín von der Madrider Universidad Autónoma glaubt, dass die langen Arbeitstage mit ihren langen Mittagspausen den Männern früher einen Vorwand boten, vor ihrer Verantwortung im Haushalt zu fliehen. Heute gehen die Frauen genauso arbeiten wie die Männer, und die Sitten beginnen sich zu wandeln. Essen aus der Tupperdose geht auch. Wer nicht zu weit weg vom Arbeitsplatz wohnt, fährt kurz nach Hause, kocht sich was und kann nebenbei noch ein paar private Dinge erledigen. Immer mehr Unternehmen ändern ihren Arbeitsrhythmus und schaffen die lange Mittagspause ab. Auch die Regierung hat sich nach der Lektüre von Buqueras' Studie vorgenommen, in ihren Behörden die Mittagspause zu verkürzen und den Arbeitstag um 18 Uhr enden zu lassen. Nur an der Umsetzung hakt es noch.

Der spanische Tagesrhythmus bleibt nach hinten verschoben. Sogar die Sonne geht später auf und wieder unter. Obwohl die Geografie die Greenwich Mean Time nahelegte – der Nullmeridian kreuzt den Osten Spaniens – folgen die Uhren der Mitteleuropäischen Zeit. Dafür ist die erste morgendliche U-Bahn in Madrid erst um 6 Uhr unterwegs, die letzte fährt noch um 1.30 Uhr los. Die Hauptnachrichtensendungen laufen um 15 Uhr (zur Mittagszeit) und um 21 Uhr. Danach gibt es Abendessen. Dass man mit vollem Magen schlecht schlafen könne, ist ein unglaubliches Gerücht aus dem Norden.

Zum Essen haben die Spanier eine erotische Beziehung. Der Genuss, den sie beim Essen empfinden und bekunden, geht über alltägliche Freude hinaus. Sie zelebrieren einen Akt. Vergnügte Laute wechseln sich mit Ausrufen höchster Zufriedenheit ab: »¡Riquísimo!, ¡qué gusto!« Essen und Trinken bieten unerschöpflichen Gesprächsstoff. Die schönsten Feste sind die, auf denen stundenlang gemeinsam gekocht und dann stundenlang gemeinsam gegessen wird. Das gegenseitige Loben wird weder Maß noch Ende finden. Die Lust am Essen verführt die Spanier zu der Überzeugung, dass die spanische Küche die beste der Welt sei. Folgerichtig ist ein Spanier, Ferran Adrià, der berühmteste Koch der Welt. Adrià hat sich mit seinem Restaurant »El Bulli« (in der Nähe von Rosas in der katalanischen Provinz Gerona) zum unangefochtenen Meister der Molekularküche emporexperimentiert. Die Molekularküche hat aber mit der spanischen Alltagsküche so viel zu tun wie Picasso mit naiver Malerei. Die Spanier sind etwas fassungslos, wenn jemand ihre Begeisterung für die eigene Küche nicht teilt. »Das ist kein Problem des spanischen Essens«, sagte mir eine Spanierin auf Ibiza während eines Mittagessens, das ihr Tränen des Glücks in die Augen trieb, während meine trocken blieben, »das ist ein Problem deines Gaumens.« Wahrscheinlich hat sie Recht. Aber mein Gaumen ist nicht allein. Vor kurzem bekam ich eine Mail von Berliner Freunden, die gerade aus einem zweiwöchigen Spanienurlaub heimgekehrt waren: »Ganz toll!!! Nur das Essen hat uns zunehmend genervt. In dieser Hinsicht ist es in fast jedem Land besser als in Spanien ...«

Ich bin kein Feinschmecker. Mir fällt auf, dass zum Hauptgericht – einem Stück Fleisch, einem Fisch – meist nur hausgemachte Pommes frites gereicht werden. Keine feinen Soßen, außer Knoblauch kaum Gewürze, kein Gemüse. Der Fisch soll nach Fisch schmecken, das Fleisch nach Fleisch. Das ist dann eine Freude, wenn Fisch oder Fleisch erstklassiger Qualität sind, was aber auch in Spanien nicht immer der Fall ist. Die Köche sparen nicht am Olivenöl. Im Norden – im Baskenland, in Katalonien, in Galicien mit seinen Meeresfrüchten – ist das Essen abwechslungsreicher als in Kastilien oder Andalusien. Spanischer Schinken ist ein Gedicht. Die Paella ist berühmter, als sie verdient zu sein. Tapas sind so gut wie der Koch, der sie zubereitet. Die spanische Küche wird immer besser. Erstklassige Küche findet man überall. Auch in Spanien.

Die traditionelle spanische Küche soll sehr gesund und ein Grund für die Langlebigkeit der Spanier sein. Außerdem vermute ich, dass die Spanier ziemlich alt werden, weil sie sich keinen Kopf um ihre Gesundheit machen. Sie essen, trinken, rauchen, nehmen Drogen, gehen spät ins Bett und wachen am nächsten Morgen zufrieden auf. Es könnte alles so bleiben, wenn nicht die jeweils amtierende Gesundheitsministerin dazwischenfunkte. Sie macht sich Sorgen. Die jungen Spanier werden immer dicker, weil sie lieber Hamburger und Pizza statt Fisch und Meeresfrüchte essen. Rauchen verkürzt das Leben, aber mit dem Antirauchergesetz von 2006 ist die Zahl der Raucher noch gestiegen. Der Alkoholkonsum geht seit 1978 Jahr für Jahr leicht zurück, ist im Weltmaßstab aber immer noch ziemlich hoch. In Spanien ist es wie in ganz Südeuropa üblich, täglich zum Essen was zu trinken, wobei das Gläschen Rotwein seit den 1990er Jahren immer mehr Freunde an die *caña*, das kleine Bier, verliert. Alkohol ist in Spanien ein Genuss-, kein Rauschmittel, obwohl die Barmänner und -frauen großzügig zu ihren Gästen sind. Meine deutsche Kollegin Brigitte Müller interviewte vor ein paar Jahren den Schnulzensänger Enrique Iglesias, der eine kuriose Erinnerung von einem Deutschlandbesuch mitgebracht hatte: diese merkwürdigen Striche auf den Kneipengläsern. Eichstriche kennt der spanische Kneipier nicht. Er schenkt nach Gusto ein, das heißt: viel. Als meine spanische Freundin Marián zum ersten Mal in einem Londoner Pub einen Rum bestellte und kaum mehr als eine Pfütze in ihrem Glas vorfand, schaute sie den Barmann verblüfft an: »So viel lassen wir in Spanien übrig, wenn wir ausgetrunken haben«, sagte sie. Weil Spanier manchmal was von ihren Getränken übrig lassen, räumen spanische Kellner gern Gläser ab, die ein deutscher Gast noch als viertelvoll betrachten würde. Macht nichts. Wahrscheinlich ist es sowieso Zeit, ins Bett zu gehen.

Küsschen Küsschen – über spanische Sitten

»¡No te preocupes!« (Antwort auf alles)

Manchmal gibt es komische Szenen zwischen Deutschen und Spanierinnen. Der Deutsche weiß, dass man Spanierinnen mit Küsschen links, Küsschen rechts begrüßt, die Spanierin weiß, dass die Deutschen den Handschlag gewohnt sind. Der Deutsche reckt zaghaft seinen Kopf zur Spanierin, die ihm stattdessen die Hand entgegenstreckt, wonach Hände und Köpfe erstmal entwirrt werden müssen. In eine solche Lage gerät der Deutsche nur am Anfang. Dann beginnt sich seine ganze Körpersprache zu ändern. Langsam legt er seine deutsche Schluffigkeit ab und seine Furcht, dem anderen zu nahe zu treten. Ja, in Spanien darf man sich anfassen. Frauen werden geküsst. Männer geben sich die Hand – auf alle Fälle, wenn sie sich kennen lernen oder einander vorgestellt werden; später schlagen sie sich vielleicht auf die Schulter oder tauschen wie die Frauen Küsschen und Umarmungen aus. Das Küsschenritual bleibt den Frauen nie erspart. Wenn sie an einen Tisch kommen, an dem schon 15 Leute sitzen, werden sich wahrscheinlich 15 Leute, Männer und Frauen, zum Küssen erheben. Seit immer mehr Frauen in der Politik eine einflussreiche Rolle spielen, sieht man das Geküsse hin und wieder in den Fernsehnachrichten. Ich habe mal die langjährige spanische Vizepremierministerin María Teresa Fernández de la Vega interviewt, eine Respekt einflößende Dame. Zur Begrüßung gaben wir uns die Hand. Zum Abschied Küsschen.

Die formelle Begrüßung wird auch im Privatleben ernst genommen. Sie macht das Leben leichter. Auf der Hochzeit eines befreundeten spanischen Paares wurde ich an einen Tisch gesetzt, an dem ich niemanden kannte. Alle stellten sich vor, gaben mir die Hand oder zwei Küsschen. Und alle bemühten sich, mir das Gefühl der Zugehörigkeit zu geben, stellten mir Fragen, ließen mich an ihren Gesprächen teilhaben. Zum Abschied wieder Händeschütteln, wieder Küsschen Küsschen, und selbstverständlich die Beteuerung: *¡Encantado!*, sehr erfreut. Alles andere wäre unhöflich.

Wenn der Abend schön war – und meistens wird er schön gewesen sein –, sagt bestimmt jemand: Wir müssen uns unbedingt bald wieder sehen! Er meint das auch so. Er will dich unbedingt bald wieder sehen. Aber dann kehrt er in seinen Alltag zurück, und im Alltag verliert das Wiedersehen mit dir an Dringlichkeit. Kein Grund, beleidigt zu sein. Die Spanierin Emi, die ein Erasmus-Jahr in Berlin verbrachte, war über die deutschen Sitten angenehm überrascht: »Du triffst einen Bekannten zufällig im Park, quatschst ein bisschen mit ihm, und zum Abschied sagt er dir: ›Ich ruf dich an.‹ Und er ruft dich wirklich an!« Der Ausweg, der einem in Spanien bleibt: selbst anrufen. Freundschaften fallen nirgendwo vom Himmel.

Spanier sind gern mit ihrer Clique unterwegs, *salir en pandilla* heißt das. Die *pandilla* wird oft von Banden aus Studien-, vielleicht sogar aus Schulzeiten zusammengehalten. Die Nabelschnur zur Kindheit zertrennen die Spanier nie. Selbstverständlich bleiben sie ihrer Familie treu, und vielen alten Freunden auch. Die wenigsten suchen ihr berufliches Glück in der Ferne, und wen es doch in eine fremde Stadt verschlägt, der führt sein Konto weiter bei der alten Sparkasse und fährt so oft er kann in die Heimat. »Voy al pueblo«, sagen sie, »ich fahr aufs Dorf«, als gäbe es nur ein Dorf auf der Welt. Das kann übrigens auch das Dorf der Eltern oder der Großeltern sein. Jeder hat ein Dorf, und wer schon in dritter Generation in Madrid lebt, klagt bitter, dass er kein Dorf hat.

Der lebenslange Kontakt zu den Kindheitsfreunden trägt, vermute ich, dazu bei, dass die spanische eine wenig klassenbewusste Gesellschaft ist. Es zählt nicht, was einer geworden ist, es zählt die alte Verbundenheit. Auch intellektuellen Dünkel habe ich selten erlebt, wobei es hilft, dass sich die Spanier am liebsten fröhlich unterhalten, statt im Gespräch Sein und Zeit zu ergründen. Natürlich gibt es auch in Spanien Schnösel, die sich was auf Stellung, Auto und teure Klamotten zugutehalten. *Pijos* nennt man sie, aber *pijos* sind immer nur die anderen, noch der offenbarste *pijo* möchte keiner sein. Die Spanier wollen nett sein: *majos*. Das Wort hat in Spanien nicht diese merkwürdige Entwertung erfahren wie in Deutschland, wo »nett« beinahe ein Schimpfwort ist. Ein netter Kerl ist ein netter Kerl, was Besseres lässt sich über ihn nicht sagen. (Es sei denn, es geht um sexuelle Anziehung. Da bedeutet *majo*: Der interessiert mich nicht.) Und weil alle nett sein wollen und sich niemand über den anderen erheben oder ihn auf Distanz halten möchte, duzen sich auch alle. Siezen bringt eine ungewöhnliche Feierlichkeit ins Gespräch, das passt vielleicht fürs Geschäftsleben oder einen Arztbesuch oder eine Gerichtsverhandlung. Alte Leute sieze ich, um ihnen meinen Respekt zu erweisen, aber es macht ihnen offenbar nichts aus, dass alle Welt sie duzt und mit *abuela* oder *abuelo* – Großmutter oder Großvater – anspricht. Als 2002 Pedro Almodóvars »Hable con ella« in die Kinos kam, sein Meisterwerk, brachte der deutsche Verleih den Film unter dem Titel »Sprich mit ihr« heraus. »Hable con ella« heißt aber »Sprechen Sie mit ihr«, und das ist bemerkenswert: Die Protagonisten siezen sich. Das enthebt ihre Gespräche dem Alltäglichen.

Gewöhnlich ist den Spaniern alle Förmlichkeit fremd. Selbst bei einer hoch feierlichen Veranstaltung wie der *Semana Santa* in Sevilla wuseln Jungen und Mädchen mitten durch die Prozession, um sich von den spitzhütigen *nazarenos* ein wenig Kerzenwachs auf ihre Kerzenwachskugeln tropfen zu lassen. Und niemand stört sich dran. Trotzdem haben natürlich auch die Spanier eine Vorstellung davon, was guter Ton ist und was nicht. Das Begrüßungs- und Abschiedsritual werden streng befolgt. Offizielle Schreiben lesen sich oft noch so, als seien sie am Hofe des Sonnenkönigs verfasst worden. In der Provinz hat der kindliche Sonntagsstaat überlebt, den Eltern gefällt es, ihre Kleinen zu süßen Püppchen aufzuputzen. Wie es ihnen gefällt, sich selbst aufzuputzen, wenn sie zu einer Hochzeit geladen sind.

Zum guten Ton gehört auf alle Fälle Gelassenheit. Die Spanier gehen etwas ruppig miteinander um, sie sagen selten bitte oder danke, aber oft: »No te preocupes« – »sorge dich nicht«. Das kann alles Mögliche bedeuten: *Mach dir keine Gedanken, alles halb so wild, das nehm' ich dir nicht übel, das kriegen wir schon hin. No te preocupes* kann einen manchmal zur Verzweiflung treiben. Weil man sich eben doch Gedanken macht und weiß, dass nicht alles hinzukriegen ist. Aber es ist unfein, sich die Unruhe anmerken zu lassen. Ehrliche Meinungen sind was für engste Freunde und Quadratköpfe. Das neue Kleid ist hinreißend, die Wohnung großartig und das Essen selbstverständlich ein Gedicht. Manche Spanier stellen die Frage nach dem Befinden so: »¿Qué tal? Bien, ¿no?« – »Wie geht's? Gut, nicht?« Was soll man da antworten? Natürlich: »¡Muy bien!« – »Sehr gut!«

Das Spanische ist voller Koseworte, *cariño, amor, cielo, corazón.* Auch längst verblühte oder nie erblühte Schönheiten werden von ihren Freunden *guapo* oder *guapa* gerufen: Schöner oder Schöne. Spanien tut dem Ego gut. Außerdem schauen die Männer den Frauen und die Frauen den Männern auf der Straße in die Augen. Das ist beinahe Flirt. Ansonsten verstehen die Spanier genauso zu flirten wie die Deutschen: die einen besser, die anderen schlechter. Jedenfalls sind Spanier keine Italiener, wie mir einige Frauen versichert haben, die ihre Erfahrungen mit beiden Nationalitäten gemacht haben. Ela, eine junge Kubanerin, die seit kurzem in Madrid lebt, fühlt sich hier ganz wohl, »wenn die Spanier nur nicht so schrecklich steif wären«. Latin Lovers werden woanders geboren.

Die Spanier stehen allerdings im Ruf, besonders gut feiern zu können. Das können sie auch. *Fiesta* heißt: Beisammensein, lachen, trinken, rauchen, tanzen. Wenn es ein öffentliches Fest ist, werden noch Stiere durch die Straßen getrieben (Pamplona) oder in der Arena getötet (beinahe überall), und man verbrennt *fallas*, Figurengruppen von zweifelhaftem künstlerischem Wert (Valencia), oder zündet Feuerwerke an (überall). Ansonsten unterscheidet sich eine *fiesta* von einem Abend in der Kneipe wesentlich nur durch die Zahl der Teilnehmer. Die Spanier brauchen keine besonderen Maßnahmen, um ein Fest zum Erfolg zu führen. Auf Hochzeiten gibt es keine Hochzeitszeitungen oder andere ausgefallene Huldigungen der Brautleute. Stattdessen ruft immer mal wieder wer: »¡Que vivan los novios!« – »Hoch sollen sie leben!« Und alle rufen: »¡Que se besen, que se besen!« – »Sie sollen sich küssen, sie sollen sich küssen!« Am Ende geht man in die Diskothek.

In der Karwoche gibt es Prozessionen, aber zu Ostern keine Ostereier. Der Nikolaus ist unbekannt, stattdessen wird am 6. Dezember der demokratischen Verfassung von 1978 gedacht. Weihnachten ist ein echter Reinfall. Kein Weihnachtsbaum (höchstens ein kleiner aus Plastik), keine feierliche Bescherung. Dafür gibt es die Weihnachtskrippe und die Weihnachtslotterie: Am 22. Dezember sitzten alle vor dem Fernseher und schauen der Auslosung des *gordo* zu, des »dicken« Hauptgewinns. Zu Silvester sitzen wieder alle vor dem Fernseher, um die Übertragung der zwölf mitternächtlichen Glockenschläge an der Madrider Puerta del Sol zu sehen. Zu jedem Glockenschlag verzehrt jeder eine Weintraube, was sehr lustig und klebrig ist. Geschenke werden traditionell zu *Reyes*, dem Dreikönigstag, ausgetauscht, ohne Förmlichkeit oder Ritual, abgesehen vom obligatorischen Anschnitt des *roscón de Reyes*, dem kranzförmigen Dreikönigskuchen. Das war's. Die Familie ist oft genug beisammen, da muss man nicht einmal im Jahr den ganz großen Zirkus veranstalten. So ist das bei den Spaniern.

Spanien zum Vergnügen

»Die Spuren ihrer Bildung und die Wohltat ihres Reichtums« – über den Tourismus

»Die Sonne scheint bei Tag und Nacht.
Eviva España!« (Schlager)

Manchmal regnet es an der Costa del Sol. Dann ist am Strand von Fuengirola, auf dem sich an heißen Tagen Leib an Leib drängt, keine Menschenseele zu sehen. Die Touristen streifen mit Plastikkapuzen und kurzen Hosen durch die Straßen, ziehen die Schultern hoch und steuern das nächste Restaurant mit viersprachiger Speisekarte an. Was sollen sie sonst tun? Fuengirola war mal ein Fischerdorf, aber von dem ist außer der Kirche aus den 1940er Jahren nichts übrig geblieben. 50 Jahre Massentourismus haben alle ländlichen Spuren überwuchert. Endlose Reihen gesichtsloser Hotel- und Apartmentblocks stellen sich zehn Stockwerke hoch dem Mittelmeer entgegen. Die »erholsamen Alternativen zu den Massenstränden« oder »angenehm familiären« Buchten, die ein Andalusien-Führer 1999 seinen Lesern für die Sonnenküste westlich von Málaga versprach, gab es schon damals nicht mehr. Die Costa del Sol ist Tourismusindustriegebiet, so wie fast die gesamte spanische Mittelmeerküste. Spanien hat es so gewollt.

Ende des 19. Jahrhunderts hatte eine Reblausplage in der Gegend von Málaga dem Weinbau den Garaus gemacht. Handel und Industrie lagen am Boden. Doch eine Gruppe einflussreicher Bürger mochte sich mit dem wirtschaftlichen Niedergang nicht abfinden. Sie gründeten die Sociedad Propagandista del Clima y Embellecimiento de Málaga, die Werbegesellschaft für das Klima und die Verschönerung Málagas. Warum sollte Málaga nicht versuchen, Kapital aus seinem mediterranen Klima zu schlagen und Besucher aus den kühleren Gegenden Europas zum Verweilen einladen, so wie es Nizza oder Neapel schon taten? Der Ingenieur José María de Sancha malte sich in einem Artikel der Lokalzeitung *Avisador Malagueño* aus, dass »Fremde von überallher« in Málaga auftauchten, »um hier die Spuren ihrer Bildung und die Wohltat ihres Reichtums zu hinterlassen«. So ähnlich kam es. Etliche Jahrzehnte später zwar, aber dann mit solcher Wucht, wie es sich weder Sancha noch die Werbegesellschaft hatten vorstellen können. Nach zwei Weltkriegen war in Europa die Zeit der Wirtschaftswunder angebrochen, und der neue Reichtum beflügelte die Reiselust der Nordländer. 1957 landete der erste deutsche Charterflieger auf dem Flughafen von Málaga. Es war, als habe sich den Spaniern eine nie versiegende Ölquelle aufgetan.

Der Massentourismus kam in Zeiten der Franco-Diktatur über Spanien. Das Regime warb für sein Land mit dem Slogan »Spain is different«, was dem Besucher Exotik verhieß, nach innen aber als Prinzipienerklärung gemeint war: Spanien sollte das nationalkatholische Land hinter den Pyrenäen bleiben, in das Liberalismus und Demokratie keinen Einzug hielten. (Der Slogan ist bis heute populär geblieben. »Spain is different« sagen die Spanier mit milder Verzweiflung, wenn sie Anzeichen von Rückständigkeit in ihrem Land entdecken.) Das Beharren auf Andersartigkeit durfte allerdings nur so weit gehen, dass es den Fremden nicht die Ferienlaune verdarb. Die Touristen sollten sich in Spanien zu Hause fühlen. Pedro Zaragoza verstand das. Der Bürgermeister von Benidorm, einem Küstenort in der Mittelmeerprovinz Alicante mit damals 2500 Einwohnern, erlaubte den Frauen 1952, sich im Bikini an die idyllischen Sandstrände seines Dorfes zu legen, nachdem er gesehen hatte, dass es die Ausländerinnen sowieso taten. Worauf der Erzbischof von Valencia seine Exkommunikation betrieb. Der Bürgermeister setzte sich auf seine Vespa und besuchte Franco in Madrid, um einen Freibrief für den Bikini zu erbitten, und erhielt ihn auch. Pedro Zaragoza blieb katholisch und brachte sein Dorf auf den Weg zur massentouristischen Wunderstadt. Heute hat Benidorm 70 000 Einwohner, 38 000 Hotelbetten und eine Silhouette, neben der Fuengirola klein aussieht. Hier steht das höchste Hotel Europas, das Gran Hotel Bali, 186 Meter und 52 Stockwerke hoch. Spanier und Briten lieben Benidorm, Deutsche weniger.

Der Bikini war wichtig. Bikini und Minirock brachten den spanischen Männern ihre hergebrachten Muster durcheinander, was den Männern gefiel. Ganz besonders gefielen ihnen die großen blonden Schwedinnen. Die jungen Männer in Málaga hatten eine offizielle spanische Freundin zu Hause, aber am Wochenende fuhren sie nach Torremolinos, um mit den Ausländerinnen zu flirten. Der Rest Spaniens erfuhr von den neuen Sitten an der Küste durch populäre Filmkomödien wie »Amor a la española« (1967), der in Argentinien unter dem Titel »Una sueca entre nosotros« lief – »Eine Schwedin unter uns«. Solche Filme bewegten die jungen Spanier (und Spanierinnen) wahrscheinlich mindestens so wie die politische Agitation der Franco-Opposition und halfen den Boden bereiten für Spaniens Übergang in die Moderne.

Vor allem aber half der Tourismus, die Armut in Spanien zu lindern. Bis Ende der 1950er Jahre war Spanien eines der ärmsten Länder Westeuropas. Während die ersten Urlaubermaschinen auf spanischen Flughäfen landeten, packten viele Spanier gerade die Koffer, um ihr Glück in der Emigration zu suchen. So wie ein junges Paar aus Algaida im Inselinneren von Mallorca, das 1958 nach Venezuela auswanderte, weil der Mann eine Anstellung in einem Bauunternehmen in Caracas gefunden hatte. Dort brachte die Frau im selben Jahr einen Jungen zur Welt. Mutter und Kind kehrten nach zwei Jahren in die Heimat zurück, der Vater folgte ein paar Jahre später nach: als die Touristen begannen, Mallorca Arbeit und Wohlstand zu bescheren. Der Sohn, Francesc Antich, ist heute Ministerpräsident der Balearen, und damit einer der reicheren Regionen Spaniens, den Touristen sei Dank. Rund 10 Millionen Besucher kommen jedes Jahr nach Mallorca, Menorca, Ibiza und Formentera, die meisten von ihnen sind Deutsche. Die Inselbewohner haben die wirtschaftlichen Chancen genutzt, die ihnen mit dem Tourismus überraschend ins Haus kamen. Vier international tätige Hotelketten (Sol Meliá, Barceló, Riu und Iberostar) und die Fluggesellschaft Air Europa haben ihre Wurzeln in Palma de Mallorca.

Spanien ist zur touristischen Großmacht herangewachsen. Nach Frankreich und den USA ist es das Land, das weltweit die meisten ausländischen Besucher empfängt. 2009 kamen etwas mehr als 52 Millionen, unter ihnen gut 13 Millionen Briten, knapp 9 Millionen Deutsche und knapp 8 Millionen Franzosen. Sie brachten rund 48 Milliarden Euro ins Land, hoch willkommene Einnahmen angesichts eines chronischen Handelsbilanzdefizits. Zur spanischen Wirtschaftsleistung trägt der Tourismus – einschließlich des einheimischen – gut 10 Prozent bei und ist damit eine der wichtigsten Industrien Spaniens.

Die ausländischen Besucher sehen nicht viel vom Land, was man ihnen nicht vorwerfen muss. Sie wollen *sol y playa*, Sonne und Strand, und die finden sie an der katalanischen Costa Brava, der valencianischen Costa Blanca, der andalusischen Costa del Sol, auf den Balearen und den Kanaren. Während sich die Briten offenbar an allen spanischen Sonnenstränden wohlfühlen, fliegen die Deutschen am liebsten auf die Inseln (konkret nach Mallorca). Nur gut ein Drittel der deutschen Besucher sucht sich Ziele auf dem Festland: Lloret de Mar an der Costa Brava zum Beispiel, wo Deutschlands Jugend ihre Initiationsriten feiert. Für die Regionen ohne Mittelmeerberührung interessiert sich nur eine Handvoll der deutschen Spanientouristen. Die Deutschen lieben Spaniens Strände, nicht Spanien. Das kennen sie nicht.

Wer von Norden kommend die Pyrenäen überflogen hat, sieht unter sich eine wenig einladende Landschaft, ausgebrannt und braun wie eine Stierhaut. Spanien ist ein herbes Land. Früher sei das anders gewesen, früher habe ein Eichhörnchen die Iberische Halbinsel von Baumwipfel zu Baumwipfel hüpfend durchqueren können, soll der griechische Historiker und Geograf Strabon vor 2000 Jahren beobachtet haben. Als der spanische Umweltwissenschaftler Martí Boada vor kurzem in Strabons *Geographika* nachlas, hat er allerdings keine hüpfenden Eichhörnchen entdeckt. Immerhin »waldig« sei die iberische Landschaft im Jahr 7 vor Christus laut Strabon gewesen, wovon heute keine Rede mehr sein kann. Die Armada mit ihrem Hunger nach immer mehr Holz für immer neue Schiffe wird gerne für den Kahlschlag verantwortlich gemacht. Aber vielleicht ist auch das eine Legende.

Der Wald hat sich in die Berge zurückgezogen, von denen es in Spanien mehr gibt, als der Strandurlauber ahnt. Drei Hauptgebirgszüge durchschneiden das Festland: die Cordillera Cantábrica, die das Land im Norden vom Atlantik abriegelt, das Sistema Central, das sich quer durchs kastilische Herzland zieht, und die Sierra Morena, die Kastilien von Andalusien scheidet. Spaniens höchster Berg liegt auf Teneriffa, wo der Teide 3718 Meter hoch aus dem Meer ragt. Auf dem spanischen Festland ist der Mulhacén in der Sierra Nevada bei Granada mit 3482 Metern die höchste Erhebung. Bei passendem Wetter kann man in der Sierra Nevada im Frühjahr Ski fahren und sich am Nachmittag ein paar Kilometer südlich an den Strand legen.

Spanien ist groß: mit einer halben Million Quadratkilometern ein gutes Drittel größer als Deutschland. Zwei Fünftel der spanischen Landmasse wird von der Meseta eingenommen, einer gewaltigen, vom Sistema Central unterbrochenen Hochebene zwischen Cordillera Cantábrica im Norden und Sierra Morena im Süden. Die Mancha, die Don Quijote vor 400 Jahren auf seinem Klepper Rocinante durchritt, ist Teil der südlichen Meseta – wer heute unter unbarmherziger Sonne die weite, fast baum- und menschenlose Ebene durchstreift, ahnt, warum Quijote keine Riesen von Windmühlen unterscheiden konnte. Nördlich der Mancha, zu Füßen der Sierra de Guadarrama (die zum Sistema Central gehört), hockt ziemlich einsam Madrid, 650 Meter über dem Meer, Europas höchstgelegene Hauptstadt (wenn man Andorra la Vella und San Marino beiseite lässt). Es war Philipp II., der 1561 beschloss, das unbedeutende Städtchen im geografischen Herzen Spaniens zur Hauptstadt zu machen. Zu einer Hauptstadt ohne Hafen: Der kleine Manzanares, der unterhalb des Königsschlosses Madrid durchfließt, ist nach dem Urteil des Schriftstellers Francisco de Quevedo (1580–1645) bloß ein Flusslehrling. Die alte Hauptstadt Toledo, 70 Kilometer südlich von Madrid, liegt am breiteren Tajo, aber auch der ist, wie alle spanischen Flüsse, nur in Küstennähe schiffbar. Der Tajo fließt, wie weiter nördlich der Duero und weiter südlich der Guadiana und der Guadalquivir, gen Westen und mündet in den Atlantik. Spaniens fünfter bedeutender Fluss, der Ebro, strömt in Gegenrichtung von West nach Ost dem Mittelmeer entgegen.

Die Spanien-Touristen, die sich nicht an den Strand legen wollen, zieht es vor allem in die Städte: nach Barcelona, das nach den Olympischen Spielen 1992 zu einem der beliebtesten Reiseziele der Welt aufstieg, in die Hauptstadt Madrid, die Kunst und *marcha* (also nächtliches Vergnügen) verspricht, nach Sevilla, Granada und Córdoba, in denen noch etwas vom arabischen Al Andalus aufscheint, nach Santiago de Compostela, dem Endpunkt des populären Jakobsweges, in die Universitätsstadt Salamanca mit ihrer großartigen Plaza Mayor, oder nach Bilbao, das 1997 mit der Eröffnung des Guggenheim-Museums schlagartig auf der touristischen Weltkarte auftauchte. Die Landschaften jenseits der Städte bleiben den Kennern vorbehalten. Galicien, Asturien, Kantabrien und das Baskenland im Norden sind grün und beinahe lieblich und ihre Strände weniger verbaut als am Mittelmeer, aber es hilft nichts: Der Atlantik ist kalt und die Sonne eine unsichere Kantonistin. Am anderen Ende Spaniens, in der Wüste von Tabernas in der andalusischen Provinz Almería scheint sie umso unerbittlicher. In Tabernas sieht es so sehr nach Wildem Westen aus, dass Sergio Leone hier »Spiel mir das Lied vom Tod« gedreht hat und Bully Herbig »Der Schuh des Manitu« (und viele Regisseure viele Filme mehr).

Die spanischen Tourismusplaner hätten es gern, dass die ausländischen Besucher Lust auf die gesamte Vielfalt Spaniens bekämen. *Sol y playa* ist (außer auf den Kanaren) kein Ganzjahresgeschäft und außerdem kein besonders ertragreiches. Ein Golftourist lässt fünf Mal mehr Geld im Land als der gewöhnliche Badeurlauber (und er kommt auch im Winter). Doch Spanien lebt nicht vom Golftouristen, es lebt vom braven Ballermann. Schon Anfang der 1990er Jahre, als ein Einbruch der Besucherzahlen die Hoteliers erschreckte, wurde das Ende des spanischen Tourismusmodells besungen – eines Modells, das die Urlauber wie Legehennen behandelt. Warum sollten die Urlauber weiter nach Spanien kommen, wenn sie den gleichen Billigurlaub anderswo noch billiger bekämen? Doch die Touristen waren unbelehrbar. 2007 besuchten das Land beinahe doppelt so viele ausländische Gäste wie 1990: knapp 59 Millionen. Dann geriet die Weltwirtschaft in eine Krise, wie sie lange keine erlebt hatte, und mit der Krise brachen wieder einmal die Besucherzahlen ein. Vielleicht ist die Krankheit des spanischen Modells diesmal eine ernsthaftere. Vielleicht ist der Gipfel überschritten, nachdem es 50 Jahre lang hauptsächlich bergauf ging.

Aber vielleicht kommt nach der Krise auch wieder der Aufschwung. Briten, Deutsche, Franzosen und all die anderen sind bisher treue Gäste gewesen. Gut möglich, dass sie weiter treu zu Spanien halten werden. Denn offenbar kann niemand so gut wie die Spanier aus Sonne und Strand ein tolles Urlaubsangebot machen. Eviva España!

(Eine Aufklärung: »Eviva« gibt's im Spanischen nicht. Richtig müsste es heißen: »Viva España« oder »Que viva España« – »Spanien lebe hoch«. Der Schreiber des holländischen Originals, Leo Rozenstraten, brachte offenbar sein Schul- oder Kirchenlatein in den Schlagertext ein, und Hans Bradtke, der die Worte des Pasodobles ins Deutsche übertrug, beließ es dabei.)

Granadinische Träume – über Al Andalus und das spanische Weltreich

»Al Andalus war einer der großartigen Momente der Menschheit. Wir brauchen diesen Mythos: den Mythos des Zusammenlebens von Christen, Juden und Moslems, den Mythos einer Zivilisation, die Außergewöhnliches in der Geschichte geschaffen hat.« (Amin Maalouf)

»Kommen Sie, kommen Sie«, drängt Padre Javier mit strahlendem Gesicht. »Aus dieser Perspektive haben Sie die Alhambra noch nie gesehen.« Mit vorsichtigen Schritten steigt der bald 80-Jährige die eiserne Treppe zur Dachterasse des Nebengebäudes seiner Kirche San José in Granadas verwinkeltem Altstadtviertel Albaicín hinauf. Es ist ein klarer, kalter Novemberabend. Der Pater holt ein wenig Luft, dann zeigt er mit einer kleinen Geste auf den Hügel gegenüber. Dort liegt, zum Greifen nah, wie eine Erscheinung, eingetaucht in gelbes Scheinwerferlicht, die Alhambra, die »Rote Festung« aus dem 13. Jahrhundert, der mächtige Palast des maurischen Herrschergeschlechts der Nasriden, das berühmteste Symbol des Islam auf spanischem Boden. Padre Javier ist stolz und entzückt. »Bei diesem Anblick bekommt man Lust zu beten und die Menschen zu lieben.«

Früher am Abend hat der Pater in einer Seitenkapelle seiner Kirche, die als Glockenturm noch das Minarett einer Moschee aus maurischen Zeiten bewahrt, die Messe gelesen. 40 Gläubige sind gekommen. »Hier im Viertel gibt es nicht mehr so viele Leute, die zur Messe gehen«, erklärt Padre Javier. »Die Alten ziehen weg, weil ihnen die steilen Gassen des Albaicín zu mühsam werden. Stattdessen kommen Araber. Jeden Tag mehr.« Ein wenig unterhalb der Kirche haben sich zwei Straßen, die Calderería Nueva und die Calderería Vieja, seit Ende der 1990er Jahre in einen Basar voller arabischer Teestuben, Restaurants und Andenkenläden verwandelt, eine Touristenattraktion. Der Albaicín beginnt, arabisch zu werden. Kein Grund zur Klage für den Pater: »Die Araber sind sehr gute, schlichte Menschen. Ich bin mit vielen von ihnen befreundet. Und während des Ramadan zeigen sie unserer Gesellschaft, dass es mehr gibt in dieser Welt als nur materiellen Reichtum.« Ich traf Padre Javier 2004. In 20 Jahren, davon war er überzeugt, würde sein Viertel weitgehend arabisch sein. »Sie kommen mit dem Gedanken der Reconquista im Kopf.«

Der Pater sprach ein großes Wort gelassen aus: Reconquista, Rückeroberung. Dass in Granadas Straßen Arabisch gesprochen wird, ist nichts Neues. Die Stadt gehörte schon einmal, fast acht Jahrhunderte, ein ganzes Zeitalter lang, zur arabischen Welt. Im Jahr 711 war der maurische Heerführer Tariq aus Nordafrika kommend bei Gibraltar nach Europa einmarschiert und hatte mit seinen Truppen in kurzer Zeit fast die gesamte Iberische Halbinsel besetzt. Nur im nördlichen Bergland hielten die alten westgotischen, christlichen Herrscher aus. In der Schlacht von Covadonga in Asturien 722 setzten sie sich erstmals erfolgreich gegen die Invasoren zu Wehr. Aus dem Rückblick war dies der Beginn eines nahezu acht Jahrhunderte währenden Prozesses: der Reconquista Iberiens. Es dauerte ein halbes Jahrtausend, bis fast die gesamte Halbinsel wieder in christlicher Hand war. Nur das nasridische Königreich Granada blieb noch 250 Jahre lang der Leuchtturm islamischer Kultur im Westen Europas. Bis Isabella von Kastilien und ihr Mann Ferdinand von Aragón, die später vom Papst ehrenhalber zu »Katholischen Königen« erhoben wurden, nach erbittertem Krieg am 2. Januar 1492 die Stadt vom letzten moslemischen Herrscher Boabdil übernahmen. Das war die Vollendung der christlichen Reconquista.

Das Ende der Reconquista war zugleich der Beginn des Aufstiegs Spaniens zur Weltmacht. Kaum ein einzelnes Jahr in der Geschichte hat Spanien (und die Welt) so dauerhaft verändert wie jenes Jahr 1492. Nach der Einnahme Granadas erließen Isabella und Ferdinand zunächst am 31. März in der Alhambra ein Edikt zur Vertreibung aller nicht taufwilligen Juden aus Spanien. Innerhalb weniger Monate gingen Hunderttausende spanische Juden (die sich später Sephardim nannten) ins aufgezwungene Exil. Gut zwei Wochen nach dem Alhambra-Edikt, am 17. April, unterschrieben die Katholischen Könige in ihrem Heerlager in Santa Fe vor den Toren Granadas die *Capitulaciones de Santa Fe*, deren weit in die Zukunft reichende Folgen sie unmöglich abschätzen konnten. Die *Capitulaciones* waren Vereinbarungen mit einem Abenteurer ungewisser Herkunft, der ihnen versprach, einen neuen Seeweg nach Indien zu finden: Cristóbal Colón, zu deutsch: Christoph Kolumbus. Am 3. August stach er mit drei kleinen Schiffen, der Santa María, Niña und Pinta, von Palos de la Frontera aus in See und landete am 12. Oktober auf einer Insel, von der man heute mit Sicherheit nur weiß, dass sie eine Bahamas-Insel war. Das Datum der Zufallsentdeckung kennt in Spanien jedes Kind: Der 12. Oktober ist spanischer Nationalfeiertag. Aus den Entdeckern wurden Eroberer, *conquistadores* (eingedeutscht zu Konquistadoren), die große Teile Amerikas unterwarfen und Spanien zum Weltreich machten.

Einen zweiten Grundstein für den Aufstieg Spaniens zur Großmacht hatten die Katholischen Könige eher zufällig gelegt, als sie ihre drittgeborene Tochter Johanna (die man, vielleicht zu Unrecht, »die Wahnsinnige« nannte) 1496 mit Philipp dem Schönen verheirateten, dem ältesten Sohn des Habsburger-Kaisers Maximilian. Nach dem frühen Tod der beiden älteren Geschwister Johannas war dank dieser Heirat die zwei Jahrhunderte währende Habsburger-Dynastie in Spanien begründet und damit auch der Weg für einen spanischen König auf den Kaiserthron bereitet: Karl I., ältester Sohn Johannas und Philipps, wurde 1520 in Aachen zum Kaiser Karl V. des Heiligen Römischen Reiches Deutscher Nation gekrönt (die Spanier nennen ihn Carlos Primero de España y Quinto de Alemania). Karl war in Flandern aufgewachsen und daher von seinen spanischen Untertanen zunächst mit Misstrauen empfangen worden. 1520 erhoben sich große Teile Kastiliens im sogenannten *comuneros*-Aufstand gegen die von ihnen so empfundene habsburgische Fremdherrschaft. Der Aufstand besaß Elemente einer bürgerlichen Revolution, die Karl jedoch gewaltsam verhinderte. In der Schlacht von Villalar am 23. April 1521 erlitten die *comuneros* ihre entscheidende Niederlage. Heute ist der 23. April offizieller Feiertag der Region Kastilien und León.

Während Karls Truppen in Kastilien die *comuneros* niedermachten, kümmerte sich der gerade 21-jährige Kaiser auf dem Reichstag zu Worms persönlich um den Glaubensrebellen Martin Luther. Nachdem Luther fand, dass er nichts zu widerrufen habe, ließ Karl die Reichsacht über ihn verhängen. So ist Karl V. den Deutschen vor allem als entschiedener Gegenreformator in Erinnerung, den Spaniern aber – trotz seiner konfliktreichen Anfänge – als spanischer König und außerdem Kaiser, unter dem ihr Land zur Weltmacht aufstieg. In Karls Regierungszeit eroberte Hernán Cortés das Reich der Mexica (Azteken) und Francisco Pizarro das Inka-Reich. 1556 dankte Karl ab (was vor oder nach ihm kein anderer römisch-deutscher Kaiser tat) und zog sich ins Kloster Yuste in der westspanischen Extremadura zurück, wo er zwei Jahre später starb. Sein Sohn Philipp II. übernahm nicht die Kaiserkrone, aber ein spanisches Reich, in dem bald – mit der Eroberung der asiatischen, nach ihm benannten Philippinen und der Übernahme der Krone Portugals samt dessen weltweiten Besitzungen – die Sonne niemals untergehen sollte. Die Fäden des unübersehbaren Imperiums versuchte der gichtgeplagte Philipp in El Escorial zusammenzuhalten, einem gewaltigen Palastkloster, das er im Nordwesten Madrids, zu Füßen der Sierra de Guadarrama gut 1000 Meter über dem Meer, errichten ließ. Dort starb er 1598.

Philipp war Herrscher über das erste weltumspannende Reich der Geschichte. Weltmächte sind noch nie populär gewesen, und auch das imperiale Spanien litt unter einem schlechten Ruf, für den es ein paar gute Gründe gab. Als Kolonialmacht führte sich Spanien wie alle späteren Kolonialmächte rücksichtslos gegen die Eroberten auf. Der spanische Dominikanermönch Bartolomé de Las Casas veröffentlichte 1552 seinen *Kurzgefassten Bericht von der Verwüstung der Westindischen Länder*, in dem er die unmenschliche Behandlung der bis heute so genannten Indios durch die spanischen Konquistadoren anprangerte. In den amerikanischen Kolonien starben Millionen Ureinwohner, die meisten durch eingeschleppte Krankheiten, andere an den Folgen brutaler Sklavenarbeitsbedingungen, andere als Mordopfer. Die »Begegnung zweier Welten«, wie 1992 auf mexikanischen Vorschlag der fünfhundertste Jahrestag der Entdeckung Amerikas durch Kolumbus genannt wurde, war für eine der beiden Welten traumatisch.

In Europa machte sich Spanien währenddessen Feinde als besonders eifriger Streiter für den katholischen Glauben. Isabella und Ferdinand, die späteren Katholischen Könige, hatten 1478 das Tribunal del Santo Oficio de la Inquisición gegründet, eine Inquisitionsgerichtsbarkeit, die anders als ihre Vorläufer der Krone – also der weltlichen Macht – unterstand. Die Inquisition verstand sich als Bewahrerin der Glaubensreinheit. In den ersten Jahrzehnten verfolgte sie fast ausschließlich *conversos*, frühere Juden, denen sie eine nur scheinbare Konversion zum Christentum unterstellte, später auch *moriscos* (konvertierte Moslems) und Protestanten und schließlich alle, die sie eines zweifelhaften Lebenswandels verdächtigte. Die spanische Inquisition hatte außerhalb des Landes den Ruf besonderer Blutrünstigkeit; der erste Großinquisitor Tomás de Torquemada, der »Hammer der Häretiker«, wurde für seine Gegner zum Inbegriff des düsteren Glaubensfanatikers, der die Ketzer beim Autodafé (*auto de fe*: Glaubensurteil) mit Lust auf den Scheiterhaufen schickte. Wirklich war die spanische Inquisition eine gefürchtete, allerdings vom Volk respektierte Glaubenspolizei, deren Opfer ihren guten Ruf und ihre Besitztümer verloren, aber seltener ihr Leben. Dennoch summierte sich in ihrer 350-jährigen Geschichte die Zahl der Verbrannten wahrscheinlich auf einige Zehntausend. Andererseits erstickte die Inquisition in Spanien den Hexenwahn im Keim, der vorwiegend im protestantischen Europa Zehntausende das Leben kostete.

Einen schlechten Ruf erwarb sich auch Fernando Álvarez de Toledo, der Duque de Alba, den Philipp II. von 1567 bis 1573 als Statthalter der spanischen Niederlande einsetzte. Der Herzog versuchte mit großer Brutalität, die politischen und religiösen Eigenständigkeitsbestrebungen der niederländischen Provinzen zu unterdrücken, letztlich erfolglos. Die Erinnerung an die spanische Schreckensherrschaft in den Niederlanden wirkte in Europa lange nach. Goethe setzte dem flämischen Grafen Egmont, den der Duque de Alba 1568 hinrichten ließ, mit seinem Trauerspiel *Egmont* ein literarisches Denkmal. In Schillers *Don Carlos* ist Alba der Gegenspieler der Titelfigur Carlos, des erstgeborenen Sohnes von Philipp II. Schillers Philipp ist der finstere Tyrann, den Carlos' Freund, der Marquis von Posa, auffordert: »Geben Sie Gedankenfreiheit.« Das mächtige Spanien des 16. Jahrhunderts war Schiller noch nach 200 Jahren Sinnbild für ein Regime, das eben keine Gedankenfreiheit gibt. Und vielleicht ist es kein Zufall, dass der größte Glaubensfanatiker in Umberto Ecos Mittelalterkrimi *Der Name der Rose* ein Spanier ist: der blinde Bibliothekar Jorge von Burgos (mit dessen Figur sich Eco zugleich eine verzwickte Hommage an den argentinischen Schriftsteller Jorge Luis Borges erlaubt hat). »Doch das Gesetz verschafft sich Geltung mit Hilfe der Angst«, sagt Jorge von Burgos, »deren wahrer Name Gottesfurcht ist.«

Warum hatte die Welt solch ein finsteres Bild von Spanien?, fragte sich eine Reihe spanischer Intellektueller um die Wende vom 19. zum 20. Jahrhundert. Die negative Außenwahrnehmung konnten sie sich nur mit einer *leyenda negra* erklären, einer »Schwarzen Legende«. Der Begriff blieb hängen und wird heute noch, meistens gedankenlos, gebraucht, um darin alles zu fassen, was jemals Schlechtes über Spanien gesagt oder geschrieben worden ist. Wahrscheinlich hat sich nie ein Land mit solcher Leidenschaft auf die Suche nach Ungenauigkeiten, Übertreibungen oder simplen Lügen in seiner Beschreibung durch Ausländer gemacht wie Spanien. Hinter der Sammelwut steckte der Minderwertigkeitskomplex einer Nation, die von der Großmacht zum Armenhaus abgestiegen war.

Der Abstieg begann im 17. Jahrhundert, als Spanien erkennen musste, dass es von seiner Rolle als weltumspannendem Imperium überfordert war. Die unentwegten Kriege, mit denen die spanischen Könige ihre internationale Machtstellung zu sichern suchten, verschlangen mehr Geld, als der Staat einnahm. Der stete Gold- und Silberstrom aus den amerikanischen Kolonien, vor allem aus der Silbermine in Potosí im heutigen Bolivien, linderte das Defizit, konnte es aber nicht ausgleichen. Ein ums andere Mal musste das königliche Schatzamt die Zahlungen an seine Gläubiger, vor allem genuesische Geschäftsleute, einstellen. Wirtschaftlich ausgelaugt, fehlte der Monarchie die Kraft, sich gegen ihre europäischen Konkurrenten zu behaupten. Im Frieden von Münster musste Spanien 1648 nach achtzigjährigem Krieg (der unter dem Herzog von Alba begonnen hatte) die Vereinigten Provinzen der Niederlande in die Unabhängigkeit entlassen und elf Jahre später im Pyrenäenfrieden weitere Territorien an die Franzosen abtreten. 1668 ging Portugal endgültig verloren. Spanien war nicht mehr Spieler, sondern Spielball der Geschichte. Schließlich machte auch die Habsburger-Dynastie bankrott: Ihr letzter Vertreter, der nach jahrzehntelanger königlicher Inzucht kränkliche Karl II. (»der Verhexte«), starb 1700 kinderlos. Ein Enkel des französischen Sonnenkönigs Ludwig XIV. und der spanischen Infantin Maria Theresia, der Bourbone Philipp von Anjou, bestieg als Philipp V. den spanischen Thron, was Österreich und England auf den Plan rief. Der folgende Spanische Erbfolgekrieg dauerte 13 Jahre, am Ende behielt Philipp seine Krone und England den Felsen Gibraltar, den es 1704 eingenommen hatte. Gibraltar ist bis heute britisch, und die Bourbonen sitzen immer noch auf dem spanischen Thron.

Der Kampf gegen England um die Hoheit über die Meere war eine Konstante in der spanischen Geschichte. Zwei Schlachten sind berühmt geworden: 1588 schickte Philipp II. seine *Armada invencible* (die unbesiegbare Kriegsflotte) in den Ärmelkanal, zum vergeblichen Versuch, die englische Königin Elisabeth I. zu stürzen; gut zwei Jahrhunderte später, im Oktober 1805, segelte die britische Flotte unter Horatio Nelson gegen die vereinten spanisch-französischen Seestreitkräfte am Kap Trafalgar an der Südspitze Spaniens und siegte (woran sich die Briten immer noch gerne erinnern, auch wenn Nelson bei der Schlacht ums Leben kam). Doch England wandelte sich bald zu Spaniens neuem Alliierten und Frankreich zur Besatzungsmacht. Spanien war politisch zerrüttet, was Napoleon nutzte, um seinen imperialen Träumen nachzugehen. Im Frühjahr 1808 ließ er seine Truppen, vorgeblich auf dem Marsch nach Portugal, einige wichtige

Städte Spaniens einnehmen und beorderte König Karl IV. und dessen Thronfolger Ferdinand nach Frankreich. Darauf erhob sich am 2. Mai in Madrid ein Volksaufstand gegen die Besatzer, den die Franzosen blutig niederschlugen. Die Hinrichtungen am folgenden Tag verewigte Goya in einem seiner berühmtesten Gemälde: »Der 3. Mai 1808 oder Die Erschießungen auf dem Príncipe-Pío-Berg«. Der Aufstand vom 2. Mai wurde im Laufe der Zeit zum spanischen Nationalmythos verklärt, Madrids konservative Regionalregierung ließ ihn 2008 so ausgiebig feiern, dass es empfindlicheren Gemütern bald auf den Magen schlug.

Um seine Herrschaft in Spanien zu sichern, setzte Napoleon seinen großen Bruder Joseph Bonaparte auf den spanischen Thron. Weil er angeblich viel trank, nannten ihn die Spanier Pepe Botella (Pepe ist die Koseform von José, *botella* das spanische Wort für Flasche). Ansonsten bekämpften sie ihn. Im Unabhängigkeitskrieg gegen die Franzosen, der sich bis 1814 hinzog, nahmen neben regulären spanischen und britischen Truppen auch Zivilisten die Waffe in die Hand – die *guerrilla* (spanisch: kleiner Krieg) trat in die Geschichte ein. Während Spanien damit beschäftigt war, die Franzosen aus dem Land zu jagen, begannen die amerikanischen Kolonien mit dem schließlich erfolgreichen Kampf für ihre eigene Unabhängigkeit. Die letzten Überseekolonien, Kuba, Puerto Rico und die Philippinen, verlor Spanien 1898 in einem kurzen heftigen Krieg gegen die USA. Nach diesem *desastre del* 98 konnte es eigentlich nur noch aufwärts gehen. Doch es dauerte weitere achtzig Jahre (über die später berichtet werden soll), bis sich Spanien mit der Verabschiedung der demokratischen Verfassung von 1978 endlich wieder auf der Höhe der Zeit befand. Nicht mehr als Weltreich, aber als selbstbewusster Teil der Weltgemeinschaft.

Was blieb in dem halben Jahrtausend seit der Vollendung der Reconquista von Spaniens maurischer Vergangenheit? Nicht viel. Die Katholischen Könige hatten dem letzten Nasridenfürsten Boabdil vertraglich zugesichert, dass die in Granada verbleibenden Mauren nach der Übergabe der Stadt 1492 weiter ihre Religion ausüben dürften. Doch die neuen Herrscher hielten sich nicht an ihr Versprechen. Nachdem die Juden zwangsgetauft oder aus Spanien vertrieben waren, sollten auch die Moslems christianisiert werden. Erst mit sanftem Druck, dann mit Gewalt. 1499 ließ der Beichtvater der Königin Isabella, Kardinal Cisneros, auf Granadas zentralem Platz Bib-Rambla alle religiösen arabischen Texte verbrennen. Drei Jahre später wurden die Moslems mit einer Verordnung zur Taufe gezwungen. Von nun an gab es in Spanien keine *moros* (Mauren) mehr, sondern nur noch getaufte *moriscos*. Die hielten an ihren verderblichen Gewohnheiten – wie denen, ins Badehaus zu gehen – fest, was ihnen die christlichen Herrscher erfolglos auszutreiben versuchten. Am Ende ließ König Philipp III. mit einem Dekret 1609 die Morisken samt ihren Gewohnheiten aus Spanien vertreiben. Spanien war katholisch und »rein«.

Das war eine historische Neuigkeit. Die fast acht Jahrhunderte während Epoche von Al Andalus und Reconquista war eine Epoche der Kriege und ständig sich verschiebender Grenzen gewesen, aber es war auch eine Epoche, in der sich Christen, Moslems und Juden ans Zusammenleben gewöhnt hatten. Die ständigen Eroberungen und Rückeroberungen führten dazu, dass viele Gegenden gerade nicht ethnisch homogen waren, weder in den christlichen noch in den moslemischen Herrschaftsgebieten. Wer Alliierte für den nächsten Kriegszug suchte, fragte nicht nach Religionszugehörigkeit. Spaniens berühmteste Heldengestalt, der Ritter Rodrigo Díaz de Vivar, genannt El Cid, kämpfte in der zweiten Hälfte des 11. Jahrhunderts mal für christliche, mal für maurische Herren. Morgenland und Abendland bekriegten sich nicht nur, sie begegneten sich auch. In Toledo machte man sich im 12. und 13. Jahrhundert daran, arabische Schriften – darunter arabische Platon- und Aristoteles-Übersetzungen – ins Lateinische und Spanische zu bringen. In Sevilla ließ der kastilische König Peter I. im 14. Jahrhundert seinen Palast, die Reales Alcáceres, von moslemischen Baumeistern aus Granada im maurischen *mudéjar*-Stil erbauen. Der Grad der Toleranz, den die jeweils dominierende Gesellschaftsschicht den religiösen Minderheiten entgegenbrachte, schwankte von Ort zu Ort und Zeit zu Zeit. Es gab Momente des Respekts und Momente des Fanatismus. Es gab fürchterliche Judenpogrome, und es gab Phasen, in denen sich die Juden auf der Iberischen Halbinsel sicher und zu Hause fühlen konnten.

Das katholische Spanien versuchte nach 1492 alle Bande mit dieser verwirrenden Vergangenheit zu kappen. Es säuberte das Land nicht nur von Juden und Moslems, sondern bemächtigte sich auch ihrer architektonischen Zeichen. Drei Synagogen, eine in Córdoba, zwei in Toledo, haben die Jahrhunderte überlebt. Von den Moscheen blieben die Minarette, zu Glockentürmen umgebaut, wie Sevillas Giralda. Der atemberaubenden *mezquita* (Moschee) von Córdoba ließ Kaiser Karl V. ein Kirchenschiff einpflanzen und der Alhambra in Granada einen Renaissance-Palast. Stempel des Siegers.

Der Stolz auf die arabische Vergangenheit kam Jahrhunderte später. Den Virus schleppten wahrscheinlich Ausländer ein, als erster der US-amerikanische Schriftsteller Washington Irving, der 1832 die *Geschichten von der Alhambra* veröffentlichte, nachdem er einige Zeit in Granada verbracht hatte. Al Andalus kehrte langsam ins spanische Gedächtnis zurück. Nicht zur Freude aller. »Unter Franco wäre es ein Sakrileg gewesen, von der moslemischen als unserer eigenen Vergangenheit zu sprechen«, sagt die Granadinerin Ana Carreño. »Die Katholischen Könige haben die Mauren rausgeworfen, gottseidank – so haben wir es in der Schule gelernt.« Carreño arbeitet für El Legado Andalusí (das Erbe von Al Andalus), eine Stiftung, die 1995 von der andalusischen Regionalregierung ins Leben gerufen wurde, um das maurische Erbe zu erforschen, zu bewahren und touristisch nutzbar zu machen. Carreños Blick auf die islamische Geschichte Spaniens ist ein rundum positiver. »Die Menschen wissen schon lang, was uns die Araber gebracht haben, angefangen von den Wörtern, die in unsere Sprache eingeflossen sind, über die Küche und landwirtschaftliche Techniken bis hin zur Mathematik. Aber den Spaniern war das lange peinlich, sie hatten Angst, die arabischen Wurzeln ihrer Kultur anzuerkennen.« Doch genau über die Frage, ob das heutige Spanien in Al Andalus wurzelt oder ob diese Wurzeln lange verödet sind, gibt es keine Einigkeit in Spanien. Leider ist die Debatte darüber (wie fast alle Debatten in Spanien) ideologisch kontaminiert. Der konservative Arabist Serafín Fanjul spricht vom »Schmieden eines Mythos« und der »Chimäre Al Andalus«. Das könnte eine akademische Diskussion bleiben, wenn die Spanier nicht hin und wieder von sich und anderen zu (halben) *moros* erklärt würden. Genetisch sind sie es nur zu geringem Teil. Eine Studie, die das *Amercian Journal of Human Genetics* im Dezember 2008 veröffentlichte, fand unter 1140 spanischen Männern 10,6 Prozent nordafrikanische Spuren (und 19,8 Prozent jüdische). Und kulturell sind die heutigen Spanier, bei allen arabischen Einflüssen der Vergangenheit, Europäer. Nicht der Gebirgszug der Pyrenäen trennt Spanien von einer anderen Welt, sondern die Meerenge von Gibraltar.

Auf der südlichen, der arabischen Seite erinnern sich viele Moslems noch immer (oder wieder) des mythischen Al Andalus. Ein paar Durchgeknallte malen sich die Rückeroberung aus, die diesmal islamische Reconquista. In seiner kruden Rechtfertigung für die Attentate vom 11. September 2001 sprach Osama Bin Laden von der »Tragödie von Al Andalus«, die sich in Palästina nicht wiederholen dürfe. José María Aznar, der frühere spanische Ministerpräsident, räsonierte nach den islamistischen Terroranschlägen auf vier Madrider Vorortzüge vom 11. März 2004 ähnlich aberwitzig: »Die Probleme Spaniens mit Al Kaida begannen im 8. Jahrhundert, als Spanien von den Mauren überfallen wurde und sich weigerte, ein Teil der islamischen Welt zu werden.« Al Andalus als Vorwand für den Clash of Civilizations.

In Granada leben heute Tausende arabische Studenten, arabische Arbeiter und die arabischen Händler am Fuße des Albaicín. Haben sie die Reconquista im Kopf, wie Padre Javier meinte? Der Marokkaner Nouredine Slimani, der in der Calderería Vieja einen Andenkenladen betreibt, muss lachen: »Ich bin nach Spanien gekommen, um mein Brot zu erobern, nicht das Land, verstehst du, Bruder?« Er hat auch eine Spanierin erobert, sie zum Islam bekehrt und mit ihr sechs moslemische Kinder in die Welt gesetzt. Zwischen den arabischen Moslems macht sich in Granada seit etlichen Jahren eine Gruppe spanischer Moslems bemerkbar: Konvertiten, die der katholischen Kirche auf ihrer persönlichen Sinnsuche den Rücken gekehrt haben. Sie sind die stolzesten Vertreter ihres Glaubens in Granada, das sie zur »Islamischen Hauptstadt Europas« erklärt haben. Nach 23 Jahre währendem Kampf mit den Nachbarn und den Behörden der Stadt weihten sie im Sommer 2003 ihre Moschee auf dem höchsten Punkt des Albaicín-Hügels ein, mit einer exklusiven Aussicht auf die Alhambra, die den Blick von Padre Javiers Dachterrasse an Erhabenheit noch übertrifft. Eine Moschee im andalusischen Stil aus weiß bemalten Ziegelsteinen und roten Dachpfannen, gebaut mit Geld aus Marokko und den Vereinigten Arabischen Emiraten. Nach 500 Jahren ruft im Albaicín wieder ein Muezzin fünf Mal am Tag zum Gebet. Ein Symbol, wenn nicht der Reconquista, so doch der Rückkehr des Islam ins alte europäische Heimatland.

Wunderbare Geschöpfe – über die schönen Künste

»An einem Orte der Mancha, an dessen Namen ich mich nicht erinnern will, lebte vor nicht langer Zeit ein Junker, einer von jenen, die einen Speer im Lanzengestell, eine alte Tartsche, einen hagern Gaul und einen Windhund zum Jagen haben.« (Miguel de Cervantes: *Don Quijote*)

Der sinnreiche Junker Don Quijote von der Mancha ist, mit Erlaubnis von El Cid, Spaniens wahrer Nationalheld. Auf Madrids Plaza de España reitet er, dem Leben abgeschaut, in Bronze auf seinem Rocinante, begleitet vom treuen Sancho Panza. Zur Welt brachte das Paar Miguel de Cervantes. Wenn sich dessen Todestag nähert, der 23. April, bereitet der Círculo de Bellas Artes in Madrid eine öffentliche Marathonlesung des Quijote vor: Schriftsteller lesen, Politiker lesen, das Volk liest, das Fernsehen bringt es in seinen Nachrichten, und in alle Haushalte dringen wieder die Worte: *En un lugar de la Mancha, de cuyo nombre no quiero acordarme ...* Die kennt jeder Spanier, in jedem spanischen Haushalt steht der Quijote (oder sollte es wohl), jeder spanische Abiturient hat den Quijote gelesen – viel zu früh wahrscheinlich, um das Vergnügen zu empfinden, das eine erwachsene Lektüre bereitet. Wenn auch jedes Kind den Don Quijote von der Mancha und seinen Ritt gegen die Windmühlen kennt, ist der Roman kein Kinderbuch. Für die spanischsprachige Welt ist er der Roman, an dem alle anderen Romane Maß nehmen, überall sonst ist er einer der großen Romane der

Weltliteratur, ein moderner Roman, in dessen zweitem Teil der Held seinem eigenen literarischen Ruhm begegnet.

Miguel de Cervantes kam 1547 in der Universitätsstadt Alcalá de Henares nicht weit von Madrid zur Welt (dort, in Alcalá, wird am 23. April jedes Jahres der Cervantes-Preis verliehen, die bedeutendste Auszeichnung für spanischsprachige Schriftsteller). Der junge Cervantes führte ein abenteuerliches Leben. Mit 24 Jahren nahm er an der Seeschlacht von Lepanto (am Eingang zum griechischen Golf von Korinth) teil, wo eine christliche Flotte unter spanischer Führung die Türken besiegte. In der Schlacht traf Cervantes ein Büchsenschuss in den Unterarm und lähmte für immer seine linke Hand. Später wurde er während einer Überfahrt von Neapel nach Spanien von Korsaren gefangen genommen und lebte fünf Jahre als Sklave in Algerien, bis ihn der Trinitarier-Orden 1580 freikaufte. Nach ersten literarischen Veröffentlichungen geriet er als Steuereintreiber für kurze Zeit in ein sevillanisches Gefängnis, wo ihm die Idee zum Quijote kam. 1605 veröffentlichte er dessen ersten Teil, zehn Jahre später den zweiten. Im Jahr darauf starb er in Madrid.

Mit seinem Todesdatum, das man sich merken sollte und kann (23. April 1616: zwei drei vier sechzehn sechzehn), hat es eine besondere Bewandtnis: Es ist auch Shakespeares Todesdatum. Deswegen hat die Unesco den 23. April zum Welttag des Buches erklärt, angeregt von der katalanischen Tradition, sich an diesem Tag, der zugleich Tag des katalanischen Schutzheiligen Georg ist, Rosen und Bücher zu schenken. Dass Cervantes' und Shakespeares offizielles Todesdatum dasselbe ist, heißt leider nicht, dass sie wirklich am selben Tag starben. Cervantes starb wahrscheinlich am Vorabend, und Shakespeare zehn Tage später: In England galt damals noch der julianische Kalender.

Cervantes ist der herausragende Name unter den Schriftstellern des *Siglo de Oro*, dem goldenen Zeitalter Spaniens: der Epoche seiner größten Machtentfaltung im 16. und der ersten Hälfte des 17. Jahrhunderts, in der das Land einige seiner bedeutendsten Dichter und Maler hervorbrachte. Der volkstümlichere Lope de Vega und der ernsthaftere Calderón de la Barca waren die großen (und furchtbar fleißigen) Dramenautoren ihrer Zeit. Tirso de Molina begründete die Popularität des

Mythos vom Don Juan mit seinem Schauspiel *Der Verführer von Sevilla und der steinerne Gast*. Ein unbekannter Autor schuf mit dem *Lazarillo de Tormes* 1554 den ersten Schelmenroman, Franciso de Quevedo legte 1626 mit dem wunderbaren *Leben des Buscón* nach.

Der erste große Maler des spanischen *Siglo de Oro* stammte aus Kreta: El Greco (spanisch für Der Grieche) ließ sich mit 36 Jahren in Toledo nieder, wo er bis zu seinem Tod lebte und arbeitete. Höchstverehrter Maler Spaniens ist der Sevillaner Diego Velázquez (1599–1660). In seinem großformatigen Gemälde »Las Meninas« (Die Hoffräulein) portraitierte er 1556 die Familie seines Mentors, des Habsburgerkönigs Philipp IV. (der als Kunstförderer bleibendere Werte schuf als in der Politik: Unter seiner Regentschaft ging es mit der Großmacht Spanien zu Ende). »Las Meninas«, eines der meistbesprochenen Werke der Kunstgeschichte, kann als späte Antwort auf den Quijote verstanden werden: Wie Cervantes in seinem Roman reflektiert Velázquez in seinem Gemälde über die eigene Kunst, indem er sich als Maler an der Staffelei unbescheiden in den Vordergrund des Bildes schiebt.

Die »Meninas« sind heute das goldene Herz des Madrider Prado, einer der großartigsten Kunstsammlungen der Welt. Stärkerer Publikumsmagnet als Velázquez ist wahrscheinlich Francisco de Goya (1746–1828), anderthalb Jahrhunderte nach Velázquez in Fuendetodos im ostspanischen Aragón geboren. Auch er schuf ein unvergleichliches königliches Familienportrait, jenes von der Familie des Bourbonenkönigs Karl IV. (noch ein glückloser Politiker, den Napoleon zum Thronverzicht zwang), auf dem sich Goya, Velázquez' Beispiel folgend, (im schattigen Hintergrund) selbst verewigte. Goyas Gesamtwerk ist bemerkenswert vielgestaltig, er malte Kirchen aus und entwarf Wandteppiche, er schuf fröhliche Landszenen und düstere Kriegsbilder, er war Hofmaler und freier Künstler. Nach einer schweren Krankheit blieb er die letzten 36 Jahre seines Lebens taub. 1824 zog er, aus Furcht vor politischer Verfolgung in seiner unruhigen Heimat, nach Bordeaux, wo er vier Jahre später starb.

Nicht ganz anderthalb Jahrhunderte nach Goya wurde in Málaga der dritte spanische Weltstar der Kunstgeschichte geboren: Pablo Ruiz Picasso (1881–1973). Seine Kindheit und Jugend verbrachte er in Spanien, doch 1904 zog er nach Paris, wo er ein künstlerisches Ambiente fand, wie es in seiner Heimat kein vergleichbares gab. Sein berühmtestes Bild malte er im Auftrag der spanischen Regierung für die Pariser Weltausstellung 1937, als in seinem Heimatland der Bürgerkrieg wütete: das monumentale »Guernica«. Am 26. April 1937 hatten Flieger der deutschen »Legion Condor« das baskische Städtchen Gernika bombardiert, drei Viertel des Ortes zerstört und Hunderte Menschen getötet. Aufgewühlt, machte sich Picasso in »Guernica« sein eigenes Bild vom Schrecken des Krieges. 1981, nach dem Ende der Franco-Diktatur, wurde das Gemälde, wie es Picasso gewünscht hatte, nach Madrid überführt, wo es heute im Museo Reina Sofía hängt.

Madrid ist eine unvermeidliche Stadt für Kunstliebhaber. Im Prado (was zu deutsch Wiese oder Weide heißt) hängen Werke vom 12. bis zur Mitte des 19. Jahrhunderts vor allem der großen Spanier, aber auch so wundersame Gemälde wie der »Garten der Lüste« von Hieronymus Bosch. Das Reina Sofía ist dem 20. Jahrhundert und der Gegenwartskunst gewidmet: Picasso, Juan Gris, Miró, Dalí, Chillida, Tàpies, Antonio López, Barceló (und so weiter). Das Thyssen-Bornemisza, eine der bedeutendsten Privatsammlungen der Welt, lädt zum Spaziergang durch die westliche Kunstgeschichte. Prado, Reina Sofía und Thyssen sind Madrids Goldenes Museumsdreieck. In Spanien hat sich so viel gemalte Kunst angesammelt, weil Spaniens Könige große Sammler waren und weil die Malerei unter allen schönen Künsten im Land die größten Begabungen hervorgebracht hat. Wer kennt spanische Komponisten? Manuel de Falla, Issac Albéniz und Joaquín Rodrigo (dessen »Concierto de Aranjuez« aus keiner Fußgängerzone wegzudenken ist) haben sich gute Namen gemacht, aber den Ruhm ihrer malenden Kollegen nie erreicht. Beinahe jede spanische Provinzhauptstadt hat heute ihr eigenes feines Museum für Gegenwartskunst. Bilbao hat das Guggenheim, das alle anderen auch gern hätten. Barcelona hat Gaudí (den Architekten der Sagrada Familia) und ist damit selbst ein Museum. Und nicht weit von Barcelona, in seinem Geburtsort Figueras, hat sich Dalí sein eigenes Theatermuseum gebaut (oder: einen Dalí-Freizeitpark).

Der surrealistische Maler Salvador Dalí war in komplizierter Freundschaft mit zwei anderen Größen des spanischen Kulturlebens verbunden: mit Federico García Lorca und Luis Buñuel. Alle drei lebten Anfang der 1920er Jahre einige Zeit in der Madrider Residencia de Estudiantes, einem außergewöhnlichen Studentenwohnheim, in dem ein freier und kreativer Geist herrschte. Die späteren Schicksale der drei Männer waren die Schicksale Spaniens: Dalí arrangierte sich mit dem Franco-Regime, Lorca wurde von Schergen dieses Regimes ermordet, Buñuel ging ins Exil.

Federico García Lorca (1898–1936) ist nach Cervantes der am hellsten leuchtende Stern der spanischen Literatur. Er schrieb Theaterstücke (*Bernarda Albas Haus*) und Poesie (*Dichter in New York*). Mit dem Studententheater La Barraca reiste er durch Spanien, um die Dramen des *Siglo de Oro* auf die Dörfer zu bringen. Am 18. August 1936, wenige Wochen nach Beginn des Bürgerkriegs, wurde er von Franco-Leuten in der Nähe von Granada ermordet. Die Schauspielerin und Lorca-Freundin Margarita Xirgu schrieb fassungslos: »Er war doch ein wunderbares Geschöpf, das niemandem weh tat und uns das Leben in etwas Zauberhaftes verwandelte. Haben Sie je etwas gekannt, das Federico ähnelte? Er berauschte wie der Wein. Wer kann es gewagt haben, seinen Tod zu bestimmen?« Lorca war ein selbstverständlicher Anhänger der Republik, und er war schwul. Also erschoss man ihn und verscharrte seine Leiche wie einen Hund. Ende 2009 suchten Archäologen am Ortsrand von Alfacar bei Granada, wo der Dichter vermutlich gemeinsam mit drei anderen Männern hingerichtet wurde, nach menschlichen Überresten. Sie fanden nichts. Lorca bleibt verschwunden wie Zehntausende andere auch.

Luis Buñuel (1900–1983), der schon mit seinem ersten surrealistischen (gemeinsam mit Dalí geschriebenen) Film »Ein andalusischer Hund« 1929 Aufsehen erregt hatte, verließ Spanien einen Monat nach dem Mord an García Lorca und begann zehn Jahre später in Mexiko eine neue Karriere, die ihn zu einem der einflussreichsten Regisseure der Filmgeschichte machen sollte. 1977 drehte er in Frankreich seinen letzten Film, »Dieses obskure Objekt der Begierde«. Pedro Almodóvar, ein Mann aus der Mancha, der sich an sein Geburtsdatum nicht erinnern will, sollte Buñuel in Sachen Ruhm und Einfluss nachfolgen. Sein Erstling, »Pepi, Luci, Bom y otras chicas del montón« (1980), war eine filmische Katastrophe, aber ein unterhaltsames Dokument der *Movida*, dem kulturellen Ausbruch Madrids aus vierzig Jahren franquistischem Mief. Mit jedem Film wurde Almodóvar besser. »Frauen am Rande des Nervenzusammenbruchs« (1988) machte ihn international bekannt, »Sprich mit ihr« (2002) zum Meister. Das größte Missverständnis über Almodóvar ist, dass er mit seinen Filmen provozieren wolle. Wahr ist, dass er hin und wieder Filme über Leute macht, über die andere keine Filme machen, um zu zeigen, dass sie dieselben Sachen umtreiben, die alle umtreiben.

Die *Movida*, die Almodóvar groß machte, ist eingeschlafen, was viele, die sie miterlebt haben, sehr bedauern. Das ganze spanische Kulturleben ist zurzeit ein wenig schläfrig. Die spanische Kulturkritik ist besonders schläfrig, was wahrscheinlich die Schläfrigkeit des Kulturlebens befördert. Ausdrücklich ausgenommen seien drei Männer aus Barcelona: der Schriftsteller Enrique Vila-Matas, Meister der Metaliteratur (*Bartleby & Co.*) und einer der belesensten Kritiker, die man sich denken kann; der ebenfalls ungemein belesene Kritiker Manuel Rodríguez Rivero; und schließlich der Schriftsteller Félix de Azúa, der zugleich einer der originellsten spanischen Essayisten ist. Der Madrider Schriftsteller Javier Marías (*Mein Herz so weiß*) genoss die manchmal wunderbare Macht der Kritik, als ihn Marcel Reich-Ranicki 1996 im »Literarischen Quartett« mit einem Satz auf den Weg zum Weltruhm brachte: »Begeistert bin ich von diesem Marías, ich glaube, das ist einer der größten im Augenblick lebenden Schriftsteller der Welt.« Ein Größerer als Marías sollte wenig später kurze Jahre des Ruhms erleben: Roberto Bolaño, 1953 in Chile geboren, seit 1977 in Spanien zu Hause (die meiste Zeit im katalanischen Blanes), schaffte 1998 mit den *Wilden Detektiven* seinen literarischen Durchbruch. »Ein Roman, der mir Mut und Lust einflößt, weiter zu schreiben«, sagt Enrique Vila-Matas – wahrscheinlich das größte Kompliment, das ein Schriftsteller dem anderen machen kann. Bolaño starb 2003 mit 50 Jahren und hinterließ den posthum veröffentlichten Roman *2666*: den ersten Klassiker des 21. Jahrhunderts.

Es ist nicht alles Mittelmaß in Spanien. Aber ein neues goldenes Zeitalter zieht gerade auch nicht herauf. Wo tut es das schon.

Die tollkühnen Männer in ihren seidenen Strümpfen – über Spaniens kulturelle Wahrzeichen

»Niemand, der nicht abgestumpft oder fanatisch ist, kann leugnen, dass die *fiesta de los toros* – ein Schauspiel, das in manchen Momenten eine unbeschreibliche Schönheit und Intensität erreicht, mit einer starken Tradition, die sich in allen Erscheinungsformen der hispanischen Kultur widerspiegelt – von Gewalt und Grausamkeit durchdrungen ist. Das bereitet uns, den *aficionados*, Unbehagen und ein zwischen Genuss und zeitgenössischer Ethik zerrissenes Gewissen.« (Mario Vargas Llosa)

Im Sommer 2010 hat Katalonien den Stierkampf abgeschafft. Das ist bemerkenswert, weil der Stierkampf zu Spanien gehört wie die Windmühlen zu Holland. Wer gar nichts über Spanien weiß, weiß von den Toreros. Als die Beatles 1965 Spanien besuchten, verließen sie das Flugzeug mit *montera* auf dem Kopf, dem Stierkämpferhut. Als Tom Cruise in der Actionkomödie »Knight and Day« in Sevilla den spanischen Waffenhändler Jordi Mollà trifft, kommt ihm eine Stierhatz dazwischen (was wirklich lustig ist, weil diese Stierhatzen im richtigen Leben in Pamplona, aber niemals in Sevilla stattfinden). An spanischen Landstraßen begegnet einem alle paar Kilometer der überlebensgroße *toro de Osborne*, der Werbestier der Bodega Osborne aus dem andalusischen El Puerto de Santa María, der so beliebt ist, dass manche Spanier zu passender Gelegenheit spanische Flaggen mit dem schwarzen Stier statt mit dem offiziellen königlichen Wappen schwenken. Der Stier ist so spanisch, dass sich katalanische Nationalisten nach einem alternativen Symboltier umschauten und auf einen Esel kamen, den sie nun manchmal neben das Nummernschild auf ihr Auto kleben. Deswegen hat sich auch niemand gewundert, dass ausgerechnet die Katalanen den Stierkampf verboten. Sie argumentierten aber nicht mit ihrer mutmaßlichen Abneigung gegen alles Spanische, sondern mit dem Tierschutz.

Dem Stier geht's nicht gut beim Stierkampf. »Stierkampf« ist sowieso ein ganz unpassendes Wort, weil ein Mensch unmöglich gegen einen halbtonnenschweren Bullen kämpfen kann. Was am frühen Abend in der Arena sechs Mal hintereinander aufgeführt wird, ist ein ritueller Akt des Tötens. Die Spanier nennen diesen Akt Corrida, was wörtlich »Lauf« heißt. Seit mehr als 200 Jahren werden die Corridas in ihrer heutigen Form in Szene gesetzt. Dafür stehen in Spanien rund 450 Arenen zur Verfügung, von denen die meisten allerdings nur ein paar Mal im Jahr aus Anlass von Volksfesten genutzt werden. Unter dem Dutzend bedeutenden Arenen ist Las Ventas in Madrid mit 23 798 Sitzplätzen die größte. Las Ventas ist der Vatikan der *tauromaquia* (der Stierkämpferkunst). Sein Hochamt feiert der Platz von Mitte Mai bis Anfang Juni aus Anlass des San-Isidro-Festes, wenn sich Abend für Abend je drei Toreros je zwei Stieren entgegenstellen. »San Isidro ist so etwas wie die Weltmeisterschaft des Stierkampfs«, sagt Manuel Martínez, der Betreiber von Las Ventas. »Wer hier nicht aufgetreten ist, wird nie eine *figura* sein.« *Figuras* (Figuren) nennt man die wenigen Stars unter den Toreros.

»Sein Leben sinnlos aufs Spiel setzen, macht noch keinen Helden«, weiß der Urgroßvater in James Krüss' *Mein Urgroßvater, die Helden und ich*. Trotzdem ist die Welt voller Abenteurer, die ohne Sauerstoffgerät Achttausender bezwingen, im Einhandsegler den Atlantik queren, mit 300 Stundenkilometern durch Monte Carlo brettern oder sich schutzlos einem ausgewachsenen Stier entgegenstellen. Ihr Kampf gegen die eigene Besonnenheit fasziniert die weniger Wagemutigen. Helden? Immerhin Helden der Popkultur. Einmal habe ich sie mir während des San-Isidro-Festes in Las Ventas angeschaut.

Einer der Helden jenes Abends hieß Ángel Gómez Martínez, genannt Gómez Escorial, ein damals 30-jähriger Madrider Junge mit unschuldigem Blick und der Erfahrung von 93 Corridas im Körper. Den rosa-gelben *capote* vor dem Körper, kniete sich der Torero in den Sand, dem Tor gegenüber, durch das der Stier namens Cartujano in die Arena stürmen würde. Gómez lockte den 528 Kilo schweren und viereinhalb Jahre alten Bullen mit Rufen und stieß dazu rhythmisch die Hüften nach vorn, als vollführte er ein lüsternes Paarungsritual. Ich ahnte, weil ich keine Ahnung hatte, dass der Stier den Torero gleich gnadenlos über den Haufen rennen würde. Hätte sich der junge Mann nicht so erwartungsvoll auf der *plaza de toros* hingekniet, sondern auf einer Landstraße, um im letzten Moment einem herannahenden Wagen auszuweichen, er gälte als hoffnungslos verrückt.

Cartujano stürzte aus dem Dunkel seiner Stallbox direkt auf den lockenden Gómez Escorial zu. Der Torero schwang im letzten Moment den *capote* nach rechts und dirigierte den Stier unterm Tuch hindurch an seinem Körper vorbei, was dem Publikum ein langgezogenes Uiiiii entlockte. Mit durchgedrücktem Rücken und ausgestrecktem Arm nahm der unbeschadete Torero den Applaus entgegen. Drei Stiere später wiederholte Gómez das Manöver, und es geschah, was der ahnungslose Zuschauer geahnt hatte: Der Stier, diesmal 498 Kilo schwer, vier Jahre und zwei Monate alt, mit Namen Ortigoso I, trampelte über den Torero hinweg. Ein paar spitze Schreie im Publikum, ein weinender Zuschauer im grau schimmernden Anzug – aber Gómez stand auf, lief blutend zur Krankenstation, ließ sich behandeln und kehrte zurück. Später erstach er Ortigoso I, so wie er vorher Cartujano erstochen hatte.

Die *larga cambiada de rodillas*, die Gómez Escorial mit viel Glück überstanden hatte, ist keine typische Einlage im Laufe einer Corrida, aber eine, die anschaulich zeigt, worum es in der Arena geht: ums Spiel mit dem Tod. Der Torero begibt sich in Gefahr und kommt nicht darin um. Das ist es, was das Publikum sehen will. Der Stier bringt ein atavistisches Element in dieses Spiel. Eine Corrida tut so, als herrschten vorgeschichtliche Zeiten, in denen der Mensch den wilden Kräften der Natur beinahe schutzlos ausgeliefert war. Es ist eben kein Auto, dem der Torero ausweicht, sondern ein Tier, das nach seinem Ende in der Arena zu Koteletts verarbeitet wird. Als sei der Matador (der »Töter«) ein Jäger, der seiner Familie das Essen auf den Tisch bringt.

Die *aficionados* (die Freunde und Kenner der *tauromaquia*) haben eine zwiespältige Haltung zum Stier. Sie loben seine Kraft, seine Eleganz, seine Schönheit. Sie wollen keinen lahmen Bullen sehen, der beim geringsten Anlass in die Knie geht, der mit den Hufen scharrt, statt sich dem Torero entgegenzuwerfen. Wenn ihnen so einer unterkommt, pfeifen sie und klatschen rhythmisch, damit er gegen ein mutigeres Exemplar ausgetauscht werde. Noch weniger verzeihen sie dem berittenen Picador, wenn er wieder einmal, statt einfach mit seiner Lanze in den Nackenmuskel des Stiers zu stechen, in der Wunde mit solcher Inbrunst herumwühlt, als wolle er das Tier vorzeitig zu Tode drangsalieren. Die Empörung der Zuschauer in solchem Moment entspringt durchaus keinem Mitleid mit dem bewunderten Stier, sondern der Sorge um seine Angriffsfähigkeit. Dass der Stier gequält werden muss – nach der Stocherei des Picadors jagen ihm drei *banderilleros* noch je zwei fähnchengeschmückte Spieße in den malträtierten Nacken – liegt in der Natur des Rituals: Ein unverletzter Bulle ließe sich vom Matador nicht beherrschen. Doch die blutige Unterwerfung darf nicht zu weit gehen. Das Tier soll geschwächt, nicht gebrochen werden. Denn der erste Akt des Picadors und der zweite der *banderilleros* haben nur den Zweck, den letzten, den Hauptakt vorzubereiten: den tödlichen Tanz zwischen Matador und Stier.

Der Matador wirft sich für diesen ungleichen Tanz in ein Kostüm aus schwarzen Stoffschühchen, rosa Seidenstrümpfen, hautengen Hosen und einem goldschimmernden Bolerojäckchen. Wie sehr der *traje de luces* (der Lichteranzug) auch die Schultern und das Geschlechtsteil des Matadors betont, es bleibt ein ziemlich femininer Aufzug, der im Gegensatz zum Machogehabe des Toreros steht. Er ist es, der den Stier herausfordert, der ihn führt, der ihm die Schritte vorgibt, sein Handeln bestimmt, ihn dominiert. Dabei entsteht im besten Falle das, was Vargas Llosa, der peruanische Literaturnobelpreisträger und unermüdliche Fürsprecher der *tauromaquia*, »dieses mysteriöse Einverständnis« zwischen Mensch und Tier nennt. Nach wenigen Minuten ist es mit einem Degenstoß beendet.

Mein Abend in Las Ventas brachte keinen solchen Moment des Zaubers hervor. »Um die Wahrheit zu sagen, die ganze Corrida war ein Ausbund an Zahmheit, Untauglichkeit und bösen Absichten, und so ist es unmöglich, dass der Stierkampf glänzt«, schrieb am nächsten Tag Antonio Lorca, der Kritiker von *El*

País. Sechs Stiere waren einer nach dem anderen wie tote Insekten von glöckchenbehangenen Pferden aus der Arena geschleift worden. Sie hatten gelitten. »Natürlich leidet der Stier«, sagt Manuel Martínez. »Schlachtvieh leidet noch mehr, nur dass keiner zuschaut. Und wie viele Menschen leiden! Wenn die Alten, die Kinder, die Armen Afrikas nicht mehr leiden, dann werde ich mir Gedanken um die Stiere machen.«

Das katalanische Stierkampfverbot soll 2012 in Kraft treten, was kaum praktische Konsequenzen haben wird, weil in Katalonien sowieso nur noch eine Arena, die Monumental in Barcelona, in Betrieb ist. Die meisten Spanier lässt das ganze Stiertheater ziemlich kalt. Zwei Drittel von ihnen zeigen nicht das geringste Interesse an den Corridas, etwa die Hälfte erklärt sich zu ausgesprochenen Gegnern, und unter den Jüngeren nimmt die Ablehnung noch zu. Aber das katalanische Verbot hat der Mehrheit der Spanier auch nicht gefallen – sollen die Toreros weiter ihre merkwürdigen Riten feiern, werden sie gedacht haben, während wir weiter unseren Schinken essen.

Spanien besitzt ein zweites kulturelles Wahrzeichen, das im Gegensatz zum Stierkampf kein böses Blut schafft: den Flamenco. Es gibt wenige Musiken mit gleichem nationalen Erkennungswert. Wer Flamenco hört, denkt an Spanien, ohne dass er ein besonderer Kenner sein müsste, so wie an Argentinien denkt, wer Tango hört. Das nützt Spanien bei seiner Außendarstellung. Keine Eigenwerbung ohne Flamenco. Die Musik beschwört das Lebensgefühl herauf, das die Werber heraufbeschwören möchten: Leidenschaft, Genuss, ein wenig Exotik. So verkauft man ein Urlaubsziel und katalanischen Sekt, aber nicht unbedingt Präzisionsmaschinen, weswegen die Spanier ihren Flamenco manchmal verfluchen. Manchmal lachen sie auch: wenn sich im Kino »Das Boot« von Wolfgang Petersen der galicischen Küste nähert und dazu Flamencoweisen erklingen, was so passend ist wie ein Schuhplattler im Hamburger Hafen.

Der Flamenco kommt aus Andalusien, wo er in der zweiten Hälfte des 19. Jahrhunderts seine klassische Form und seinen Namen bekam. Flamenco ist das spanische Wort für Flamingo und Flame – warum auch die Musik so heißt, ist ein ungelöstes Rätsel. Der Flamenco wurzelt in der andalusischen Volksmusik, ist aber selbst keine Volksmusik, dafür ist er viel zu schwer zu spielen. Der Gesang ist sein zentraler Bestandteil, wobei nicht die schöne Stimme zählt, sondern die Fähigkeit, tiefe Gefühle zu vermitteln, meistens traurige Gefühle. So viel inbrünstig vorgetragene Schwermut ist ungeübten Ohren nicht notwendig ein Genuss, weswegen der klassische Flamenco einen begrenzten Freundeskreis hat. Weil die meisten Spanienbesucher aber unbedingt Flamenco erleben wollen, bieten die Touristen-*tablaos* Programme mit eher leicht verdaulicher Flamenco-Kost und sehr viel Tanz. Das ist nicht immer von schlechter Qualität, aber nur ein kleiner Ausschnitt aus der Flamenco-Realität. Die Spanier, die mehr vom Flamenco wissen als die ausländischen Besucher, ignorieren ihn, wie sie die *tauromaquia* ignorieren, wenn sie nicht ausgesprochene *aficionados* sind. Ihren Weg zu einem größeren Publikum haben erst die Erneuerer des Flamenco gefunden. Es schmerzt die humorlosen Puristen, dass der in Andalusien geborene Flamenco, selbst ein Kind wüster Vermischungen, sich seit einigen Jahrzehnten immer wieder mit fremden Einflüssen infiziert, mit Blues, Jazz, Pop, Reggae, lateinamerikanischen Rhythmen, elektronischer Musik. Einer der ersten, die sich auf unbekannte Wege wagten, war der Gitarrist Paco de Lucía, der darüber zum Weltstar wurde. Die Öffnung hat dem Flamenco nicht nur neue Zuhörer, sondern auch großartige Kunstwerke beschert. Niemand hat die Promiskuität so weit getrieben wie der Granadiner *cantaor* Enrique Morente, der seinen klassisch geschulten Flamencogesang ebenso einer Rockband antraute wie einem Sinfonieorchester oder einem bulgarischen Frauenchor. Seine Platte »Omega« (1996) gehört zum Aufregendsten, was jemals in einem Tonstudio aufgenommen worden ist. Morente starb im Dezember 2010. Die Familientradition führt seine Tochter Estrella fort, die zu einer der großen weiblichen Flamencostimmen herangewachsen ist. Estrella heiratete 2001 einen Torero. Es gibt da nämlich eine unergründliche Verbindung zwischen Stierkampf und Flamenco, die immer wieder *cantaoras* in die Arme von *matadores* treibt. Die Regenbogenpresse freut sich. Spanischer bekommt sie's nicht.

Neue Helden – über den Sport

»Und welcher Eifer, zu gewinnen und zu gewinnen!«
(Rafael Sánchez Ferlosio)

Woran den Spaniern wirklich das Herz hängt, ist der Fußball.
Vor einigen Jahren traf ich mich in Ponferrada, einer mittleren
Stadt im Nordwesten Spaniens, mit einem jungen Mann, um
ihn über die Exhumierung von Mordopfern des Franco-Regimes
zu befragen. Beim Abendessen mit ihm und seiner Frau kam das
Gespräch auf Fußball. »Ich bin Anhänger von Real Madrid«,
sagte er, »und meine Frau vom FC Barcelona.« (Vielleicht war
es auch umgekehrt.) Dann sagte er: »Das ist aber kein Problem
zwischen uns.« Es war ihm ernst. Er war so erleichtert über seinen Ehefrieden wie ein Schlachter, der eine Vegetarierin geheiratet hat. In Wirklichkeit sagen Spanier nicht, dass sie Anhänger
eines Vereins seien, sondern: »Yo soy del Madrid« oder »yo soy
del Barça«, was wörtlich heißt: »Ich bin vom (Real) Madrid«,
oder: »vom Barça« (also dem FC Barcelona), als gehörten sie
dem jeweiligen Verein an, was aber nicht gemeint ist. Die Frage:
»¿Y de quién eres tú?« – »und von wem bist du?« – verlangt
keine Auskunft über die Eltern, sondern über den Lieblings-
club. Fast jeder hat einen. Ein seriöser Mann wie mein Freund
Carlos, ein Betriebswirt, der vor kurzem einen Verlag gegründet hat, wird alle zwei Wochen bei Heimspielen von Atlético
de Madrid (»soy del Atleti«) zum Schal und Trikot tragenden
hincha, zum bedingungslosen Fan, und wenn er seine Frau
Beatriz, eine sanfte Flamenco-Tanzlehrerin, auf ein Spiel mit-
nimmt, brüllt sie noch lauter als er. (Ich habe Carlos um Erlaubnis gebeten, ihn hier zu erwähnen. Er antwortete mir: »Aber
nur, wenn du schreibst, dass *el Atleti* der beste Club Madrids ist
und dass er die besten Fans hat.«)
  Der Fußballwahn ist ein internationales Phänomen, aber in
Spanien ist es besonders schwer, sich ihm zu entziehen. Vier
große Sportzeitungen schreiben täglich über Fußball Fußball
Fußball und ein bisschen über andere Sportarten: *Marca* (verkaufte Auflage 285 000 Exemplare) und *As* (215 000), die in
Madrid erscheinen, und *Sport* und *Mundo Deportivo* (beide

gut 100 000) aus Barcelona. Die Hauptnachrichtensendungen des Fernsehens widmen mindestens 15 ihrer 45 Minuten dem Sport, das heißt: vor allem dem Fußball. Es gibt was zu berichten, denn der spanische Fußball ist erfolgreich: Real Madrid hat neun Mal die Champions-League gewonnen, so oft wie kein anderer Verein, der FC Barcelona drei Mal. Hinter den beiden Clubs klafft eine ziemliche Erfolgslücke, aber spanische Mannschaften sind im Rest Europas immer gefürchtet. Und neuerdings ist auch das Nationalteam auf Höhenflug: 2008 gewann es die Europameisterschaft, 2010 die Weltmeisterschaft. Lange hatten Spaniens Fußballer, wenn sie sich in der Nationalmannschaft zusammentaten, wenig zustande gebracht. Ein Mal, 1964, waren sie Europameister im eigenen Land geworden, danach herrschte 44 Jahre lang Ebbe. Vielleicht gab es in der spanischen Liga doch zu viele ausländische Stars, früher Beckham oder Zidane, heute Messi und Cristiano Ronaldo, ohne die offenbar nichts ging. Vielleicht, und diese Ansicht war weit verbreitet, lag es aber auch am zersplitterten Nationalgefühl der Spanier: Die lieben ihre Heimatregion, ihre *patria chica*, meistens mehr als das ganze Land, und an den Rändern, in Katalonien und im Baskenland, gibt es Leute, die lieben Spanien gar nicht. Eine Nationalmannschaft ohne gemeinsames Nationalgefühl, das konnte ja nicht gut gehen, so ging das Argument. Dann wurde Spanien Weltmeister, und die alte Argumentation stand Kopf: Offenbar hinderte kein noch so zersplittertes Nationalgefühl exzellente Fußballer am Siegen, wenn ihnen ihr Trainer eine exzellente Taktik vorgab – während die siegenden Fußballer ihrem Land ein (mindestens vorübergehendes) Nationalgefühl verschafften. Die Spanier waren selbst etwas erstaunt, dass und mit wie viel Begeisterung sie plötzlich die rot-gelb-rote Fahne schwenkten. Der Fußballpatriotismus hatte Spanien langsam gepackt, dann aber gewaltig. Als die Spieler im Juli 2010 als Weltmeister aus Johannesburg nach Madrid zurückkehrten, vergaß das Land alles und widmete sich einen Tag lang dem Heroenkult, bis zum allgemeinen Delirium. Die Ekstase hielt nicht lange an. Nach ein paar Wochen verschwanden die Fahnen von den Balkonen, und das gewonnene Endspiel verblasste zur schönen Erinnerung.

Sportliche Erfolge sind gute Werbung, nach innen und nach

außen: Ein Land, das Fußball- und Basketballweltmeister hervorbringt, den Tenniskönig Rafael Nadal, den Formel-1-Piloten Fernando Alonso, den fünffachen Tour-de-France-Sieger Miguel Indurain, das kann so schlecht nicht funktionieren. Nur die Sieger zählen. Weswegen sich die Spanier außer für Fußball für alle Sportarten interessieren, in denen Spanier international herausragen. Für Leichtathletik also eher weniger. Für Wintersport schon gar nicht. Dass alle vier Jahre irgendwo auf der Welt Olympische Winterspiele stattfinden, kann einem Spanier leicht entgehen. Einmal, 2002, ließen sich die Medien aus ihrem olympischen Winterschlaf wecken, als der Skilangläufer Johann Mühlegg – in Deutschland geboren, in Spanien eingebürgert – für seine Wahlheimat drei Goldmedaillen holte, die ihm wegen Dopings wieder aberkannt wurden. Die Tageszeitung *El Mundo* bemerkte damals: »In Spanien werden zu wenig Dopingfälle entdeckt. Das ist sehr merkwürdig. So sehr, dass es scheint, ausländische Sportler fühlten sich angezogen von der Möglichkeit, unter solch bequemen Bedingungen zu trainieren und an Wettbewerben teilzunehmen.« Solches Gewissen macht sich Spanien gewöhnlich nicht. Darüber, dass besonders der spanische Radsport international unter Dauerverdacht steht, wird in der Heimat nicht gern gesprochen. Doping? Das passt nicht ins Land der strahlenden Sporthelden.

Die offene Wunde Bürgerkrieg

Die Geschichte im Straßengraben

»Wozu es leugnen: Man ist Partei – man ist leidenschaftlich
Partei in diesem großen Kampf, von dem der spanische Bürgerkrieg nur ein Teil ist.« (Klaus Mann)

Am Nachmittag des 15. Oktober 1936 begleitete der achtjäh-
rige Ramón Silva seinen Vater Emilio zum Rathaus von Villa-
franca del Bierzo. Die Franco-Leute, die die Gegend drei Monate
zuvor nahezu kampflos eingenommen hatten, zitierten den
44-jährigen Emilio Silva nicht zum ersten Mal herbei. Silva, der
einen Kolonialwarenladen betrieb, war ein überzeugter Demo-
krat und hatte mit seiner Meinung nie hinter dem Berg gehalten. Dafür musste er büßen. An diesem Nachmittag nahmen
ihn die neuen Machthaber im Rathaus fest. Der kleine Ramón
sah seinen Vater nie wieder. Noch in derselben Nacht wurde
Emilio gemeinsam mit 14 Leidensgenossen in einem Lastwagen
ins 20 Kilometer entfernte Priaranza del Bierzo geschafft. Angekommen, gelang einem von ihnen die Flucht. Die anderen 14
wurden einer nach dem anderen mit Pistolenschüssen hingerichtet. In den frühen Morgenstunden danach holten Verwandte
heimlich einen der Leichname ab. Die übrigen 13 blieben am
Straßenrand liegen, bis ein paar Männer, von den Franquisten
gezwungen, an Ort und Stelle eine schmale Grube aushoben und
die Ermordeten hineinwarfen. Nichts erinnerte mehr an sie.

Ramón Silva, der Sohn, wanderte 1957 nach Venezuela aus,
um dem Land der Mörder seines Vaters zu entfliehen. Ein knappes halbes Jahrhundert später kehrte er nach Spanien zurück,
um sich gemeinsam mit seinem Neffen, der Emilio heißt wie
sein Großvater, auf die Suche nach dem verschollenen Leichnam zu machen. Am 30. Oktober 2000 öffneten sie mit Hilfe
Gleichgesinnter das Grab an der Landstraße von Priaranza del

Bierzo und stießen auf die Überreste der 13 Erschossenen. »Ich fühle weder Freude noch Schmerz«, sagte Ramón Silva danach. »Eine erfüllte Pflicht, das ist das Einzige, was ich empfinde.«

Priaranza ist ein Dorf mit 300 Einwohnern. Jeder kannte die Geschichte mit dem Grab, doch keiner rührte daran. Francos Politik des Terrors blieb über seinen Tod hinaus erfolgreich: Die Angst hatte Wurzeln in den Menschen geschlagen. Sie schwiegen. Bis Emilio Silva kam, der Enkel auf der Suche nach seinem ermordeten Großvater. »Ich freute mich, endlich einen Anlass zum Öffnen des Grabes zu haben«, sagte der sozialistische Bürgermeister Daniel Fernández nach der Exhumierung. »Ich hatte immer auf einen Grund dafür gewartet.« Das ganze Dorf lief zusammen, als am 30. Oktober unter den Walnussbäumen am Ortseingang die Erde bewegt wurde. »Alle wollten die Leichen finden. Und sie fingen an, sich Geschichten zu erzählen, die sie seit dem Bürgerkrieg niemandem erzählt hatten. Als wäre ein Damm gebrochen.« Einer, der erzählte, war der damals 85-jährige Francisco Cubero. Als junger Mann, am 16. Oktober 1936, wurde er mit ein paar anderen nach Priaranza befohlen, um die Opfer der nächtlichen Hinrichtung zu beerdigen. »Sie machten uns zu Komplizen. Wir waren Linke, und jeder dachte für sich: Das kann mir auch geschehen. Also hielten wir den Mund und hoben die Grube aus.« Jahrzehntelang hatte Cubero die Geschichte keinem Fremden erzählt. Als er endlich zu erzählen begann, beteuerte er immer wieder: »Ich sage die reine Wahrheit. Ich sage die reine Wahrheit.« Als glaubte er noch immer nicht, dass man ihm glaube.

Priaranza war der Anfang. Noch nicht der Dammbruch, von dem der Bürgermeister Fernández für sein Dorf sprach, aber der erste Riss in Spaniens Staumauer der Erinnerungen. Emilio Silva, der Enkel, Jahrgang 1965, Soziologe und Journalist, gründete noch im Jahr der Exhumierung seines Großvaters gemeinsam mit Santiago Macías, Jahrgang 1972, die Asociación para la Recuperación de la Memoria Histórica (ARMH), den Verein für die Wiedererlangung des Historischen Gedächtnisses. Die beiden jungen Männer nahmen sich vor, den Pakt des Schweigens zu brechen, auf den sich ihre Elterngeneration geeinigt hatte, einen Pakt, der den möglichst friedlichen Übergang von der Franco-Diktatur zur Demokratie ermöglichen sollte. Der Übergang war geschafft, nun war es Zeit, die Franco-Verbrechen beim Namen zu nennen und die Franco-Opfer aus ihren anonymen Gräbern zu holen. Silva und Macías und viele andere begannen einen zähen Kampf gegen eine widerstrebende Gesellschaft, die es sich im Vergessen bequem gemacht hatte. Der Kampf ist noch nicht zu Ende, aber die Risse im Damm lassen sich nicht mehr stopfen. Der Bürgerkrieg ist die offene Wunde Spaniens, die nur durchs Erinnern heilen wird.

Die zwei Spanien

Der Spanische Bürgerkrieg (1936–1939) begann als Aufstand rechter Militärs gegen die junge Zweite Republik. Der lange vorbereitete Militärputsch scheiterte zunächst, weil Republikaner, Anarchisten und Kommunisten – aus unterschiedlichen Motiven – die Legalität verteidigten. Knapp drei Jahre lang kämpften zwei erbittert verfeindete Seiten gegeneinander, bis die aufständischen Militärs schließlich siegten. Der gnadenlose Kampf von Spaniern gegen Spanier fixierte in der Folge das Bild eines Landes, das in unversöhnliche Teile zerfallen sei: das Bild von den »zwei Spanien«. Der Poet Antonio Machado hatte es zu Beginn des 20. Jahrhunderts in seinen *Proverbios y cantares* benutzt: »Kleiner Spanier, der du zur Welt kommst, Gott beschütze dich. Eines der beiden Spanien wird dir das Herz gefrieren lassen.« Das Bild hat sich Spaniern und Spanienkennern so tief eingeprägt, dass man leicht vergessen kann, dass es eben das ist: ein Bild, das versucht, eine komplexe Realität leichter fassbar zu machen. So einfach lässt sich Spanien nicht in zwei klar unterscheidbare Hälften teilen. Wahr ist aber, dass durch das Land einige ideologische und soziale Scheidelinien laufen, über die hinweg ein zivilisierter Dialog selten stattgefunden hat.

Spaniens innere Fronten, die schließlich zu den Fronten des Bürgerkriegs wurden, standen schon lange. Das Goya-Bild »Duelo a garrotazos« (Knüppelschlag-Zweikampf, geschaffen zwischen 1819 und 1823) lässt sich als Metapher einer Gesellschaft deuten, die, in Bruderkämpfen verloren, nicht von der Stelle kam. So ungewöhnlich waren diese Kämpfe nicht: Auch außerhalb Spaniens versuchten Erneuerer, die bestehenden Verhältnisse zu verbessern oder gleich umzustürzen, während die beharrenden Kräfte mit aller Gewalt dagegenhielten. Aber Spanien war weiter zurückgeblieben als seine nördlichen Nachbarn. Die Inquisition, erst 1834 endgültig abgeschafft, behinderte als Zensurbehörde das Eindringen aufklärerischer Ideen aus dem Ausland, während verknöcherte Universitäten den spanischen Denkern dabei im Wege standen, sich einen eigenen Namen zu machen. Der Benediktinermönch und Gelehrte Benito Jerónimo Feijoo (1676–1764) klagte: »Während das Ausland Fortschritte in der Physik, in Anatomie, Botanik, Geografie und Naturkunde macht, schlagen wir einander die Schädel ein und erfüllen unsere Hörsäle mit Gebrüll bei der Frage, ob das Sein etwas Eindeutiges oder die Analogie von etwas Anderem ist.« Jahrhundertelang war das Land vor allem damit beschäftigt gewesen, sich »rein« zu halten: rein von jüdischem und maurischem Blut, rein von ketzerischen Gedanken. Mit diesem ideologischen Gepäck belastet, hatte Spanien einst ein Weltreich geführt, was vielleicht das »Fieber des Hochmuts« erklärt, das der Schriftsteller Juan Varela (1824–1905) seinem Land attestierte: »Wir meinten, das neu auserwählte Volk Gottes zu sein, und verwechselten patriotisches Geltungsbedürfnis mit Religion.« Für den national-katholischen Hochmut, den Franco nach dem gewonnenen Bürgerkrieg zur Staatsdoktrin erklären sollte, gab es keine Rechtfertigung. Im Gegenteil hatte die Politik der geistigen Abschottung und der rassischen Intoleranz den Niedergang des spanischen Imperiums befördert. Das erkannten die klügeren Spanier, die sich im Laufe des 18. und zu Beginn des 19. Jahrhunderts für das Ende der Inquisition einsetzten und die Macht der Kirche in Frage stellten. Das Misstrauen gegen die Kirche, treue Fürsprecherin der bestehenden Verhältnisse, verschärfte sich später zum weitverbreiteten Antiklerikalismus: Damit war eine der Frontlinien zwischen den »zwei Spanien« gezogen.

Der Streit um die Rolle der Religion war Teil einer umfassenderen ideologischen Auseinandersetzung über das richtige Gesellschaftsmodell. 1812, noch während des Unabhängigkeitskrieges gegen die napoleonische Besatzung, verabschiedeten die Cortes de Cádiz (eine Abgeordnetenversammlung, die von 1810 bis 1813 in der andalusischen Hafenstadt Cádiz tagte) Spaniens erste, liberale Verfassung. Doch alle demokratischen und rechtsstaatlichen Hoffnungen wurden mit der Rückkehr von König Ferdinand VII. zunichte gemacht, der nach der Vertreibung der französischen Besatzer 1814 die Beschlüsse der Cortes de Cádiz für null und nichtig erklärte. In den kommenden Jahrzehnten erlebte Spanien einen unübersichtlichen Kampf zwischen fortschrittlichen (später auch revolutionären) und reaktionären Kräften, in den das Militär – während der Kriege gegen die Unabhängigkeitsbestrebungen in den amerikanischen Kolonien selbstbewusst geworden – regelmäßig mit *pronunciamientos* eingriff: mit wörtlich »Äußerungen« genannten Staatsstreichen. Ideologische Beweggründe spielten auch in die Erbfolgekriege nach dem Tod Ferdinands VII. im Herbst 1833 hinein: Ferdinand hatte seine damals noch nicht dreijährige Tochter Isabella zur Thronfolgerin bestimmt, wogegen die Anhänger von Ferdinands Bruder Carlos aufbegehrten. In insgesamt drei Guerras Carlistas (Karlistenkriegen) erwehrte sich Spanien zwischen 1833 und 1876 der konsequent antiliberalen Anhänger des Prätendenten Carlos und seiner Nachkommen. In die Jahre des Dritten Karlistenkrieges fällt Spaniens erster Republikversuch, der nicht einmal zwei Jahre (1873 und 1874) währte. In den folgenden Jahren der konstitutionellen Monarchie kungelten Konservative und Liberale, unter Einsatz massiver Wahlfälschungen, regelmäßig ihre Machtwechsel untereinander aus. Nach dem *desastre del 98* – dem Verlust der letzten überseeischen Kolonien – geriet das System zusehends in die Krise. Im September 1923 errichtete der General Miguel Primo de Rivera nach einem weiteren Staatsstreich eine sieben Jahre währende Diktatur. Der nächste Putschversuch, im Juli 1936, stürzte Spanien in seinen blutigsten Bürgerkrieg.

Eine der Aufgaben, denen sich das spanische Militär verpflichtet fühlte, war die Bewahrung der Einheit Spaniens, die sie durch die aufkommenden nationalistischen Strömungen erst in Katalonien und dann im Baskenland gefährdet sahen. Der Franquismus benutzte die Formel *España: una, grande y libre*, die besagte, dass Spanien »einig, groß und frei« (von ausländischen Einflüssen) zu sein habe. Dagegen forderten Katalanen und Basken Autonomie, wenn nicht Trennung vom Rest des Landes. Die nächste Scheidelinie der »zwei Spanien«.

Die wichtigste Scheidelinie war jedoch die horizontale: die

zwischen oben und unten, zwischen Reichen und Habenichtsen. Spanien war zu Beginn des 20. Jahrhunderts noch immer in erster Linie ein Agrarland, mit den wichtigen Ausnahmen Kataloniens (Textilindustrie) und des Baskenlandes (Metallindustrie). Während die Industrialisierung verspätet voranschritt, organisierten sich Land- und Industriearbeiter in immer mächtigeren Gewerkschaften, wobei in Andalusien und Katalonien die Anarchisten weit stärkere Anziehungskraft ausübten als Sozialisten und Kommunisten – eine spanische Besonderheit. Angesichts tiefer sozialer Ungerechtigkeiten hegten viele der Benachteiligten den Traum von der Revolution. Es kam die Republik.

Die Zweite Republik

Am Abend des 14. April 1931 verließ König Alfons XIII., Enkel Isabellas II., Madrid in seinem Wagen Richtung Exil. Er kehrte nicht mehr nach Spanien zurück. Erst sein Enkel, Juan Carlos I., sollte Jahrzehnte später wieder den spanischen Thron besetzen. Nachdem die republikanischen Parteien bei Kommunalwahlen am 12. April in den Städten gesiegt hatten, riefen sie am 14. April – um halb sieben morgens im baskischen Städtchen Eibar, am Nachmittag in Barcelona und in Madrid – die Republik aus. Eine Zeit großer Hoffnungen begann und eine Zeit großer Unruhe. Zwei Jahre lang regierte die Linke, zwei Jahre die Rechte, dann wieder kurze Zeit die Linke – bis es einigen Militärs zu viel wurde und sie gegen die Republik putschten. Mitten in der Weltwirtschaftskrise, die mit einiger Verzögerung auch Spanien traf, hatte sich die Linke viel vorgenommen: die Besserstellung der Landarbeiter, die Trennung von Kirche und Staat, eine Armeereform, Autonomie für Katalonien und das Baskenland. Nichts davon wollte die traditionelle Rechte schlucken. Und links von der republikanischen Linken wollte die radikalere Linke, Anarchisten, Kommunisten und ein Teil der Sozialisten, die Revolution – einige später, andere sofort. Im Oktober 1934 versuchten Arbeiter in Katalonien und in Asturien einen revolutionären Aufstand, den die gerade regierende Rechte brutal niederschlagen ließ. Die Republik hatte zu wenige Freunde. »Ich begrüßte die Republik natürlich wie alle mit

Enthusiasmus«, berichtete im Rückblick der Schriftsteller, Essayist und Anna-Seghers-Übersetzer Antonio Sánchez Barbudo. »Aber bald begann sie uns – den Jungen, den Intellektuellen wie auch vielen Arbeitern – nach zu wenig zu schmecken. Kaum geboren, schon etwas veraltet, zu spät gekommen. Ich sage nicht, dass diese Haltung gerecht oder vernünftig gewesen wäre, nur dass es so war.« Der britische Historiker Paul Preston spricht von den »drei Spanien« des Putschjahres 1936: Zwischen reaktionärer Rechter und revolutionärer Linker blieb nur eine kleine Gruppe überzeugter Republikaner. Die überragende Figur aus dieser Gruppe war der Intellektuelle Manuel Azaña (1880–1940), einige Jahre Regierungschef, dann Präsident der Republik, der fassungslos den Aufstand der Militärs erlebte und nach Ende des Bürgerkriegs verbittert im französischen Exil starb.

Bürger- und Weltkrieg

»Der Krieg war ein entscheidender Moment für die Weltgeschichte«, sagte der spanische Sozialist Josep Borrell bei einer Debatte im Europaparlament zum 70. Jahrestag des Ausbruchs des Spanischen Bürgerkriegs. »Ab 1936 begannen die künftigen Kriegsparteien Europas sich direkt oder indirekt in Spanien gegeneinander zu stellen. Spanien war die erste große Schlacht des Zweiten Weltkriegs, Prüfstand eines künftigen Krieges, der Europa verwüsten sollte.«

Ursachen und Verlauf des Spanischen Bürgerkrieges sind nicht zu verstehen ohne den internationalen Kontext jener Jahre. Spanien war ein im westeuropäischen Vergleich gesellschaftlich und wirtschaftlich zurückgebliebenes Land, doch was jenseits der Grenzen geschah, begeisterte oder ängstigte die Menschen wie überall in Europa. Die Zweite Republik brachte den Verarmten und Ausgeschlossenen, vor allem der Landbevölkerung, zum ersten Mal in der spanischen Geschichte Hoffnung auf Teilhabe: politische Teilhabe und Teilhabe am Reichtum. Sie fürchteten sich vor den Faschisten, die im Rest Europas immer mächtiger wurden, und träumten von der Revolution, so wie 1917 in Russland. Das war für Kirche, große Teile des Militärs, Großgrundbesitzer und Bourgeoisie eine Horrorvorstellung. Sie wollten zurück zu den alten Verhältnissen. Was sie an Nazideutschland und dem faschistischen Italien faszinierte, war das Führerprinzip, das Prinzip, Politik zu machen, ohne sich demokratische Kontrolle gefallen zu lassen.

Am 17. Juli 1936 erhoben sich in Melilla (einer spanischen Stadt an der nordafrikanischen Küste), am 18. Juli im Rest des Landes rechte Militärs gegen die Republik und machten Schluss mit allen Träumen von einem besseren Spanien. Den Verschwörern hatte sich nach einigem Zögern der General Francisco Franco (geboren 1892 im galicischen Ferrol) angeschlossen, der schließlich alle Macht unter den Aufständischen an sich reißen sollte. Der Putschversuch weitete sich wegen des Widerstands der Republik zum blutigen Bürgerkrieg aus. Während die europäischen Demokratien Spanien im Stich ließen, unterstützten Hitler und Mussolini die Aufständischen von Beginn an mit Waffen und Soldaten. Die Bombardierung des baskischen Städtchens Gernika durch Flugzeuge der deutschen Legion Condor am 26. April 1937 war die erste Probe des totalen Krieges, der sich die Zivilbevölkerung und nicht die gegnerischen Soldaten zum Ziel nahm. Auf der anderen Seite entschied sich Stalin nach ersten Zweifeln, den Republikanern zur Seite zu stehen, die seine Dienste mit Spaniens Goldreserven abgalten. Mindestens 40 000 internationale Brigadisten aus 50 Ländern, unter ihnen 5000 Deutsche, reisten nach Spanien, um die Republik mit der Waffe in der Hand zu verteidigen. Sie kämpften mit den Spaniern gegen die faschistische Gefahr, aber sie kämpften auch für eine neue Gesellschaftsordnung, denn die Abwehr des franquistischen Putschversuches war in großen Teilen der Republik zugleich Auslöser, die libertäre Revolution in die Tat umzusetzen. Arbeiter besetzten massenhaft Fabriken und Ländereien. Revolutionskomitees organisierten die Wirtschaft und den Kampf gegen die rechten Militärs (ohne die bestehenden bürgerlichen Strukturen gänzlich zu beseitigen, was Quelle künftiger Konflikte sein sollte). »Theoretisch herrschte vollkommene Gleichheit, und selbst in der Praxis war man nicht weit davon entfernt«, beschreibt George Orwell in seinem Buch *Mein Katalonien* seine Erfahrungen als Brigadist im Spanischen Bürgerkrieg. »In gewisser Weise ließe sich wahrhaftig sagen, dass man hier einen Vorgeschmack des Sozialismus erlebte. Damit meine ich, dass die geistige Atmosphäre des Sozialismus vorherrschte. Viele normale Motive des zivilisierten Lebens – Snobismus, Geldschinderei, Furcht vor dem Boss und so weiter – hatten einfach aufgehört zu existieren. Die normale Klasseneinteilung der Gesellschaft war in einem Umfang verschwunden, wie man es sich in der geldgeschwängerten Luft Englands fast nicht vorstellen kann.«

Revolution und Republik verloren. Nach fast drei Jahren furchtbarer Kämpfe erklärte Franco den Bürgerkrieg am 1. April 1939 für siegreich beendet. Fünf Monate später ließ Hitler Polen überfallen, der Zweite Weltkrieg hatte begonnen. Spanien blieb trotz Francos Sympathie für Nazideutschland offiziell neutral. Das Land war nach dem Bürgerkrieg ausgeblutet, und Franco fürchtete um seine eigene Macht, sollte er sich zum Vasallen Hitlers machen, dessen Sieg er nicht für gewiss hielt. Die beiden Diktatoren trafen sich ein einziges Mal, am 23. Oktober 1940, im französischen Hendaye, kurz hinter der spanischen Grenze. Franco stellte für einen möglichen Kriegseintritt immer neue Forderungen an Hitler, die ihm dieser nicht erfüllen wollte. Der deutsche Außenminister Ribbentrop schimpfte hinterher über den »undankbaren Feigling Franco, der uns alles verdankt und nun nicht mitmachen will«. Franco, ohne sich auf irgendetwas festzulegen, schrieb Hitler im Frühjahr 1941: »Zweifeln Sie nicht an meiner absoluten Loyalität und Überzeugung, dass das Geschick unserer Nation mit dem Deutschlands und Italiens verbunden ist.« Um die hohlen Worte mit Taten zu untermauern, ließ Franco nach dem Angriff Hitlers auf die Sowjetunion eine 18 000-Mann-Einheit, die División Azul (Blaue Division), aufstellen, die bis 1943 an der Seite der Deutschen gegen die Sowjetunion kämpfte. Nachdem sich das Kriegsglück an mehreren Schauplätzen zugunsten der Alliierten zu wenden begann, löste er die División Azul wieder auf. Als der Zweite Weltkrieg mit der Niederlage des Faschismus in Europa endete, milderte Franco seine eigene Schreckensherrschaft in Spanien zum autoritären Regime ab. Während Westeuropa demokratisch wurde, hielt er an seiner Diktatur fest, die erst mit ihm 1975 starb.

Als der spanische Regierungschef Santiago Casares Quiroga am 18. Juli 1936 von der Militärrebellion gegen die Republik erfuhr, sagte er am Telefon: »Das Scheitern des Putsches ist garantiert. Die Regierung ist Herrin der Lage. Bald wird alles vorbei sein.« Er irrte sich. Die Aufständischen nahmen in kurzer Zeit fast das halbe Land ein. Und überzogen ihre Gegner mit Terror. »Man muss den Schrecken säen«, erklärte der General Emilio Mola, anfänglicher Kopf der Verschwörung, seine Strategie. »Man muss den Eindruck der Kontrolle vermitteln, indem man ohne Skrupel noch Zögern alle jene eliminiert, die nicht denken wie wir.« Deswegen starben gleich in den ersten Wochen des Krieges Männer wie der Kolonialwarenhändler Emilio Silva oder der Dichter Federico García Lorca, Männer, die niemals eine Waffe in die Hand genommen hatten noch eine Gefahr für die neuen Machthaber darstellten. Sie wurden ermordet, weil sie nicht dachten »wie wir«. Manchen wurde ein kurzer Prozess gemacht, andere ohne jede Formalität erschossen. Manche starben mit einer Handvoll Leidensgenossen, andere zu Hunderten. »Ich werde Spanien vor dem Marxismus retten, koste es, was es wolle«, versprach Franco dem Korrespondenten der *Chicago Daily Tribune*, Jay Allen, in einem Interview am 27. Juli, wenige Tage nach Beginn des Aufstands. »Bald, sehr bald, werden meine Truppen das Land befriedet haben, und all dies wird nur ein Albtraum gewesen sein.« Der Interviewer hakte nach: »Heißt das, Sie werden halb Spanien umbringen müssen?« Franco lächelte: »Ich habe gesagt: Koste es, was es wolle.«

Ganz so bald, wie Franco gehofft hatte, bekamen seine Truppen Spanien nicht in den Griff. Aber wo immer sie einmarschierten, säten sie den Schrecken, den Mola angekündigt hatte. Und als Franco endlich, im März 1939, Madrid einnahm und kurz darauf seinen Sieg erklärte, fuhr er mit der Strategie des Terrors fort. Er war ein unbarmherziger Sieger, vom Hass auf »Antispanien« erfüllt, das ihm die Republiktreuen verkörperten. Mindestens 100 000, wahrscheinlich aber 150 000 oder mehr politische Gegner fielen seinen Schergen zum Opfer. Genauere Zahlen fehlen. Noch immer gibt es kein abschließendes Register, das die Namen seiner Opfer aufführte.

Auf der Gegenseite appellierte der Sozialist Indalecio Prieto, einer der einflussreichsten Politiker der Republik, in einer Radioansprache am 8. August 1936, drei Wochen nach Beginn des Bürgerkriegs, an seine Landsleute: »So glaubwürdig auch die furchtbaren und tragischen Schilderungen seien über das, was in den Gebieten, die von unseren Feinden beherrscht werden, geschehen ist und geschieht – ahmt nicht ihr Verhalten nach, ich bitte euch, ich flehe euch an.« Sein Flehen war vergeblich. Der Terror der Aufständischen provozierte, vor allem in den ersten Monaten des Krieges, den Gegenterror der Linken. Keine von oben geplante Strategie steckte dahinter, wie auf franquistischer Seite, sondern lange schwelender, durch den Aufstand frisch geschürter Hass auf die Kirche, auf Großgrundbesitzer, aufs alte Establishment und deren Anhänger. Rund 50 000 Menschen, darunter an die 7000 Geistliche, wurden während des Bürgerkriegs auf republikanischer Seite ermordet. Um das Töten zu verhindern, fehlten klare Machtstrukturen. Die traditionellen Institutionen konkurrierten mit den Revolutionskomitees, die sich sofort mit Ausbruch des Krieges überall in der republikanischen Zone gebildet hatten. Die Frage, ob erst die Revolution zu machen sei oder erst der Krieg zu gewinnen, spaltete die Gesellschaft. Die moskautreuen Kommunisten, die mit Stalins Unterstützung für die Republik schnell an Einfluss gewannen, wollten die Revolution verschieben, um nicht das bürgerliche Ausland zu verschrecken. Für das (letztlich verfehlte) Nahziel des Sieges gegen die Franco-Truppen formierten sie eine Volksarmee und lösten – gegen deren Widerstand – die Milizen der Anarchisten und unorthodoxen Kommunisten auf, was im Mai 1937 in Barcelona einen vorübergehenden Bürgerkrieg im Bürgerkrieg provozierte. Der Terror auf republikanischer Seite traf meistens den franquistischen Feind, aber auch andersdenkende Mitstreiter. Ein zweiter kurzer Bürgerkrieg im Bürgerkrieg flammte im Frühjahr 1939 um Madrid zwischen unbedingt durchhaltewilligen Kommunisten und kriegsmüden Republikanern auf. Doch Franco machte nach seinem Sieg am 1. April 1939 keine Unterschiede: Für ihn waren alle Unterlegenen *rojos* – Rote.

Das Regime, das Franco nach der Niederlage der Republik errichtete und das bis zu seinem Tod 1975 halten sollte, wird manchmal als faschistische Diktatur bezeichnet. Das ist grob vereinfacht. Franco war Galicier, und den Galiciern wird nachgesagt (wenn sie es auch nicht mehr hören mögen), dass sie niemals ihre Absichten preisgeben: wenn man ihnen im Treppenhaus begegne, wisse man nicht, ob sie gerade treppab oder treppauf unterwegs seien. Hat Franco Hitler im Zweiten Weltkrieg unterstützt, oder hat er Spanien aus dem Weltkrieg herausgehalten? Auf die Frage gibt es keine einfache Antwort. War Franco ein Faschist? Eher nicht, aber er hat sich der Faschisten bedient, als er erkannte, dass sie ihm als Massenbewegung nützlich sein konnten. Er brachte das Kunststück fertig, die faschistische Falange (Phalanx) von José Antonio Primo de Rivera (dem Sohn des Militärdiktators Miguel Primo de Rivera) im April 1937 mit den ultrakatholischen Karlisten in eine gemeinsame Organisation zu pressen und sich selbst zu deren Führer zu ernennen. Doch als den Falange-Gründer José Antonio – von der Propaganda nur beim Vornamen genannt – im Herbst 1936 die Hinrichtung in einem republikanischen Gefängnis erwartete, hatte Franco kaum einen Finger für ihn gerührt. Der Märtyrer José Antonio war Franco nützlicher als alle faschistischen Ideen.

Die Falange blieb neben dem Militär und der katholischen Kirche eine der Stützen des Systems. Die Rivalitäten der drei Gruppen untereinander nutzte der ewig misstrauische Franco, seine eigene Position zu festigen. Er war der unangefochtene Caudillo (der Führer), der *generalísimo*, allein Gott und der Geschichte verantwortlich. Franco war überzeugt, Spanien zu historischer Größe zurückführen zu können. Er berief sich nicht auf Hitler oder Mussolini, sondern auf El Cid, Kaiser Karl V. oder Philipp II. Wenige Kilometer entfernt von Philipps Palast El Escorial in der Sierra de Guadarrama ließ Franco von republikanischen Zwangsarbeitern das Valle de los Caídos (das Tal der Gefallenen) errichten, in dessen gewaltiger Felsenbasilika die Überreste José Antonios bestattet wurden (und in der heute Franco selbst bestattet liegt). Zum 20. Jahrestag seines Sieges über die Republik, am 1. April 1959, weihte er das pharaonische Monument ein und verglich dabei El Escorial, das Symbol vergangener Größe, mit seinem eigenen Werk, dem Valle de los Caídos, Symbol gegenwärtiger Größe. Im Rückgriff aufs 16. Jahrhundert machte Franco übersteigerten Patriotismus und übersteigerten Katholizismus zu den herausragenden ideologischen Merkmalen seines Regimes. Doch anders als Philipp II. herrschte Franco über kein Weltreich, sondern über ein verarmtes Land am Rande Europas.

1959 hatte sich das Terrorregime der ersten franquistischen Jahre zum autoritären Staat gewandelt, der vergeblich versuchte, wirtschaftliche Autarkie und Prosperität zu vereinbaren. In jenem Jahr entwarf eine Gruppe neu in die Regierung berufener Technokraten der katholischen Laienbewegung Opus Dei (gegründet 1928 vom spanischen Priester Josemaría Escrivá) einen »Stabilisierungsplan«, der mit der Autarkiepolitik brach und die Grundlage für einen kräftigen Aufschwung während der 1960er Jahre legte. Die Einnahmen aus dem aufkeimenden Massentourismus und die Überweisungen der spanischen Arbeitsemigranten stützten die Wirtschaftsblüte. Der Seat 600, Nachbau eines Fiat-Kleinwagens, wurde zum Symbol des neuen spanischen Wohlstands – auf vorerst bescheidenem Niveau.

Um den Aufschwung zu festigen, schlugen die Technokraten dem widerstrebenden Franco den Beitritt Spaniens zur Europäischen Wirtschaftsgemeinschaft vor. Das Gesuch um Aufnahmeverhandlungen reichten sie 1962 ein, doch die damals sechs EWG-Staaten, darunter die Bundesrepublik Deutschland, wollten keine Diktatur in ihren Reihen. Seine anfängliche außenpolitische Isolierung hatte Franco einige Jahre zuvor überwunden, als er 1953 die Einrichtung von US-Militärbasen in Spanien zuließ – im Kalten Krieg wog den Amerikanern sein flammender Antikommunismus mehr als seine freiheitsfeindliche Gesinnung. Doch zum respektablen Partner der westlichen Demokratien wurde er nicht. 1963 stieß die Hinrichtung des Kommunisten Julián Grimau nach einer Justizfarce auf weltweite Empörung, ebenso wie im Dezember 1970 der *Proceso de Burgos*, ein Militärgerichtsverfahren gegen 16 mutmaßliche ETA-Mitglieder – die Proteste im In- und Ausland sorgten diesmal dafür, dass die neun verhängten Todesstrafen in lebenslänglich umgewan-

delt wurden. Als die ETA drei Jahre später in Madrid den franquistischen Regierungschef Carrero Blanco mit einem spektakulären Bombenanschlag ums Leben brachte, stärkte das nur
den Ruf der baskischen Untergrundorganisation als schlagkräf-
tige Befreiungsarmee. Doch anders als der Nachbar Portugal
entledigte sich Spanien seiner Diktatur nicht mit einer Revolution. Am 20. November 1975 starb Francisco Franco im Alter
von 83 Jahren friedlich im Krankenbett. »Españoles: Franco ha
muerto«, verkündete Francos letzter Ministerpräsident Arias
Navarro mit zitternder Stimme: »Spanier: Franco ist tot.« Die
einen defilierten erschüttert an seinem Sarg vorbei. Die anderen
öffneten ihre Sektflaschen.

Der König und der Falangist

Die größte Sorge, die die Spanier noch im Rückblick auf die
Zeit nach Francos Tod packt, war die Sorge vor einem neuen
Bürgerkrieg. Weil es zum Bürgerkrieg nicht kam, nennen viele
die *transición*, den Übergang von der Diktatur zur Demokratie,
eine friedliche – trotz Terror, Mordanschlägen, Polizeigewalt
und einem Putschversuch. Was der *transición* bis heute ihren
Nimbus bewahrt, ist ihr Erfolg: Spanien wurde nach vier Jahrzehnten Krieg und Diktatur zur soliden parlamentarischen
Demokratie und überwand in kurzer Zeit generationenlange
politische und gesellschaftliche Rückständigkeit. Doch im Namen der Versöhnung vergaß man, Rechenschaft für die Verbrechen der Diktatur zu fordern. Die Architekten des Übergangs
hatten gute Gründe, die Franquisten in Ruhe zu lassen: Sie hatten Angst, dass sie sich wieder, wie 1936, in Waffen erhöben. So
blieb die *transición* vorerst eine unvollständige.
    Zwei Tage nach Francos Tod wurde Juan Carlos de Borbón,
ein Enkel Alfons XIII., feierlich zum spanischen König ernannt,
so wie es Franco vorgesehen hatte. Im Juli 1976 trug der neue
König dem Minister und Generalsekretär der Falange, Adolfo
Suárez, damals 43 Jahre alt, das Amt des Ministerpräsidenten
an. Suárez, der es unter Franco zum Direktor des staatlichen
Rundfunks gebracht hatte, war ein Mann des Regimes, weswegen er bei den anderen Männern des Regimes kein Misstrauen

erregte. Zugleich war er ein von persönlichem Ehrgeiz besessener Opportunist, was womöglich sein größter Vorzug war. Suárez erkannte schnell, dass der Franquismus nicht reformierbar war, dass er also, wollte er seinen eigenen Ehrgeiz befriedigen, mit dem Franquismus Schluss machen musste. Auf der Straße forderten Arbeiter und Studenten, linke Oppositionelle und baskische und katalanische Nationalisten den demokratischen Neuanfang, während Suárez, gestützt von König Juan Carlos, einen Schritt nach dem anderen auf einem unbekannten Weg tat, der Spanien schließlich wie selbstverständlich zur Demokratie führen sollte. Er brachte das franquistische Parlament dazu, freie Wahlen zu erlauben und sich damit selbst abzuschaffen. Politische Parteien wurden wieder zugelassen, auch die kommunistische, die ihre Freudenfeste über die Legalisierung bei geschlossenen Fenstern feierte, um die mächtigen Anhänger des alten Regimes nicht aufzuwiegeln. Als im Juni 1977 gewählt wurde, erhielt Suárez die meisten Stimmen. Anderthalb Jahre später, am 6. Dezember 1978, segnete das Volk die bis heute gültige demokratische Verfassung ab. Spanien war in Europa angekommen.

Die *transición* war mehr als der bloße Übergang zur demokratischen Herrschaftsform. Es war die Entdeckung der Fröhlichkeit. Die wahre Befreiung fand auf den Straßen statt. »Es war eine unbesonnene, verspielte, kreative Epoche, voller fiebriger Nächte«, erzählt Pedro Almodóvar, der Filmregisseur. »Das war die turbulente Welt, zu der ich gehörte. Ich weiß nicht, wo ich meine Zeit hernahm, aber, außer jede Nacht ins Rock-Ola zu gehen und mich bis zum Arsch zu bedröhnen, arbeitete ich weiter in der Telefónica, drehte Filme und sang – wenn man das so nennen kann.« Das war die *Movida Madrileña*: Für ein paar Jahre, Ende der 1970er, Anfang der 1980er Jahre, war Madrid die heißeste Stadt der Welt. In diese Atmosphäre hinein platzte der 23-F.

Am 23. Februar 1981, einem Montag, um 18.22 Uhr stürmte ein Trupp Guardia-Civil-Polizisten in den Plenarsaal des spanischen Parlaments. Einer brüllte: »Alle zu Boden!«, dann fielen Schüsse. Als die Feuersalve nach zehn Sekunden verstummte, waren alle Abgeordnete unter ihren Sitzen verschwunden, mit Ausnahme von drei Männern: dem Kommunistenchef Santiago

Carrillo, dem Vizeregierungschef General Manuel Gutiérrez Mellado, und dem amtierenden Regierungschef Adolfo Suárez. Einen Abend und eine Nacht hielten die Guardia-Civil-Polizisten unter Führung des Oberstleutnants Antonio Tejero die Abgeordneten als Geiseln und warteten auf »eine zuständige militärische Autorität«, die den Putsch vollenden sollte.

Am 23. Februar 1981 waren fünf Jahre und drei Monate seit dem Tod Francos vergangen. Eine Koinzidenz: Als sich im Juli 1936 Franco und seine Mitverschwörer an die Macht zu putschen versucht hatten, waren fünf Jahre und drei Monate seit der Ausrufung der Zweiten Republik vergangen. Franco stürzte sein Land in einen Bürgerkrieg. Was würde diesmal geschehen? In Valencia schickte der General Jaime Milans del Bosch Panzer auf die Straße, in Madrid besetzten Soldaten vorübergehend die Sendezentrale des staatlichen Rundfunks. Sonst blieb es ruhig. Die meisten führenden Militärs warteten ab. Sie fühlten keine Loyalität zur demokratischen Verfassung, die gut zwei Jahre zuvor verabschiedet worden war, ihre einzige Loyalität galt dem König. Die Zeitung *El País* verkündete in einem Extrablatt mit großen Lettern auf der Titelseite: »El País con la Constitución« – »Das Land (und auch die Zeitung) auf Seiten der Verfassung«. Doch der Rest Spaniens war in Schockstarre verfallen, weder die Parteien, noch die Gewerkschaften, noch die Kirche, noch jene Politiker, die nicht als Geiseln im Parlament saßen, erhoben ihre Stimme gegen die Putschisten. Alle warteten ab, was Juan Carlos tun würde.

Der König handelte. Er rief die mächtigsten Generäle des Landes an und stellte klar, dass er zur Verfassung stand, dann wiederholte er die Botschaft in einer nächtlichen Fernsehansprache an das ganze Land. Der Putsch war gescheitert. General Milans del Bosch holte noch in der Nacht seine Panzer in die Kasernen zurück, Oberstleutnant Tejero und seine Männer verließen am nächsten Mittag das Parlament. Beide wurden später zu 30 Jahren Gefängnis verurteilt, die meisten ihrer Helfershelfer kamen mit kaum mehr als symbolischen Haftstrafen davon.

Als Adolfo Suárez am Abend des 23. Feburar, während die anderen Abgeordneten vor den Kugeln der Putschisten in Deckung gingen, aufrecht auf seinem Platz sitzen blieb, war er nicht mehr der einstige Streber nach der Macht. Er war der verkörperte Wandel. Der spanische Schriftsteller Javier Cercas hat über diesen Moment ein Buch geschrieben, »Anatomie eines Augenblicks«. »Für mich beginnt in diesem Moment wirklich die spanische Demokratie«, sagt Cercas, »in dem Moment, als ein überzeugter Franquist Kopf und Kragen für sie riskiert.« Suárez, der sich längst aus der Politik zurückgezogen hat und an Alzheimer erkrankt ist, wird heute vom offiziellen Spanien als Lichtgestalt der *transición* verehrt. Wobei das offizielle Spanien vergessen hat, wie verhasst Suárez in seinen letzten Regierungsjahren war. Die generelle Abneigung und das Misstrauen gegen Suárez machten den Putschversuch erst möglich. Die rechten Militärs fühlten sich von allen Seiten in ihrer Überzeugung bestärkt, dass nur ein Staatsstreich politischem Chaos, Wirtschaftskrise und Terrorismus ein Ende bereiten könnte. Súarez musste weg. Das fand auch König Juan Carlos, und er war verantwortungslos genug, seine Meinung nicht zu verhehlen. Am 29. Januar 1981, wenige Wochen vor dem Sturm auf das Parlament, erklärte Suráez seinen Rücktritt als Ministerpräsident. Doch die Putschisten wiegten sich weiter in der (irrtümlichen) Überzeugung, dass der König hinter ihnen stehe. Am Ende war es Juan Carlos, der den Putsch vereitelte. »Der 23. Februar war der große Moment des Königs. Der Moment, in dem er sich sein Amt verdient hat«, sagt Cercas.

Der Putschversuch hatte zwei Konsequenzen. Zum einen war die Monarchie konsolidiert. Zum anderen blieb die Angst vor den Militärs. »Als Tejero im Parlament herumschrie, da hat man ihn verstanden«, sagt Emilio Silva, Gründer des Vereins für die Wiedererlangung des Historischen Gedächtnisses. Tejeros Botschaft war einfach: Legt euch nicht mit den Erben des Franquismus an. Der 23-F sorgte dafür, dass über die Verbrechen der Franco-Diktatur der Mantel des öffentlichen Vergessens gebreitet wurde. Erst eine neue Generation zieht ihn beiseite.

Francos langer Schatten

»Wir Enkel der Republikaner von 1931 sind erwachsen
geworden. Wir sind die erste Generation von Spaniern,
die keine Angst hat. Und deswegen sind wir auch die Ersten,
die sich getraut haben zurückzublicken ohne die Sorge,
zur Salzsäule zu erstarren.« (Almudena Grandes)

Kurz nach dem 30. Todestag Francos Ende November 2005 veröffentlichte *El País* einen Artikel von Javier Cercas mit dem
hoffnungsvollen Titel: »Wie ein für alle Mal mit dem Franquismus Schluss zu machen ist«. In Spanien, stellte Cercas fest, gebe
es keinen Konsens über den richtigen Blick auf die jüngere Vergangenheit, es fehle der »gemeinsame Nenner, der, ohne die historische Wirklichkeit zu verzerren, von der Mehrheit der Gesellschaft akzeptiert würde«. Erst wenn dieser gemeinsame Nenner
gefunden wäre, so legte Cercas mit der Überschrift seines Arti-
kels nahe, könnte Spanien dem langen Schatten des Franquismus entkommen. Der gemeinsame Nenner ist bis heute nicht
gefunden, der Franquismus noch nicht überwunden.

Wenn es um die eigene Geschichte ging, hatte sich Spanien
jahrzehntelang mit einem unausgesprochenen Minimalkonsens
beholfen. Es war allerdings ein falscher Konsens, der nur hielt,
weil er nicht öffentlich diskutiert wurde. Er ging ungefähr so:
1936 brach über Spanien ein Bürgerkrieg herein (wie eine Pest-
epidemie), in dessen Verlauf sich die Spanier gegenseitig die
schlimmsten Gräuel zufügten und den zufällig eine der beiden
Seiten gewann, um danach eine Diktatur zu errichten, die nach
dem Tod des Diktators glücklich überwunden wurde. Es war
der Konsens der *transición*, ein Konsens, der nicht zwischen
Tätern und Opfern unterschied und mit dem deshalb die alten
Franquisten gut leben konnten. Die bittere Pille der Demokratie wurde ihnen durch das Zugeständnis versüßt, sie nicht mit
ihren Verbrechen zu konfrontieren, geschweige denn, sie dafür
vor Gericht zu stellen. Sie behielten Posten und Ansehen und
wandelten sich zu Demokraten, die den Franquismus in guter
Erinnerung behielten, ohne ihn zurückzusehnen. Es war eine
Versöhnung, die nicht nach den Gründen des früheren Zerwürf-

nisses fragte, sondern sich darauf beschränkte, neue Regeln des Zusammenlebens aufzustellen. Weil sich die Regeln bewährten und das Zusammenleben funktionierte, schien die Versöhnung komplett zu sein.

Der Konsens der *transición* war erstaunlich erfolgreich. Auch ausgesprochene Franco-Gegner machten ihn sich zu eigen. Nach Jahrzehnten franquistischer Propaganda, die den Bürgerkrieg als Kreuzzug gegen das schlechtere Spanien gedeutet hatte, war die moralische Gleichsetzung beider kämpfenden Parteien ein Fortschritt. Schließlich waren ja auch auf republikanischer Seite Verbrechen verübt worden, wer wollte das leugnen, und es war gar nicht unbequem, an diese Verbrechen ebenso wenig zu erinnern wie an die franquistischen. Der Pakt des Schweigens, ohne den der Konsens nicht möglich war, hielt. Auch wenn der Historiker Santos Juliá, einer der besten Kenner des spanischen 20. Jahrhunderts, meint, dass es einen solchen Schweigepakt nie gegeben habe. Er hätte Recht, wenn man unter einem Schweige-pakt ein Erinnerungsverbot verstünde. Das gab es nicht. Filme-macher, Schriftsteller und Historiker besaßen die Narrenfrei-heit, ihre Nase in die Vergangenheit zu stecken. Rund 20 000 Bücher sind über den Spanischen Bürgerkrieg erschienen, etwa genau so viele wie über den Zweiten Weltkrieg. Aber sie blie-ben in Spanien ein Thema fürs Feuilleton. In den Schulen wur-den Bürgerkrieg und Franco-Diktatur ignoriert oder bestenfalls gestreift, nirgendwo im Land wiesen Mahnmale oder Gedenk-tafeln auf die Orte vergangener Schrecken, das Valle de los Caí-dos blieb ein geschichtsloses Ausflugsziel (zu dem jährlich am 20. November eine Schar Ewiggestriger pilgerte), die Kinder fragten ihre Eltern nicht nach früher, und alle fünf Jahre feierte Spanien seine glückliche *transición* und die Thronbesteigung von Juan Carlos, aber nicht das Ende des Franquismus. Es war die beinahe vollständige Verdrängung von vier Jahrzehnten spa-nischer Geschichte aus dem öffentlichen Gedächtnis.

Als Emilio Silva gemeinsam mit seinem Onkel Ramón und vielen Helfern am 30. Oktober 2000 das anonyme Grab seines Großvaters und zwölf anderer Männer in Priaranza del Bierzo öffnete, nahm Spanien davon keine Notiz. Die Erinnerung an Francos Massengräber besaß solche gesellschaftliche Spreng-kraft, dass die großen Tageszeitungen und das Fernsehen beschlossen, die Nachricht zu ignorieren. Nur die lokale Presse und einige ausländische Medien interessierten sich für den Skandal, dass 25 Jahre nach dem Tod Francos im ganzen Land noch immer Zehntausende seiner Opfer irgendwo in Straßengräben oder auf offenem Feld verscharrt lagen. Die Existenz der Massengräber stellte den Konsens der *transición* in Frage: Wenn die Toten der Franco-Seite in Ehren bestattet und zu Helden verklärt worden waren, warum lagen die Toten der republikanischen Seite noch immer irgendwo herum wie Abfall? Das passte nicht ins Selbstbild einer Gesellschaft, die glaubte, mit ihrer Vergangenheit ins Reine gekommen zu sein, indem sie beide Bürgerkriegsparteien für gleichermaßen schuldig erklärt hatte. Die Massengräber erinnerten daran, dass es zwei Klassen von Opfern gab, dass Franquisten und Republikaner nicht gleich waren. Der alte Konsens war nicht mehr haltbar.

Viele, nicht nur die alten Franquisten, reagierten ungnädig auf die Herausforderung, sich der Geschichte zu stellen. Sie sahen Streit heraufziehen, und sie fürchteten den Streit. Warum alte Wunden aufreißen? Warum Geld für die Exhumierung der Franco-Opfer ausgeben, wenn Geld an allen Ecken und Enden fehlt? Manche können noch immer nicht fassen, dass wieder über die Vergangenheit geredet wird. Im August 2010 schrieb Antonio Muñoz Molina, einer der großen spanischen Schriftsteller der Gegenwart: »Es scheint, dass man hier nichts anderes tut, als vom Bürgerkrieg zu sprechen und von den Stieren, na klar. Und so geht man nicht die wirklichen Probleme eines Landes mit 20 Prozent Arbeitslosigkeit und 30 Prozent Schulversagen an.« Dass auch der Umgang mit der eigenen Geschichte zu den wirklichen Problemen Spaniens gehört, glaubte der Autor nicht.

Doch der alte Konsens war, den Unwilligen zum Trotz, nicht mehr zu kitten. Spanien musste sich erinnern. Zeitungsartikel, Fernsehbeiträge und Ausstellungen widmeten sich den Exilanten und politischen Häftlingen, den Arbeitssklaven und den zwangsweise zur Adoption freigegebenen Kindern. Im Sommer 2002 berichtete *El País* endlich ausführlich über ein Massengrab im nordspanischen Piedrafita, wo wieder Freiwillige die Überreste von diesmal 37 Toten ausgruben. Andere Medien sprangen auf, ganz Spanien begann zu erfahren, dass Emilio Silvas Verein zur

Wiedererlangung des Historischen Gedächtnisses eben dies zu tun versuchte: das Gedächtnis der Spanier aufzufrischen. Selbst die notorisch konservative Volkspartei des damaligen Ministerpräsidenten José María Aznar schien nicht mehr abseits stehen zu wollen und segnete gemeinsam mit den anderen Parteien am 20. November 2002, zu Francos 27. Todestag, eine bemerkenswerte Resolution ab: Darin beteuerte das spanische Parlament »noch einmal die Pflicht unserer demokratischen Gesellschaft, die moralische Anerkennung aller Männer und Frauen vorzunehmen, die Opfer des spanischen Bürgerkriegs wurden, ebenso wie jener, die später die Repression der franquistischen Diktatur erlitten. Wir dringen darauf, dass jedwede von den Angehörigen der Betroffenen betriebene Initiative, die in diesem Sinne in die Tat umgesetzt wird, insbesondere auf lokaler Ebene, die Unterstützung der Institutionen erhalte, wobei in jedem Fall zu vermeiden ist, dass damit alte Wunden wieder aufreißen oder die Glutasche der Bürgerkonfrontation aufgewirbelt wird.« Dass die Volkspartei »die Repression der franquistischen Diktatur« beim Namen nannte und deren Opfern ihre Anerkennung aussprach, war unerhört. Doch sie fand, dass damit ein für alle Mal genug gesagt sei, und beharrte fortan vor allem auf dem letzten Halbsatz der Resolution.

Anfang 2003 erschien in Spanien ein 600 Seiten starkes Buch mit dem Titel *Mitos de la Guerra Civil (Die Mythen des Bürgerkriegs)*. Monatelang führte es die Sachbuchbestsellerlisten an. Im letzten Absatz des Buches fasst der Autor Pío Moa seine Erkenntnisse zusammen: »Der Sieg Francos im Bürgerkrieg rettete Spanien vor einer traumatischen revolutionären Erfahrung. Sein Regime hielt das Land aus dem Weltkrieg heraus, modernisierte die Gesellschaft und schuf die Voraussetzungen für eine stabile Demokratie.« Pío Moa ist eine bemerkenswerte Figur. Wie der frühere RAF-Anwalt Horst Mahler wandelte er sich vom Revolutionär zum Reaktionär. In der zweiten Hälfte der 1970er Jahre gehörte er der obskuren Terrororganisation GRAPO an, die sich selbst als antifaschistisch definierte (aber immer wieder verdächtigt wurde, von rechten Militärs unterwandert zu sein) und das werdende demokratische Spanien mit blutigen Bombenanschlägen erschütterte. Nach seiner Wandlung zum Neofranquisten versuchte Moa, wie ein paar Jahre zuvor der deutsche Historiker Ernst Nolte, die Geschichte des 20. Jahrhunderts umzuschreiben. Während Nolte den Holocaust damit erklärte, dass sich Hitler als »potenzielles oder faktisches Opfer« Stalins betrachtet haben könnte, rechtfertigt Moa Francos Putsch gegen die Republik 1936 mit dessen eigenen Worten: »Die Stunde war gekommen, Spanien aus dem Chaos zu retten.« Noltes revisionistischer Artikel in der *Frankfurter Allgemeinen Zeitung* »Vergangenheit, die nicht vergehen will« löste 1986 in Deutschland den »Historikerstreit« aus. Um Moas *Mitos de la Guerra Civil* blieb es in Spanien still. »Wir Historiker haben uns geeinigt, Pío Moa nicht noch aufzuwerten, indem wir öffentlich auf ihn eingehen«, erklärte der britische Hispanist Paul Preston das Schweigen. Preston ist einer der besten Kenner der spanischen Zeitgeschichte mit einer umfangreichen Bibliografie über die spanische Republik, den Bürgerkrieg und das Franco-Regime. Er las das Moa-Buch und kam zu dem Schluss: »Nichts Neues. Das hätte so auch 1940 erscheinen können.« Statt Mythen zu entzaubern, erzählt der Bibliothekar und Journalist Moa die alten franquistischen Mythen nach und will der langen Reihe von Historikern wie Preston, die sich besser als er in der spanischen Vergangenheit auskennen, noch Lektionen über Geschichtsforschung erteilen. Preston bekam wirklich schlechte Laune, als er über Pío Moa sprach. Für dessen überwältigenden Erfolg hatte er vor allem eine Erklärung: das Auftauchen der Massengräber. Nach den ersten Exhumierungen in Priaranza del Bierzo hatte die Asociación para la Recuperación de la Memoria Histórica von Emilio Silva Dutzende weitere Franco-Opfer an verschiedenen Orten Spaniens ans Licht geholt. Das hatte, glaubte Preston, bei den Franco-Treuen unangenehme Erinnerungen und damit das Bedürfnis nach Absolution geweckt. Die fanden sie bei Pío Moa. Die Suche nach einem neuen historischen Konsens, nachdem jener der *transición* nicht mehr haltbar war, hatte Moa mit der Rückkehr zum franquistischen Geschichtsbild beantwortet: Die Roten waren an allem schuld. Es war das geschehen, was die Zweifler befürchtet hatten: Die Rechte begann, die ideologischen Schützengräben des Bürgerkriegs neu auszuheben.

Am 14. März 2004 gewannen Spaniens Sozialisten die spanischen Parlamentswahlen und lösten die Regierung des Konservativen José María Aznar ab. Zum neuen Ministerpräsidenten wurde der damals 43-jährige José Luis Rodríguez Zapatero gewählt. Seine Antrittsrede vor dem Parlament am 15. April beschloss er mit den selben Worten in dritter Person, mit denen sein Großvater, der republiktreue Armeehauptmann Juan Rodríguez Lozano, kurz vor seiner Hinrichtung durch Franco-Leute einen Brief an seine Familie beschlossen hatte: »Sein Credo bestand immer aus der grenzenlosen Sehnsucht nach Frieden, der Liebe zum Guten und der sozialen Besserstellung des einfachen Volkes.« Zapatero stellte sich den Spaniern als Enkel eines Bürgerkriegsverlierers vor und trat an, die Tradition des regierungsamtlichen Schweigens über vier Jahrzehnte Franquismus zu brechen. Er berief eine Ministerkommission für die »moralische und juristische Rehabilitierung« der Franco-Opfer ein. Und er erlaubte sich einen symbolischen Akt: In den frühen Morgenstunden des 17. März 2005 ließ er das letzte Franco-Monument in Madrid beiseiteschaffen, ein sieben Meter hohes Reiterstandbild vor dem Eingang zum Umweltministerium.

Das ging der spanischen Rechten zu weit. Mariano Rajoy, Nachfolger Aznars als Chef der konservativen Volkspartei, nannte die Franco-Demontage »unverantwortlich«, ein »Produkt der Ignoranz«, einen »Bruch mit dem Geist der *transición*«. Rajoy hatte Recht: Zapatero brach mit dem Geist der *transición*, der es der Rechten erlaubt hatte, sich jahrzehntelang (in den Worten des Schriftstellers Isaac Rosa) in der Bequemlichkeit eines »schlaffen Gedächtnisses« einzurichten. Auf ihr unangefochtenes gutes Gewissen wollte die Rechte nicht mehr verzichten. Als der Gründer der Volkspartei, der ehemalige Franco-Minister Manuel Fraga, nach seinem früheren Chef gefragt wurde, fiel ihm ein, dass der Franquismus »die Grundlagen für ein Spanien mit mehr Ordnung« geschaffen habe (und löste damit keinen Skandal aus). Als das Europaparlament über den Spanischen Bürgerkrieg debattierte, rief der frühere Aznar-Minister und heutige Europaparlamentarier Jaime Mayor Oreja beleidigt: »Es lebe die Freiheit! Es lebe die spanische Verfassung von 1978!«, weil ihm schon die Tatsache, dass die Debatte überhaupt stattfand, zu viel war. Spaniens Rechte blieb unbelehrbar, weil sie jahrzehntelang nicht belehrt worden war. »Niemand hat der spanischen Rechten je ihre Grenzen gezeigt«, sagt Emilio

Silva. »Dabei ist es wie mit Kindern: Die brauchen auch ihre Grenzen.« Als Sachwalterin der Franco-Profiteure beharrte die Volkspartei auf dem Geist der *transición*, weil der so tat, als hätte es keine Täter gegeben. »Die Sieger haben ja nicht nur den Krieg gewonnen«, sagt Silva. »Wer auf der richtigen Seite stand, wurde vom Franco-Regime belohnt: mit Stipendien, Arbeitsplätzen, mit Lizenzen für Zeitungskioske oder Tabakläden. Um ernsthaft über unsere Vergangenheit reden zu können, müssen wir erst einmal wissen, was geschehen ist, wer was getan hat.«

Als der Sozialist Zapatero vor dem Parlament seinen republikanischen Großvater zitierte, als er die Kommission für die Rehabilitierung der Franco-Opfer einrichtete, als er das Franco-Denkmal schliff, war Emilio Silva guter Hoffnung: Er sah im neuen Ministerpräsidenten einen Politiker, der nicht mehr dem Konsens des Schweigens der *transición* verpflichtet war. Doch Zapatero hat Silvas Hoffnungen nicht erfüllt. Drei Jahre brauchte die sozialistische Regierung, um 2007 ein »Gesetz über das Historische Gedächtnis« (Ley de Memoria Histórica) durchs Parlament zu bringen, das nach seinem Wortlaut die Rechte von Gewaltopfern während des Bürgerkrieges und der Diktatur »anerkennt und erweitert«. Doch aus der Suche nach den Gräbern des franquistischen Terrors hält sich der Staat heraus. Auch unter Zapatero tut Spanien weiter so, als habe persönliches Pech die Franco-Opfer in den Straßengraben gestoßen. »Wir haben ähnliche Prozesse in 30 Ländern analysiert«, sagt Esteban Beltrán, der Chef der spanischen Sektion von Amnesty International. »Spanien ist das einzige Land, in dem der Staat das Auffinden der Opfer den Angehörigen der Opfer überlässt.«

Die Angehörigen haben sich nicht entmutigen lassen. Der Verein für die Wiedererlangung des Historischen Gedächtnisses und andere Geschichtsvereine öffnen weiter anonyme Gräber von Franco-Opfern in ganz Spanien. Überall spielen sich ähnliche Szenen wie bei der ersten Exhumierung 2000 in Priaranza del Bierzo ab: Menschen, die jahrzehntelang geschwiegen haben, fangen an zu reden. Endlich spricht Spanien über seine Vergangenheit. Darüber ist der Konsens der *transición* zerbrochen, ein Konsens, der 25 Jahre lang hielt, weil Spanien 25 Jahre lang schwieg. Jetzt, wo wieder geredet wird, ist ein neues Einverständnis nicht in Sicht.

Die Spanier sind nicht gut darin, Konsens zu erzielen. Die meisten haben die Idee verinnerlicht, dass die Existenz konträrer Standpunkte nicht nur unvermeidlich, sondern Ausdruck von Freiheit und gesellschaftlicher Toleranz sei. Nachdem ihnen viel zu lange gesagt worden ist, was sie zu denken haben, hören sie in der Kakofonie der Meinungen die Musik der Demokratie. Sie glauben, den Gipfel intellektuellen Großmuts erklommen zu haben, wenn sie mitten in der Diskussion dem anderen beiläufig erklären: »No te quiero convencer« – »ich will dich nicht überzeugen.« In Wirklichkeit strecken sie in diesem Moment die Waffen und verzichten darauf, nach besseren Argumenten zu suchen. Weil ihnen der produktive Streit so schwerfällt, gehen sie dem Streit lieber aus dem Weg und halten sich an Gleichgesinnte, die sie von nichts mehr überzeugen müssen. Wahrscheinlich neigen die Menschen überall auf der Welt zum Rückzug in ihre Zirkel der Einhelligkeit, aber die Spanier haben die Weigerung, sich den Zumutungen des argumentierenden Streitgesprächs zu stellen, zur Tugend erklärt. Also verschanzen sich die Franco-Nostalgiker in ihrem franquistischen Schützengraben, und die Nostalgiker der *transición* verstehen nicht, wozu überhaupt ein neuer Konsens gebraucht wird. Ein paar weitblickende Spanier suchen ihn trotzdem.

Javier Cercas wagte in seinem Artikel »Wie ein für alle Mal mit dem Franquismus Schluss zu machen ist«, den möglichen gemeinsamen Nenner zu skizzieren: »Es war einmal in Spanien eine demokratische Republik, verbesserungsfähig wie alle, gegen die ein Militär namens Franco einen Staatsstreich verübte. Da einige Bürger den Staatsstreich nicht akzeptierten und beschlossen, den Rechtsstaat zu verteidigen, gab es einen dreijährigen Krieg. Den gewann Franco, der ein ungerechtes und illegitimes Regime ohne Freiheiten errichtete, das eine Fortführung des Krieges mit anderen Mitteln war und 40 Jahre währte.« Aber selbst diese (vereinfachende) Erzählung ist im heutigen Spanien nicht konsensfähig. In einer Replik auf die Cercas-Thesen schrieb der Soziologe José Ignacio Wert: »Die Republik war kein verbesserungsfähiges Regime wie alle. Sie war ein Fehlschlag der Demokratie, zu dem Revolutionäre wie Gegenrevolutionäre in ähnlichem Ausmaß beitrugen.« Mit der These vom »Fehlschlag« Zweite Republik demonstrierte der Soziologe Wert, welch tiefe Spuren 40 Jahre franquistische Propaganda in den Köpfen der Spanier hinterlassen hatte. Das Andenken an den ersten vernünftigen Demokratieversuch in Spanien war von Franco konsequent in den Schmutz gezogen worden, um den Militärputsch von 1936 rechtfertigen zu können. Erst zum 75. Jahrestag der Ausrufung der Zweiten Republik, im Frühjahr 2006, machten sich einige Intellektuelle daran, das Bild der Republik öffentlich zu säubern, unter ihnen der US-amerikanische Hispanist Gabriel Jackson, der in *El País* schrieb: »Die Republik war bei weitem nicht so chaotisch, wie ihre Gegner behaupten. Sie schuf eine absolute politische und intellektuelle Freiheit und hielt zum ersten Mal in der Geschichte Spaniens Wahlen mit ehrlicher Stimmenauszählung ab. Sie trennte Kirche und Staat und schaffte es, die katalanische Autonomie in Gang zu setzen. Sie erkannte die Rechte der Arbeiter an. Sie gründete 7000 öffentliche Schulen und schuf die Basis für das erste öffentliche Gesundheitssystem in der spanischen Geschichte. Und schließlich begann die Republik eine Agrarreform.« »Nicht schlecht«, fasste Jackson seine Aufzählung zusammen. Doch als der Sozialist Josep Borrell im Europäischen Parlament an die Hoffnungen der Zweiten Republik erinnerte, beschimpfte ihn am nächsten Tag die Tageszeitung *El Mundo*: »Borrell denkt sich eine imaginäre Geschichte aus und glaubt heute noch, dass es im Bürgerkrieg Gute und Böse gab.« Das ist die aktualisierte Argumentationslinie der spanischen Rechten: Sie erklärt die Verteidiger der Republik für ebenso schuldig wie deren Angreifer. Erst hätten sie Spanien ins politische Chaos gleiten lassen und dann, während des Bürgerkriegs, ebenso scheußliche Verbrechen begangen wie die Franquisten. Im Kern enthält die Argumentation den Diskurs aller Putschisten der Welt, die ihre Tat als Vaterlandsrettung rechtfertigen. Dieser Diskurs ist in Spanien noch nicht verstummt. Aber er bleibt nicht mehr unbeantwortet.

Als Emilio Silva im Frühjahr 2000 ins Bierzo fuhr, die Heimatregion seines Großvaters, wollte er dort Fakten für einen Roman über seinen Großvater sammeln, der in Priaranza von Franco-Leuten erschossen und am Straßenrand verscharrt worden war.

Silva traf einen alten Freund seines Vaters, der wusste, wo ungefähr der Großvater begraben lag. Der Enkel beschloss, dessen Überreste zu bergen und ihn würdig bestatten zu lassen. Er wollte nur ein kleines Stück Erde bewegen und ahnte nicht, dass er damit den ganzen falschen Konsens Nach-Franco-Spaniens erschüttern würde. Emilio Silva ist ein stiller Held, der sich nicht in den Vordergrund drängt. Den allermeisten Spaniern sagt sein Name nichts. Er redet unaufgeregt, ausgestattet mit einem präzisen Gedächtnis, reiht Fakten und Daten aneinander, um zu dem Schluss zu kommen: »In Spanien findet gerade ein profunder Wandel statt.« Er selbst hat ihn angestoßen. Obwohl er lieber sagt: »wir«. Vor einigen Jahren lernte Silva in Berlin Joachim Gauck kennen, den ersten Leiter des Stasiopferarchivs. Einen Satz Gaucks hat sich Silva gemerkt: »Wenn das einmal angefangen hat, dann hört es nicht wieder auf.«

Die mächtige und die ohnmächtige Kirche

»Wollt ihr, dass ich um Vergebung bitte,
weil man meine Eltern umgebracht hat oder
weil man auf mich zielte, um mich zu erschießen?«
(Erzbischof Gabino Díaz Merchán)

Im Frühjahr 2000 schickte Spaniens katholische Bischofskonferenz dem Vatikan eine Liste mit rund 10 000 Namen von Männern und Frauen, die im Laufe des abgelaufenen Jahrhunderts für ihren Glauben gestorben seien. Damit stand Spanien einsam an der Spitze jener Länder, die Papst Johannes Paul II. ihre Vorschläge für ein Verzeichnis der Märtyrer des 20. Jahrhunderts übermittelt hatten. Weit abgeschlagen folgte auf Platz 2 Mexiko mit rund 200 Namen. Für die Kirche war Spanien das Land der letzten großen Christenverfolgung: denn als systematische Christenverfolgung verstand sie die tausendfachen Morde an katholischen Geistlichen während des Bürgerkriegs. Eine glaubwürdige Statistik des späteren Erzbischofs Antonio Montero Moreno aus dem Jahr 1961 zählt 6832 Tote, die zum großen Teil in den ersten beiden Kriegsmonaten auf republikanischem Gebiet umkamen: 4184 Priester (darunter 13 Bischöfe), 2365 Ordensbrüder und 283 Ordensschwestern. Nach Überzeugung der spanischen Bischofskonferenz müssen zu dieser Zahl rund 3000 Laien hinzugerechnet werden, die ebenfalls ihres Glaubens wegen getötet worden seien. Zusammengenommen fast 10 000 Namen.

Der gewalttätige Antiklerikalismus, der während des Bürgerkriegs seinen Höhepunkt erreichte, hatte in Spanien Tradition. Schon im Laufe des 19. Jahrhunderts waren Mitglieder des Klerus aus ideologischen Motiven ermordet worden: etwa 1834, als ein aufgebrachter Mob in Madrid 74 Geistliche tötete, weil sie das Trinkwasser vergiftet hätten. Zu Beginn des 20. Jahrhunderts, im Juli 1909, empörten sich während der Semana Trágica (der Tragischen Woche) in Barcelona Arbeiter gegen ihre Zwangsrekrutierung für den spanischen Kolonialkrieg in Nordmarokko – ihre Wut tobten sie in Brandanschlägen auf Kirchen, Klöster und katholische Schulen aus. Der Aufstand rechter Militärs im Juli 1936 gegen die Zweite Republik ließ die alte Feindseligkeit neu auflodern. Andreu Nin, Führer der antistalinistischen kommunistischen POUM, erklärte am 6. August 1936, drei Wochen nach Beginn des Bürgerkriegs, in Barcelona: »Das Problem der Kirche – wir haben es gelöst, indem wir an die Wurzel gegangen sind. Wir haben ihre Priester, die Kirchen und den Gottesdienst beseitigt.« (Nin selbst wurde ein knappes Jahr später von moskautreuen Kommunisten beseitigt, die ihn entführten, folterten und schließlich ermordeten.) Der britische Hispanist Hugh Thomas schreibt über die Hetzjagd auf Geistliche während des Bürgerkriegs: »Zu keiner Zeit in der Geschichte Europas oder vielleicht sogar der Welt hat sich solch leidenschaftlicher Hass auf die Religion und alle ihre Werke gezeigt.«

Woher rührte der Hass? Die katholische Kirche, indem sie die Opfer zu Märtyrern erklärt, interpretiert die antiklerikalen Verbrechen des Bürgerkriegs als Verfolgung des Glaubens. Die Geistlichen repräsentierten allerdings nicht nur den katholischen Glauben, sondern auch eine Institution, die sich ohne zu zweifeln auf die Seite Francos gestellt hatte. Die Kirche lehnte eine Republik ab, die es im dritten Artikel ihrer Verfassung gewagt hatte zu formulieren: »Der spanische Staat hat keine offizielle Religion.« Dieser Verfassungsartikel war sensationell. 400 Jahre lang war Spanien das Bollwerk des Katholizismus in Europa gewesen, nun sollten Kirche und Staat voneinander getrennt werden: unfassbar für die Kirche. Am meisten schmerzte sie der Aufbau eines staatlichen, nicht-konfessionellen Schulwesens, ein Angriff auf ihr Erziehungsmonopol. In einem Hirtenbrief nach Verabschiedung der Verfassung im Dezember 1931 schrieben die spanischen Bischöfe: »Man hat den großen und verhängnisvollen Fehler begangen, die Kirche vom öffentlichen und aktiven Leben der Nation, von den Gesetzen, der Erziehung der Jugend, von der Gesellschaft selbst auszuschließen und hat dabei ihre geheiligten Rechte und das christliche Gewissen des Landes missachtet.« Eine Versöhnung zwischen Republik und Kirche fand nicht mehr statt. Anlässlich der letzten Parlamentswahlen der Republik im Februar 1936 sagte der damalige Bischof von Teruel, Anselmo Polanco: »Auf der einen Seite kämpfen die Verteidiger der Religion, des Besitzes und der Familie, auf der anderen die Vertreter der Gottlosigkeit, des Marxismus und der freien Liebe. [...] Wir verfügen über die Waffen des Gesetzes und über die mächtigeren des Gebetes. Wir gehen aufs Schlachtfeld, um den Platz einzunehmen, auf den wir gehören. Gott will es so, die Kirche und das Vaterland fordern es.« Polanco sprach nicht nur metaphorisch. Während des Krieges finanzierte und organisierte der Bischof wahrscheinlich *guerilla*-Einheiten, die auf republikanischem Boden Sabotageakte verübten. Am 7. Februar 1939, kurz vor Ende des Bürgerkriegs, wurde er von kommunistischen Truppen ermordet. Als Märtyrer von Teruel sprach ihn Johannes Paul II. 1995 selig.

Aus der Liste mit 10000 Namen katholischer Märtyrer, die Spaniens Bischöfe im Frühjahr 2000 nach Rom schickten, hat der Vatikan von 1987 bis heute fast ein Zehntel, 967 Männer und Frauen, zu Seligen und elf zu Heiligen erklärt. An einem einzigen Tag, dem 28. Oktober 2007, wurden auf dem Petersplatz in Rom 498 Märtyrer selig gesprochen: Es war die größte Massenseligsprechung in der Geschichte der katholischen Kirche.

Die Kirche stützte Franco während des Bürgerkriegs und in den ersten Jahrzehnten seiner Diktatur bedingungslos. Der Vormarsch der Putschisten gegen die Republik war ihr ein Kreuz-zug gegen die Ungläubigen, ein Krieg der christlichen Zivili-sation gegen die Barbarei. »Es gibt keine andere Befriedung als die der Waffen«, sagte der Kardinal von Toledo, Isidro Gomá, im Mai 1938. Nach dem Sieg stieß sich die Kirche nicht daran, dass Franco auf dem spanischen Münzgeld als »Caudillo Spa-niens von Gottes Gnaden« verherrlicht wurde. Der Abt der Ba-silika von Montserrat, Antoni Maria Marcet, empfing Franco im Januar 1942 als »Instrument der Vorsehung«, das »die be-wundernswerte Heldentat der Reconquista Spaniens« glücklich zu Ende geführt habe. Zu katholischen Hochämtern zog der Diktator unter einem von Priestern getragenen Baldachin ein. Bischöfe erhoben an seiner Seite ihren Arm zum Faschistengruß (bis Franco den unopportunen Gruß nach dem Sieg der Alliier-ten im Zweiten Weltkrieg abschaffen ließ). Die Kirche fühlte sich wohl unter Franco. Der Katholizismus war wieder zur Staatsreligion erhoben worden und durchdrang das gesamte gesellschaftliche Leben. Wer sich nicht bürokratischen Repres-salien aussetzen wollte, musste seine Kinder auf christliche, kastilische Namen taufen lassen, Ehen wurden vor dem Altar geschlossen, Scheidungen waren verboten, die Kirche erhielt ihren Einfluss auf die Schulen zurück. Spanien atmete den dump-fen Geruch des Nationalkatholizismus.

Im Laufe der Jahre begann die Kirche zu schwanken. Gegen Ende des Franquismus, als sich im Regime des greiser wer-denden Diktators sichtbare Brüche auftaten, wagten Teile des Klerus die Diktatur laut zu kritisieren. 1971 übernahm der reformfreundliche Kardinal Vicente Enrique y Tarancón die Prä-sidentschaft der spanischen Bischofskonferenz. Unter seiner Leitung fand im September desselben Jahres die denkwürdige Gemeinsame Versammlung von Bischöfen und Priestern statt, die vom Regime bürgerliche Freiheiten, das Ende der Folter und die Zulassung von Gewerkschaften forderte. Schließlich rang sich die Versammlung zu einer Bitte um Vergebung für ver-gangene Versäumnisse durch, »weil wir nicht immer verstan-den haben, wahre Diener der Versöhnung im Schoße unseres – in einem Krieg unter Brüdern gespaltenen – Volkes zu sein«. Es war das deutlichste Schuldbekenntnis, das von Spaniens katho-lischer Kirche je zu hören sein sollte.

Die Kirche verzichtete in Zukunft darauf, ihre eigene Rolle während des Bürgerkriegs und der Franco-Diktatur noch einmal in Frage zu stellen. Als Spaniens Bischofskonferenz Ende 1999 einen Rückblick aufs 20. Jahrhundert wagte, nannte sie den Bürgerkrieg einen »tragischen Bruch des Zusammenlebens«, für den sie »niemandem Schuld zuweisen« wolle. »Wenn die Kirche auf einer bestimmten Seite stand, war es die, auf die man sie zwangsläufig warf«, sagte der Erzbischof von Oviedo, Gabino Díaz Merchán, dessen Eltern im August 1936 von Kommunisten ermordet worden waren. Und der Sprecher der Bischofskonferenz, Juan José Asenjo, sagte: »Die Kirche war auch Opfer.« Auf diese Rolle ist die Selbstbetrachtung der spanischen katholischen Kirche bis heute beschränkt geblieben.

Mit dem Ende des Franquismus hörte der Katholizismus auf, Staatsreligion zu sein. »Keine Konfession hat staatlichen Charakter«, steht in der Verfassung von 1978, die allerdings im selben Artikel die besondere Rolle der katholischen Kirche in Spanien anerkennt. Der Staat ist weiter großzügig. Die Kirche finanziert sich nicht aus Mitgliedsbeiträgen oder einer Kirchensteuer für Gläubige, sondern zu einem bedeutenden Teil aus dem allgemeinen Staatshaushalt. Wer will, kann mit einem Kreuz an der richtigen Stelle der Steuererklärung 0,7 Prozent seiner Einkommensteuerschuld der Kirche zukommen lassen, was etwa ein Drittel der Spanier tut. Mit diesem Kreuz entsteht die Fiktion einer Kirchensteuer – doch wer das Kreuz nicht setzt, muss deswegen nicht weniger Steuern entrichten.

Spaniens Schulen sind verpflichtet, den Schülern Religionsunterricht anzubieten, aber die Teilnahme daran ist freiwillig, und die Religionsnote fließt nicht in den Zeugnisdurchschnitt ein. Das Gehalt der Religionslehrer zahlt der Staat, obwohl die Lehrer von der Kirche eingestellt werden (und auch wieder entlassen, wenn sie kein »moralisch einwandfreies« Leben führen, sich also scheiden lassen oder mit einem Partner zusammenleben, der schon eine Scheidung hinter sich hat). Ein Drittel der spanischen Kinder und Jugendlichen besucht Schulen in privater Trägerschaft, das heißt fast immer katholische Schulen. Die meisten von ihnen werden staatlich finanziert.

So großzügig sie vom Staat bedacht wird: Die katholische Kirche verliert in Spanien an Einfluss. Das hat sich aber noch wenig herumgesprochen. Es ist ein weit verbreitetes Missverständnis, dass Spanien ein tief katholisches Land sei. Der Irrtum ist verzeihlich: Der Kulturkampf für den rechten Glauben, den Spaniens Herrscher von den Katholischen Königen bis zu Franco fochten, hat das Bild eines aggressiven spanischen Katholizismus geformt, der keiner anderen Konfession (oder gar dem Unglauben) eine Chance ließ. Die Symbole des Katholizismus sind noch allgegenwärtig: von der pompösen Semana Santa über die Volksfeste zu Ehren der Dorf- und Stadtheiligen bis zu den unzähligen religiösen Straßennamen im ganzen Land, von der Wallfahrt nach El Rocío über das Fronleichnamsfest in Toledo bis zum weithin sichtbaren Kreuz über dem Valle de los Caídos. Doch die Symbole lösen sich von ihrer Bedeutung. Sie werden Folklore. Die *costaleros*, die während der Karprozessionen tonnenschwere Gestelle mit Marien- und Christusfiguren duch die Straßen tragen, kennen noch religiöse Inbrunst, die Zuschauer am Straßenrand eher weniger. Das Kreuz über dem Tal der Gefallenen erinnert die meisten an den Größenwahn Francos, nicht an den Tod Christi. Und auch wer täglich durch die Calle de la Fe (die Straße des Glaubens) oder die Calle del Ave María läuft, wird davon nicht bekehrt.

Noch sind die meisten Spanier Katholiken. Exakte Zahlen gibt es nicht. Weil der Staat keine Kirchensteuer eintreibt, kümmert er sich auch nicht um das religiöse Bekenntnis seiner Bürger. Doch bei der regelmäßigen Umfrage des Sozialforschungszentrums CIS erklärten im Juni 2010 noch 72,7 Prozent der Spanier, dass sie katholisch seien, 2,1 Prozent bekannten sich zu einer anderen Religion, der Rest bezeichnete sich als nicht gläubig oder atheistisch; von den Gläubigen besuchte ein Viertel einmal im Monat oder häufiger einen Gottesdienst. Bemerkenswert ist die Tendenz: Von Umfrage zu Umfrage gehen die Zahlen der Katholiken und die der Gottesdienstbesucher zurück. Auch alle anderen Indikatoren deuten darauf, dass Spanien dem Katholizismus den Rücken kehrt. 2009 ließen sich zum ersten Mal weniger als die Hälfte aller Brautpaare vor dem Altar trauen. Immer weniger Schüler nehmen am Religionsunterricht teil. Aktuelle Zahlen über die Taufe Neugeborener fehlen, aber wahrscheinlich dürfte zurzeit nur noch rund die Hälfte aller Kinder getauft werden. Die Entwicklung mag durch die

Zuwanderung nichtkatholischer Ausländer befördert werden, doch andererseits ist gerade unter den katholischen Lateinamerikanern, der mit Abstand größten Immigrantengruppe, der Glaube besonders lebendig. Manuel Azaña, die herausragende Politikerpersönlichkeit der Zweiten Republik, sagte im Oktober 1931: »Spanien hat aufgehört, katholisch zu sein.« Sein Diktum wird gerade, etliche Jahrzehnte später, wahr.

Spaniens langsamer Abschied von der Religion kommt mit Blick auf den Antiklerikalismus des 19. und des frühen 20. Jahrhunderts nicht überraschend. Vierzig Jahre lang überdeckte der franquistische Zwangskatholizismus alle früheren Abkehrtendenzen. Jetzt sind die Spanier frei, über ihren Glauben selbst zu entscheiden. Sie sehen eine Kirche, die sich einem Diktator anbiederte, um ihre eigene Macht zu festigen, und die bis heute unfähig ist, diesen Fehler einzugestehen. Auf den Verlust ihrer Vorrangstellung in der spanischen Gesellschaft reagiert die Kirche nicht mit kritischer Selbstreflexion, sondern mit dem Rückzug auf reaktionäre Positionen. Als eine Radiointerviewerin den Bischof von San Sebastián, José Ignacio Munilla, Anfang 2010 nach der Existenz Gottes angesichts des verheerenden Erdbebens auf Haiti fragte, antwortete der: »Es gibt größere Übel als jene, die diese Armen von Haiti in diesen Tagen erleiden. Wir sollten auch über uns weinen, über unsere armselige spirituelle Lage, über unsere materialistische Auffassung vom Leben. Vielleicht ist es ein größeres Übel, das wir erleiden, als jenes, das diese Unschuldigen erleiden.« So macht sich die Kirche in Spanien keine Freunde.

Seit dem Regierungsantritt des Sozialisten Zapatero im Frühjahr 2004 befindet sich die spanische Kirche endgültig im permanenten Ausnahmezustand. Zapateros gesellschaftliches Modernisierungsprogramm deutet die Kirche als Vormarsch eines »aggressiven Laizismus«. Als die Regierung ihr Vorhaben, das Eherecht auf Homosexuelle auszuweiten, in Angriff nahm, sagte der Sprecher der Spanischen Bischofskonferenz, Juan Antonio Martínez Camino: »Wenn dies Gesetz wird, schleust das ein Virus in die Gesellschaft ein.« Die Homosexuellenehe wurde Gesetz, die spanische Gesellschaft nahm's gelassen.

Der Vatikan ist besorgt über die Entwicklung in seinem geliebten Spanien. Während eines Treffens mit spanischen Bischöfen in Rom im Januar 2005 klagte Papst Johannes Paul II.: »In der [spanischen] Gesellschaft wird eine Mentalität verbreitet, die vom Laizismus inspiriert ist, einer Ideologie, die allmählich, mehr oder weniger bewusst, zur Beschränkung der religiösen Freiheit führt.« José Luis Rodríguez Zapatero, der sozialistische Regierungschef, reagierte höflich: »Jeder Spanier kann feststellen, dass es vielleicht übertrieben ist zu sagen, dass es in Spanien Probleme mit der religiösen Freiheit gebe. Spanien erlebt heute den Moment größter religiöser Freiheit in seiner ganzen Geschichte.« Mit dieser Freiheit zu leben muss Spaniens katholische Kirche noch lernen.

Links und rechts

»Spanien ist ein zweigeteiltes Land: Wenn das eine lacht, weint das andere.« (Alex de la Iglesia)

Am Morgen des 11. März 2004, um kurz nach halb acht, explodierten zehn Taschenbomben in vier Vorortzügen auf dem Weg zum Madrider Atocha-Bahnhof. 191 Menschen starben. Zunächst dachte ganz Spanien an ein Attentat der baskischen Terrororganisation ETA (Euskadi Ta Askatasuna – Baskenland und Freiheit). Einer der ersten, die sich am Vormittag zum Anschlag äußerten, war der damalige baskische Ministerpräsident Juan José Ibarretxe. »Das sind keine Basken, das ist Ungeziefer«, sagte er über die Etarras, die er für die Attentäter hielt. »Die ETA schreibt die letzten Seiten ihrer Geschichte.«

Aber es war alles ganz anders. In Spanien lebende Araber, von Osama Bin Laden inspiriert, hatten die Bomben in den Zügen deponiert; den Sprengstoff besorgten kriminelle Minenarbeiter aus dem nordspanischen Asturien. Die Köpfe der Bande sprengten sich drei Wochen nach den Anschlägen in der Madrider Vorstadt Leganés selbst in die Luft, nachdem ihnen die Polizei auf die Spur gekommen war. Die meisten anderen Attentäter und ihre Helfer wurden im Oktober 2007 von Spaniens Nationalem Gerichtshof zu langen Haftstrafen verurteilt.

Der Zwiespalt zwischen erstem, fälschlichem Eindruck und der sich schnell herauskristallisierenden Wahrheit über den schlimmsten Terrorakt der jüngeren spanischen Geschichte hatte weitreichende Konsequenzen. Die Bomben platzten in die letzten Tages des Wahlkampfs zum spanischen Parlament. Noch regierte der Konservative José María Aznar, der den erfolgreichen Kampf gegen die ETA zu seinen großen Stärken rechnete. Während die Polizei ermittelte und noch am Tag der Attentate eine Beteiligung der ETA auszuschließen begann, setzte Aznars Regierungsapparat alles daran, die Welt von einem ETA-Attentat zu überzeugen. Spanische und ausländische Medien wurden diskret darüber informiert, dass mit Sicherheit die baskische Terrororganisation für die Toten verantwortlich sei, selbst die UNO verurteilte am Abend auf spanisches Drängen das »ETA-Attentat«, das keines war. Aznar fürchtete, dass ihm die spanischen Wähler eine Antiterrorpolitik verübeln könnten, die der islamistischen Gefahr gegenüber blind war, einer Gefahr zudem, die mit Aznars Votum für den Irak-Krieg möglicherweise noch gewachsen war. Seine Befürchtungen bewahrheiteten sich. Am 14. März, drei Tage nach den Anschlägen, gewann die Spanische Sozialistische Arbeiterpartei (PSOE) unter José Luis Rodríguez Zapatero überraschend die Wahlen. Am Morgen nach dem Wahlsieg kündigte Zapatero den Abzug der spanischen Truppen aus dem Irak an.

Die Wahlniederlage 2004 hat die rechte Volkspartei (PP), deren Ehrenpräsident Aznar heute ist, den Sozialisten nie verziehen. Herausragende Köpfe der PP wie Ángel Acebes, Innenminister unter Aznar und danach Generalsekretär der Volkspartei, wollten die Spanier noch jahrelang glauben machen, dass es in Sachen 11. März zu viele offene Fragen gebe, dass eine Kooperation zwischen Islamisten und ETA im Bereich des Möglichen liege. Der Prozess vor dem Nationalen Gerichtshof demontierte diese Theorie bis zum letzten vermeintlichen Indiz. Was die Unentwegten nicht davon abhielt, bei jeder Antiregierungsdemo kleine Transparente in die Höhe zu halten: »11. März – wer war es?« Vielleicht die Sozialisten selbst? Hatten sie nicht mehr als alle anderen von den Bombenattentaten profitiert? Gegen die politischen Vorurteile kamen keine Tatsachen an.

Auch die spanische Linke verlor in den aufgeregten Tagen nach dem 11. März ihre Besonnenheit. Aznar hatte die Spanier offensichtlich belogen, vielleicht war er noch zu Schlimmerem fähig. Einem Staatsstreich vielleicht? Als der Regisseur Pedro Almodóvar am 16. März seinen damals neuesten Film, »La mala educación«, vorstellte, freute er sich laut, »dass diese fürchterliche Woche mit einer befreienden Nachricht« geendet habe: der Niederlage der PP und »der Rückkehr der Demokratie«. Er habe Gerüchte vernommen, dass Aznars Volkspartei erwogen hätte, die Wahlen auszusetzen, Gerüchte von einem kalten Staatsstreich. Als die PP am nächsten Tag mit einer Verleumdungsklage drohte, entschuldigte sich der Regisseur in aller Form. Er habe doch nur Gerüchte zitiert und nicht behauptet, dass sie wahr seien.

Nach den Attentaten vom 11. März 2004 und dem überraschenden Wahlsieg der Sozialisten befand sich Spaniens immer schon dauererhitzte Politikszene einige Jahre lang nahe dem Siedepunkt. »Die Demokratie in der Krise«, betitelte die rechtskonservative Tageszeitung *ABC* im März 2007, drei Jahre nach Zapateros Wahlsieg, einen großen Meinungsartikel des Historikers Juan Pablo Fusi. »Spanien erlebt eine schwere nationale Krise, die schwerste Krise der Demokratie seit 1975. Der Konsens der *transición* existiert nicht mehr. Es war ein schwerer Fehler, drei Tage nach den Attentaten Wahlen abzuhalten. Die Situation hätte es ratsam erscheinen lassen, eine Nationale Regierung der beiden großen Parteien zu bilden, mit der Aufgabe, den moralischen Puls des Landes wiederherzustellen.« Fusis Überlegungen kamen Almodóvars Staatsstreichgerüchten sehr nahe. Der Historiker folgte dem Diskurs einer paranoiden spanischen Rechten, die sich nie damit abfinden konnte, von der Macht verdrängt worden zu sein. Was sollte das für eine »nationale Krise« sein? Erstens, schrieb Fusi, »drei Jahre Staatszersplitterung« – so deutete die Rechte Zapateros Bereitschaft, den Regionen wie Katalonien weitergehende Kompetenzen zuzugestehen. Zweitens, »die Beschwichtigungspolitik gegenüber der ETA« – damit war Zapateros Dialogangebot an die ETA gemeint. Und drittens, »die Öffnung alter historischer Wunden« – das war Zapateros halbherziger Versuch, mit dem Ley de Memoria Histórica den republikanischen Opfern des Bürgerkriegs und des Franquismus zu ihrem Recht zu verhelfen. Ob man die Politik des Regierungschefs für richtig hielt oder nicht: Zum Auslöser nationaler Krisen taugte keines der Themen. Es sei denn, eine lärmende Opposition machte sie dazu.

Spaniens Rechte entdeckte unter Zapatero das Glücksgefühl des Massenprotests. Sie demonstrierte zu Zehn- und Hunderttausenden gegen die Homosexuellenehe oder die Straflosigkeit der Abtreibung und ein ums andere Mal gegen Zapateros (vorgeblich wachsweiche) Antiterrorstrategie. Und sie entdeckte die spanische Fahne wieder, von der Kataloniens berühmter Theatermacher Albert Boadella noch 2006 geglaubt hatte, dass sie »nur noch ein Symbol der Ultrarechten« sei. »Der altmodische, schuppige Nationalismus ist doch in Spanien mit Franco verschwunden«, meinte Boadella, der sich stattdessen am Nationalismus seiner katalanischen Landsleute rieb. Doch der Hang der bürgerlichen Rechten zur Fahne war nicht gänzlich neu. Im Oktober 2002 hatte der konservative Regierungschef Aznar auf der Madrider Plaza Colón (dem Kolumbusplatz) eine gewaltige, 14 mal 21 Meter große spanische Flagge hissen lassen, die dort immer noch in 50 Metern Höhe weht. Und in seinem Büro im Madrider Moncloa-Palast, dem Amtssitz der spanischen Regierung, hängte Aznar ein Foto der über Perejil flatternden spanischen Fahne auf – Perejil (zu deutsch: Petersilie), ein winziges unbewohntes Eiland in der Straße von Gibraltar, war im Juli 2002 erst von marokkanischen Gendarmen besetzt und fünf Tage später wieder von spanischen Soldaten eingenommen worden. Als der Sozialist Zapatero im Frühjahr 2004 in das Büro im Moncloa-Palast einzog, ließ er das Fahnenfoto abnehmen.

Die Fahnen schwenkenden Massen, die alle paar Wochen unter diesem oder jenem Vorwand gegen Zapatero auf die Straße gingen, ließen Spaniens Linke frösteln. Von »franquismo puro y duro« – »reinem und hartem Franquismus« – sprach der damalige Präsident des Medienkonzerns Prisa, Jesús de Polanco: »Da gibt es manchen, der zum Bürgerkrieg zurückzukehren wünscht.« Der sozialistische Ex-Premier Felipe González hörte in der politischen Debatte Spaniens »Vorkriegs«-Töne und der Schriftsteller Javier Marías »Losungen, die seit dem Franquismus vergessen waren«: Die »alten und blutrünstigen Konzepte eines Spaniens und eines Antispaniens« seien wieder da.

Die Volkspartei wollte keinen Bürgerkrieg, und sie erklärte ihre politischen Gegner auch nicht rundheraus zum Antispanien. Aber die Anklänge an die »alten und blutrünstigen Konzepte« waren nicht zu überhören, als PP-Chef Marinao Rajoy »alle anständigen Bürger, alle vernünftigen Spanier« zum Protest gegen Zapatero aufrief. Die Empörung der Rechten, ihre Überzeugung, die »anständigen und vernünftigen« Spanier gegen eine Regierung verteidigen zu müssen, die ihr Land »in die schwerste Krise der Demokratie seit 1975« geführt habe, ist nur vor dem Hintergrund des ausgeprägten Lagerdenkens in Spanien zu verstehen. Franco ließ nie Zweifel daran, dass er das schlechtere Spanien besiegt habe, und nach seinem Tod blieben Sieger und Besiegte in den alten Stellungen – der Geist der *transición* forderte bloß Stillhalten, keine geistige Beweglichkeit. Denen auf der anderen Seite ist nicht zu trauen, schließlich stehen sie auf der anderen Seite. Bis heute. Im Privatgespräch werden die Spanier deutlich: Die anderen sind *fachas* (Faschos), oder sie sind *rojos* (Rote). Gegen die kann man nur demonstrieren und auf ihre Abwahl hoffen.

Bemerkenswert ist, dass sich der Alltag auf der einen Seite des ideologischen Grabens nicht wesentlich vom Alltag auf der anderen Seite unterscheidet. Die spanische Rechte ist etwas katholischer als die Linke, hat sich aber ansonsten an das gute Leben in einem liberalen Staat gewöhnt. Auch die PP-Wähler benutzen Verhütungsmittel, lassen im Fall des Falles abtreiben und lassen sich so oft scheiden, wie es ihnen Liebe und Umstände diktieren. Als zum ersten Mal ein schwuler PP-Ratsherr seinen Partner im galicischen Orense heiratete, war der lokale Bischof schockiert: »Das macht uns Katholiken traurig.« Den galicischen PP-Chef und Hochzeitsgast Alberto Núñez Feijoo kümmerte das nicht: Man müsse die Kirche ebenso respektieren wie die Homosexuellen. Dabei war seine Partei im Jahr zuvor noch auf die Straße gegangen, um gegen Zapateros Gesetzesvorhaben für die gleichgeschlechtliche Ehe zu demonstrieren. Aber dann erkannte die PP, dass sich mit dem Widerstand gegen die Homoehe keine Stimmen gewinnen ließen, und beendete den Protest.

Die ideologische Lagermentalität, das ist ihr Vorzug, hat Spanien bisher ziemlich stabile Regierungen verschafft. Die politische Landschaft wird von zwei Parteien beherrscht: der Spanischen Sozialistischen Arbeiterpartei (Partido Socialista Obrero Español, PSOE) und der Volkspartei (Partido Popular, PP). Sie repräsentieren das linke und das rechte Lager, machen aber weniger linke oder rechte Politik, als ihre jeweiligen Gegner glauben. Natürlich unterscheiden sie sich in ihren politischen Zielen, aber mehr noch in ihren Umgangsformen: Die PP gibt sich herb, die PSOE eher zart.

Die PSOE, gegründet 1879 vom galicischen Schriftsetzer Pablo Iglesias als revolutionäre Arbeiterpartei, ist die älteste der heute noch in Spanien aktiven Parteien. 1910 zog sie zum ersten Mal ins spanische Parlament ein. Nachdem sie mit der Diktatur Miguel Primo de Riveras (1923–1930) kollaboriert hatte, war sie schließlich (innerlich in Gemäßigte und Revolutionäre gespalten) eine der Hauptstützen der Zweiten Republik. In den langen Jahren der Franco-Diktatur und des Exils verlor die PSOE gegen die aktiveren Kommunisten als illegale Oppositionskraft an Bedeutung. Erst mit der Wahl des Sevillaner Anwalts Felipe González (Jahrgang 1942) zum neuen Generalsekretär auf dem Parteitag 1974 in Suresnes bei Paris begann der Erneuerung der PSOE. Während des Übergangs zur Demokratie nach dem Tod Francos 1975 wuchsen die Sozialisten zur wichtigsten Stimme der gemäßigten Linken in Spanien heran. 1979 strichen sie den Marxismus aus ihrem Parteiprogramm. Doch an die Macht kamen sie nicht so schnell, wie sie erhofft hatten: Vorerst setzten die Spanier ihr Vertrauen in Adolfo Suárez, den Chefarchitekten der *transición*, dessen Union des Demokratischen Zentrums (Unión de Centro Democrático, UCD) die ersten beiden Wahlen gewann – bis mit der Anziehungskraft des Ministerpräsidenten auch die Anziehungskraft der UCD rapide abnahm. Am 28. Oktober 1982 feierte die PSOE unter Felipe González einen strahlenden Wahlsieg mit 48,1 Prozent der Stimmen und absoluter Sitzmehrheit im Parlament. Sieben Jahre waren seit dem Tod des Diktators vergangen, und die Wahl eines Sozialisten zeigte dem Rest Europas, dass Spanien demokratische Normalität erreicht hatte. Das Land sollte die kommenden dreizehneinhalb Jahre lang sozialistisch regiert werden und Felipe González zu einem der einflussreichsten europäischen Politiker am Ende des 20. Jahrhunderts aufsteigen.

González war ein *encantador de serpientes*, ein Schlangen-
beschwörer, der auch ideologische Gegner für sich einzunehmen
verstand. Nachdem Ronald Reagan den Spanier bei einem Treffen im Weißen Haus im Sommer 1983 kennenlernte, fand er nur
positive Adjektive für ihn: scharfsinnig, brillant, moderat, pragmatisch. 1986 führte González Spanien in die damalige Europäische Gemeinschaft, nachdem er als hartnäckiger Verhandler
seine künftigen Partner manchmal an den Rand der Verzweiflung getrieben hatte. Was den Respekt vor ihm nicht minderte.
Er wusste fast immer den richtigen Ton zu treffen. »Adiós, amigo
Willy«, sagte er am 17. Oktober 1992 beim Staatsakt in Berlin für den kurz zuvor verstorbenen Ex-Bundeskanzler Willy
Brandt, und niemand konnte sich der Rührung entziehen. Viele
Jahre später, im Juni 2006, hielt González im spanischen Yuste
eine Rede auf einen anderen deutschen Ex-Kanzler, Helmut
Kohl: »Helmut, querido amigo«, sagte González ein ums
andere Mal, und dem Angesprochenen standen Tränen in den
Augen. Auch in seiner Heimat ist Felipe, wie er von allen vertraulich genannt wird, wieder eine respektierte Persönlichkeit:
jetzt, wo er lange genug aus dem politischen Alltag verschwunden ist. Die Linke erinnert sich voll Nostalgie an seine sprach-
liche Brillanz (im Gegensatz zur stumpfen Rhetorik Zapateros),
und die Rechte hat vergessen, wie sie González einst zum Teufel
wünschte. »Váyase, Señor González«, war die Litanei des damaligen Oppositionsführers Aznar in González' letzten Regierungsjahren: »Gehen Sie!«

González ging, als ihn die Spanier dazu zwangen: Im März
1996 stellte er sich zum siebten Mal in Folge als Spitzenkandidat der PSOE zur Wahl, doch diesmal hatte das Volk genug von
ihm. Unter seiner Ägide war Spanien zur wirtschaftlichen Mit-
telmacht mit funktionierendem Sozialstaat herangewachsen.
1992, fünfhundert Jahre nach Kolumbus' Amerikafahrt, stand
Spanien mit den Olympischen Spielen in Barcelona und der
Weltausstellung in Sevilla wieder im Fokus des Weltinteresses.
Doch dann schlitterte das Land in die Krise. Die Arbeitslosigkeit kletterte auf über 20 Prozent. Schlimmer noch: Die Sozialisten hatten es sich in den Sesseln der Macht bequem gemacht
und ihre ethischen Prinzipien gelockert. Die regierungskritische
Presse suchte nach Skandalen und fand sie. Sie fand zum Beispiel

heraus, dass Luis Roldán, der Chef der Guardia Civil, Spaniens kasernierter Polizei, ein Gauner war, der Millionen aus den staatlichen Geheimfonds für die Terrorbekämpfung in die eigene Tasche abzweigte und sich von Bauunternehmern Millionen-Schmiergelder als Gegenleistung für Kasernenbauaufträge zahlen ließ. Wie konnte die Regierung so blind sein und einen Mann, der selbst seine Universitätstitel erfunden hatte, zum Polizeichef erheben? Den moralischen Rest gab González die GAL-Affäre. Zwischen 1983 und 1987 hatten Todesschwadronen unter dem Kürzel GAL (Grupos Antiterroristas de Liberación, Antiterroristische Befreiungsgruppen) Jagd auf echte und vermeintliche ETA-Terroristen gemacht und 25 Menschen ermordet. Ein junger Richter, der später weltbekannt werden sollte – Baltasar Garzón –, kam 1995 dahinter, dass die GAL Deckung aus dem Innenministerium erhalten hatten. Felipe González selbst geriet in Verdacht, in die Affäre verwickelt zu sein. 1996 wählten ihn die Spanier ab.

Nun war es an der Volkspartei (PP) zu demonstrieren, dass Spaniens Rechte in den vorangegangenen 20 Jahren demokratiefähig geworden war. Die PP wurzelte im Franquismus: Ihre Vorläuferorganisation, die Volksallianz (Alianza Popular, AP), war 1976 von ehemaligen, reformorientierten Franco-Ministern gegründet worden. Ihr erster Generalsekretär und späterer langjähriger Präsident war Manuel Fraga (Jahrgang 1922), der während der 1960er Jahre als Tourismus- und Informationsminister unter Franco gedient hatte. Er erwarb sich den Ruf eines *aperturista* (eines Fürsprechers der Regimeöffnung), indem er den ausländischen Massentourismus förderte und ein neues, weniger restriktives Pressegesetz vorbereitete. Aber er blieb Reaktionär genug, um an Francos Kabinettstisch 1963 den Justizmord an Julián Grimau abzusegnen und um 1966 dem franquistischen Parlament die franquistische Pressefreiheit zu erläutern: »Es wird eine Freiheit sein, Spanien sauber zu halten, nicht es zu beschmutzen oder gar zu zerstören.« Das bekannteste Foto von Manuel Fraga zeigt ihn am 8. März 1966 in Badehose vor der Küste von Palomares in Andalusien im Mittelmeer planschend. Knapp zwei Monate zuvor waren dort zwei B-52-Bomber der US-Luftwaffe zusammengestoßen und abgestürzt. Sie hatten vier Atombomben an Bord, von denen zwei aufbrachen und auf einem kleinen Landstrich bei Palomares Uran-235 und Pluto-nium-239 freisetzten. Nach einer eiligen, unvollkommenen Dekontaminierung der Gegend sprang Fraga für die Weltpresse ins Meer: Er wollte sich das gerade aufkommende Tourismus-geschäft nicht durch ein paar Atombomben verderben lassen.

Als die Spanier nach Francos Tod selbst entscheiden durften, wer sie regieren sollte, ließen sie Fraga im Stich. Seine Alianza Popular kam bei den ersten beiden demokratischen Wahlen auf weniger als zehn Prozent der Stimmen, und erst nach dem Nie-dergang der UCD von Adolfo Suárez stieg die AP zur stärksten Oppositionsgruppe auf. 1989 benannte sich die Volksallianz in Volkspartei um, doch auch unter dem neuen Kürzel PP blieb sie bei den Wahlen im selben Jahr deutlich abgeschlagen hinter der PSOE. Im folgenden Jahr übergab Fraga die Führung seiner Partei dem damals 37-jährigen José María Aznar. Fraga zog sich in sein heimisches Galicien zurück, wo er 15 Jahre lang bis zu seiner Abwahl 2005 regierte. Seitdem ist er Abgeordneter in der zweiten Kammer des spanischen Parlaments, dem Senat, und einer der ältesten aktiven Politiker der Welt. Für seine franquis-tische Vergangenheit hat er sich nie geschämt.

José María Aznar (Jahrgang 1953), der neue starke Mann der PP, kam aus rechter Familie, sein Vater und sein Großvater waren regimetreue Journalisten, er selbst gehörte der falangis-tischen Studentenorganisation FES (Frente de Estudiantes Sin-dicalistas) an und kritisierte noch 1978 die neue demokratische Verfassung, weil sie den Regionen zu große Autonomie gewähre. Nach dem Jurastudium ging er als Steuerinspektor in den Staats-dienst und engagierte sich früh in Fragas Alianza Popular. 1989 und 1993 trat er gegen Felipe González als Spitzenkandidat der PP an und verlor. Ihm fehlte Ausstrahlung, die er mit Dauer-attacken gegen die Regierung wettmachte. Am 19. April 1995 überlebte er wundersam einen Bombenanschlag der ETA. Er selbst scherzte, dass er nun offenbar das Charisma besitze, das andere an ihm immer vermisst hatten. Ein Jahr später war er spanischer Ministerpräsident.

Aznars Volkspartei hatte die Wahlen im März 1996 nur mit gut einem Prozentpunkt Vorsprung vor den Sozialisten gewon-nen und musste sich Partner im Parlament suchen. Das war nicht ungewöhnlich, auch Felipe González war in der vorigen

Legislaturperiode auf den Rückhalt kleinerer Parteien angewiesen (so wie nach Aznar der Sozialist José Luis Rodríguez
Zapatero). Die meisten Spanier wählen links (PSOE) oder rechts
(PP), aber einige wählen noch weiter links (die Vereinte Linke,
Izquierda Unida, IU) oder eine der Regionalparteien. Die Regionalparteien sind gewöhnlich die Mehrheitsbeschaffer im spanischen Parlament. Statt als Koalitionspartner dem Kabinett
beizutreten, unterstützen sie die Regierungspartei mit ihren
Stimmen und handeln als Gegenleistung Vorteile für ihre Hei-
matregionen aus. Die größten unter den kleinen Regionalparteien sind die katalanische Convergència i Unió (CiU) und die
Baskische Nationalistische Partei (Partido Nacionalista Vasco,
PNV). Auf deren Mithilfe setzte nach seinem knappen Wahlsieg
auch José María Aznar. Ein bemerkenswerter Schritt. Aznar
war nie ein Freund starker autonomer Regionen gewesen, jetzt
gestand er ihnen nie gekannte Steuerhoheit zu und verriet im
katalanischen Fernsehen, dass er nicht nur Katalanisch lese und
verstehe – »wenn ich im kleinen Kreis bin, dann spreche ich es
auch«. Die Zusammenarbeit zwischen PP und katalanischen
wie baskischen Nationalisten funktionierte, Spanien erlebte vier
vergleichsweise ruhige Jahre, die Wirtschaft wuchs, und 1999
war das Land reif für die Europäische Währungsunion. Die Spanier dankten es Aznar bei den nächsten Wahlen im März 2000
mit der absoluten Sitzmehrheit. Damit hörten die freundlicheren
PP-Jahre auf, die Regierung erlag der Arroganz der Macht.

Das schönste Symbol des neuen Machtverständnisses war
das fürstliche Hochzeitsfest, das Aznar seiner Tochter Ana und
deren Bräutigam im September 2002 im Escorial, dem Klos-
terpalast Philipps II., ausrichten ließ. Unter den mehr als 1000
geladenen Gästen waren das Ehepaar Tony und Cherie Blair,
Silvio Berlusconi und die spanischen Könige. Einen Monat später brach vor Galicien der Öltanker »Prestige« auseinander. Ein
Großteil des Öls schwappte in die ökologisch sensiblen Rías
Bajas – die flachen Buchten an der galicischen Westküste –,
andere Fetzen des Ölteppichs trieben bis vor die französische
Küste. Mangelhaftes Krisenmanagement verschlimmerte die Folgen der Havarie, aber die Regierung verbot sich jede Kritik.

Der Regierungschef suchte sich neue Freunde im Ausland,
George W. Bush jr. und Tony Blair, mit denen er sich am

16. März 2003 auf der Azoren-Insel Terceira traf, um die Invasion des Iraks zu besiegeln. Die Fotos der drei Staatenlenker mit einem mal lachenden, mal ernsten Aznar, dem Bush vertraulich die Hand auf die Schulter legt, vergaßen die Spanier nicht. Ihr Ministerpräsident schickte gegen den Willen selbst der meisten PP-Anhänger spanische Soldaten in den Krieg, die im Irak hauptsächlich damit beschäftigt waren, keine eigenen Verluste zu erleiden. Am 11. März 2004 explodierten die Bomben in den Zügen auf dem Weg zum Atocha-Bahnhof. Am 14. März verlor die Volkspartei die Wahlen. Nicht, weil die Spanier Aznar für die Attentate drei Tage zuvor verantwortlich machten. Sondern weil sie der Premier, indem er den Terroranschlag wider alle Evidenz der ETA unterschob, zum wiederholten Male auf den Arm genommen hatte.

José Luis Rodríguez Zapatero (Jahrgang 1960) wollte anders regieren als sein Vorgänger. Er versprach, Politik mit neuem *talante*, mit höflicheren Umgangsformen, zu betreiben. Seine Gegner machten sich darüber lustig und nannten ihn Bambi. Worüber sich Zapatero lustig machte, der den Disneyfilm unzählige Male mit seiner älteren Tochter gesehen hatte: »Alle erinnern sich an den rührseligen Teil, als Bambi seine Mutter verliert. Aber später erholt er sich, und er wird der König des Waldes.« Zapatero, studierter Jurist, war im Jahr 2000 als Nachfolger Felipe González' zum Generalsekretär der PSOE gewählt worden. In der Opposition hatte er das Bild eines freundlichen, aber entscheidungsschwachen Politikers abgegeben. Als Ministerpräsident schlüpfte er zur Überraschung von Freunden und Gegnern in die Rolle des Königs des Waldes. Er zog die spanischen Truppen aus dem Irak ab. Er gab Aznars Blockadehaltung gegen die geplante EU-Verfassung auf und ließ Spanien als erstes europäisches Land in einem Referendum (das ein klares Ja bei relativ geringer Beteiligung erbrachte) über den Verfassungsentwurf abstimmen. Er erweiterte das Eherecht auf Homosexuelle. Er legalisierte den Aufenthalt von 600 000 in Spanien arbeitenden Ausländern; für das Verfahren nahm er ihre Arbeitgeber in die Pflicht, die den Antrag auf Aufenthaltsgenehmigung zu stellen hatten. Und er bot der ETA einen Dialog an, wenn sie dauerhaft ihre Waffen niederlegen würde. Die Verhandlungen blieben ergebnislos, am 30. Dezember 2006 kehrte die ETA zum Terror zurück und zündete in einem Parkhaus des Madrider Flughafens Barajas eine Autobombe, die zwei ecuadorianische Immigranten tötete. Als Kollateralschaden stürzten die letzten Brücken zwischen linker Regierung und rechter Opposition ein. Die Volkspartei hatte mit Zapateros gescheitertem Befriedungsprozess den idealen Vorwand für eine Politik der Daueragitation gegen die Regierung gefunden. Der Wald, über den Bambi herrschte, war zum Dschungel aus bösartigen Andeutungen, unbewiesenen Behauptungen und ehrenrührigen Beleidigungen geworden. »Sie lügen, Sie lügen immer«, sagte Mariano Rajoy, Aznars Nachfolger als PP-Chef, seinem Gegenüber Zapatero während einer Fernsehdebatte ins Gesicht. »Sie haben nichts gemacht. Und Sie werden nichts machen.«

Die Strategie der Volkspartei war erfolgreich, aber nicht erfolgreich genug. Bei den Wahlen im März 2008 gewann sie Stimmen hinzu, aber die PSOE blieb stärkste Kraft. Die beiden großen Parteien mobilisierten gemeinsam so viele Wähler wie noch nie. Die Vereinte Linke, 1986 als Wahlkoalition rund um die Kommunistische Partei entstanden, sank mit 3,8 Prozent der Stimmen und zwei Parlamentssitzen zur Bedeutungslosigkeit herab. Die Rechte hatte sich um Rajoy geschart, die Linke um Zapatero. Spanien, das ewig zwiegespaltene Land, zeigte sich polarisiert wie lange nicht.

Mariano Rajoy (Jahrgang 1955) war im Sommer 2003 von José María Aznar zu dessen Nachfolger an der Spitze der PP auserkoren worden. Aznar hatte beschlossen, sich nach zwei Legislaturperioden nicht wieder zur Wahl zu stellen, seinen freiwilligen Rückzug verglich er mit dem von Kaiser Karl V., der 1556 seine Krone abgelegt hatte. Der treue Rajoy hatte unter Aznar verschiedene Ministerposten innegehabt und rechnete fest damit, seinen Mentor als Regierungschef zu beerben, aber die Wählermehrheit wollte es anders. Als führender Oppositionspolitiker versucht er seit 2004 Zapatero das Leben so schwer zu machen wie Aznar einst Felipe González, doch bei allen verbalen Ausfällen, zu denen er hin und wieder fähig ist, wirkt Rajoy nie im Herzen von seiner eigenen Bösartigkeit überzeugt. Seitdem Zapatero ein zweites Mal die Wahlen gewonnen hat, schwenkt die Volkspartei kaum noch Fahnen, sondern beschäftigt sich mit sich selbst. Seit Anfang 2009 ermitteln Polizei,

Staatsanwaltschaft und Gerichte gegen ein gutes Dutzend PP-Politiker wegen ihrer mutmaßlichen Verstrickung in ein ausgedehntes Korruptionsnetz. Die Ermittler gaben dem Fall den deutschen Namen »Gürtel«, was die ungenaue Übersetzung des Nachnamens der Hauptfigur in dieser Geschichte ist: Francisco Correa, einem Veranstaltungsorganisator mit guten Kontakten. Mariano Rajoy kann sich zugutehalten, persönlich frühzeitig alle Verbindungen Correas mit der Parteizentrale gekappt zu haben, muss aber für den Schlamassel geradestehen, den andere in der Volkspartei angerichtet haben. Das fällt ihm schwer. Spaniens Rechte ist unverrückbar davon überzeugt, dass Korruption in Spanien ein sozialistisches Phänomen sei (so wie damals unter Felipe!), auch wenn die Tatsachen zurzeit das Gegenteil nahelegen. Statt beschämt ihr Haupt zu senken, geht die Volkspartei in die Offensive. Sie befolgt die alte Demagogentaktik, sich in ihren Aussagen vom Ton der beleidigten Unschuld zum Donnergetöse der moralischen Entrüstung zu steigern. Die Ermittlungen gegen sie sind der PP Beleg, dass sich Spanien »zum Polizeistaat« entwickele. »Niemals in 30 Jahren Demokratie haben wir eine schlimmere Situation erlebt, was den politischen Gebrauch der Polizei und der Staatsanwaltschaft angeht.« »Nur in Diktaturen verfolgt man die Opposition, die Gegner mit Staatsanwälten und Polizisten.« So spricht nicht der Parteichef selbst, sondern so äußern sich seine direkten Untergebenen. Aber Mariano Rajoy ist einverstanden. Das seien »Äußerungen, die wir alle innerhalb der Partei unterstützen«, sagt er und benennt auch gleich den Verantwortlichen »für das alles«: natürlich Zapatero.

Der Regierungschef ist aber nicht mit Polizeistaatsfantasien, sondern mit der Wirtschaftskrise beschäftigt. Der Zusammenbruch des heimischen Immobilienmarktes im Zusammenspiel mit der internationalen Finanzkrise hat Spanien Mitte 2008 in eine langanhaltende Rezession gerissen, aus der das Land nur mühsam herausfindet. Dazu später mehr. Was aber Zapatero angeht, so hat er sich als Schönwetterpräsident herausgestellt: Die Krise überfordert ihn. Er hat ein paar richtige Entscheidungen getroffen, aber meistens zu spät. Die Ereignisse treiben ihn vor sich her. Seine Wirtschaftspolitik verärgert die Linke, ohne die Rechte zufriedenzustellen. Mariano Rajoy hat leider auch keine guten Ideen, wie die Krise zu überwinden wäre. Beide Politiker sind so unpopulär, wie es Regierungs- und Oppositionschef noch nie gleichzeitig waren. Die Spanier, ob links oder rechts, sind sich ausnahmsweise einig: Sie fühlen sich schlecht regiert und haben wenig Hoffnung auf politische Besserung.

Laute und leise Medien

»Es regt uns ja keineswegs auf, einem zu begegnen,
dessen Körper verdreht und krumm gebaut ist –
warum zum Teufel aber packt uns bei der Begegnung
mit einem verdrehten Geist jedes Mal die Wut?«
(Michel de Montaigne)

Im Mai 2006 vergab die Alfred-Toepfer-Stiftung aus Hamburg ihren Montaigne-Preis für »herausragende Beiträge zum europäischen Kulturerbe im romanischen Sprachraum« an den Gründer und Herausgeber der Madrider Tageszeitung *El Mundo* (Die Welt), Pedro J. Ramírez. Das Preisgericht begründete seine Entscheidung so: »Ramírez' Meinungsäußerungen lassen niemanden gleichgültig. Er nimmt engagiert Stellung zu ethischen und moralischen Fragen in einer Zeit, in der Spanien gegen den philosophischen, politischen und geistigen Nihilismus kämpft. Er legt den Finger in die Wunde und eckt häufig damit an. Sein Blatt ist ein Spiegel des heutigen Spanien.«

Vielleicht besaß die Toepfer-Stiftung einen feinen Sinn für Humor. Auf merkwürdige Weise spiegelt *El Mundo* tatsächlich das heutige Spanien: jenes krawallsüchtige, bedenkenlose und halbinformierte Spanien, das erfolgreich Presse, Rundfunk und Netz gekapert hat – und dessen sich die klügeren Spanier schämen. *El Mundo* machte sich nach ihrer Gründung 1989 einen Namen als Aufklärerin der dunkleren Machenschaften der González-Regierung, aber aus dieser glorreichen Anfangszeit hat das Blatt nur die Angewohnheit bewahrt, ungenau zwischen Verdächtigungen und Tatsachen zu unterscheiden. Auf dieser journalistischen Arbeitsgrundlage befasste sich *El Mundo* ruhelos mit den islamistischen Attentaten vom 11. März 2004, deren wahre Hintergründe die Zeitung ans Licht zu bringen versprach. Die Beharrlichkeit, mit der sie dieses Ziel verfolgte, trug manchmal komische Züge. In der Woche vor der Montaigne-Preisvergabe an Pedro J. Ramírez (also gut zwei Jahre nach den Anschlägen) enthüllte seine Zeitung auf der Titelseite, dass im Wagen der Attentäter des 11. März »eine Visitenkarte der Gruppe Mondragón« gefunden worden sei. Die Gruppe Mondragón ist ein baskisches Unternehmen – was dem Leser signalisierte, dass die Islamisten vielleicht doch (wie Spaniens Rechte hartnäckig glauben wollte) irgendwelche ETA-Kontakte hatten. Leider konnte *El Mundo* keine Quelle für ihre Enthüllung benennen, und die Polizei dementierte sofort: Tut uns leid, da war nur die Kassette einer Popband namens Orquesta Mondragón und die Karte einer Firma namens Gráficas Bilbaínas, was auch irgendwie baskisch klingt, aber der Name einer Madrider Druckerei ist.

Mit Details hält sich Ramírez nicht lange auf. Er hat das große Ganze im Blick. Er reitet gegen Riesen und lacht über alle, die ihn vor Windmühlen warnen. Er erklärt den Spaniern die Welt: im Radio und Fernsehen (die ihn gerne zu Wort kommen lassen), im täglichen Videoauftritt, Hosenträger überm Hemd, in der Netzausgabe seiner Zeitung, in seinem sonntäglichen »Brief an die Leser«. Kritiker nennen *El Mundo* eine rechte Zeitung, aber das ist zu einfach: Das unausgesprochene Ziel von Ramírez ist es, seine Leser in einen Zustand der Dauerempörung zu versetzen, indem er ihnen täglich versichert, dass sie von allen betrogen und belogen werden – von ihm aber aufgeklärt. Das Modell funktioniert. Mit täglich 300 000 verkauften Exemplaren ist *El Mundo* die zweitgrößte Zeitung Spaniens.

Die Spanier, die sich im Alltag gern mit aller Welt vertragen, lieben den medialen Krach. Sie lieben die Fernseh-*tertulias*, in denen sich Prominente aus der letzten Reihe stundenlang miteinander (und den anwesenden Klatschjournalisten) streiten. Das Genre hat seinen eigenen Superstar hervorgebracht, Belén Esteban, einst als Freundin des Toreros Jesulín de Ubrique zu Regenbogenruhm gekommen, heute als Meisterin der schlechten Laune und der schlechten Manieren eine Prominentenklasse für sich. Die Spanier lieben den »Gran Hermano« (den spanischen

»Big Brother«, dessen zwölfte Staffel im Herbst 2010 startete) mit seinen dauerstreitenden Hausbewohnern. Sie lieben die politischen Radio- und Fernseh-*tertulias*, in denen sich die Diskutanten nicht mit dem Gewicht ihrer Argumente, sondern mit dem Volumen ihrer Stimme zu überzeugen versuchen. Und sie lieben die Zeitungskolumnisten, die ihnen täglich 100 Zeilen Hass liefern. Auch das Genre des politischen Krawalljournalismus hat seinen eigenen Superstar, Federico Jiménez Losantos, Radiomoderator, Herausgeber einer Netzzeitung und *El Mundo*-Kolumnist, der wie Pedro J. Ramírez nicht seinen Frieden mit den Attentaten vom 11. März 2004 schließen kann: »Das Attentat wurde verübt, um die PP von der Macht zu vertreiben und den Lauf der Geschichte Spaniens grundlegend zu verändern.« »Wir stehen vor einer riesenhaften Verschwörung mit dem Ziel, sämtliche Beweismittel zu manipulieren, falsche Beweise herzustellen und die wahren verschwinden zu lassen.« »Leute, die in der Lage sind, die Tatsachen eines Massakers zu vertuschen, was werden die nicht noch tun? Zu was werden die nicht noch in der Lage sein?« Als Losantos im Sommer 2009 seinen langjährigen Arbeitgeber Cadena COPE verließ, verlor der Radiosender – im Besitz der katholischen Kirche – eine halbe Million Zuhörer.

Spaniens streitlustige Medien sind mehr Röntgenbild als Spiegel einer Gesellschaft, die dem Streit gewöhnlich aus dem Wege geht. Wer Debatten nur unter Gleichgesinnten führt, weil er sich durch eine hitzige Diskussion nicht den Abend verderben lassen will, verliert das Gespür fürs Bedenkenswerte im gegensätzlichen Standpunkt. Weil er den Andersdenkenden nicht versteht, macht ihn der Andersdenkende nervös. Schließlich ist ihm jede abweichende Meinung nur noch ein Ärgernis, während er seiner eigenen Haltung immer gewisser wird. Derart geladen, betritt der spanische Meinungsmacher die öffentliche Arena. Und das Publikum jubelt ihm zu, weil es sich selbst erkennt.

El Mundo bedient die merkwürdige Lust der Spanier am Eklat, doch ich neige dazu, ihren Herausgeber Pedro J. Ramírez für keinen Überzeugungstäter, sondern einen Zyniker zu halten, der sich im Auflagenerfolg und der Aufmerksamkeit sonnt, die ihm seine aufgeregte Zeitung einbringt. Wer wissen will, wie Spaniens klassische Rechte tickt, muss zur *ABC* greifen, stockkonservativ, katholisch, monarchistisch und mit gutem Draht zum Militär (verkaufte Auflage 257 000). Rechts der über hundertjährigen *ABC* schien eigentlich kein Platz mehr zu sein, bis der ehemalige *ABC*-Chefredakteur Luis María Ansón 1998 *La Razón* (Der Verstand, Auflage 124 000) gründete und zeigte, was am Rande noch drin war. Und seit 2009 gibt das tiefschwarze Medienhaus Intereconomía mit *La Gaceta* (Die Gazette, Auflage 48 000) ein tägliches Blatt heraus, das in etwa die spanische Version der Tea-Party auf Zeitungspapier ist. Diesen Zeitungen gemeinsam ist, dass sie Nachrichten als Instrumente der Dauerkampagne benutzen: mit Vorliebe gegen die sozialistische Zapatero-Regierung. Ihre vornehmste Aufgabe sehen sie darin, täglich eine Titelgeschichte auszuwählen, die ein möglichst schlechtes Licht auf den Zustand Spaniens wirft (und damit auf die Regierung, die für diesen Zustand verantwortlich sei). Ansonsten geben sie Untergangspropheten wie Federico Jiménez Losantos oder Hermann Tertsch (Probe aus der *ABC*: »Niemand hat diesem Land in Friedenszeiten jemals so viel Schaden zugefügt wie der Zombie, der unser Land regiert«) ausgiebigen Platz und halten die Nachrichten klein, die nicht in ihr ideologisches Konzept passen.

Vom Laster der Interesse-geleiteten Nachrichtenauswahl ist keine spanische Zeitung frei. Auch nicht von der schlechten Angewohnheit, spaltenweise Politiker zu zitieren. Das bläht die Artikel auf und verschafft selten Erkenntnisgewinn. In Spanien herrscht ein unvollkommener Begriff von Information: Oft bleibt es bei der wahrheitsgetreuen Weitergabe von Fakten, ohne dem Empfänger das Verständnis der Fakten zu ermöglichen. Der Leser erfährt, dass ein Politiker den anderen der Lüge zeiht und dass der zweite den Vorwurf an den ersten zurückgibt, aber er erfährt nicht, welcher von beiden wohl Recht hat (oder warum beide Lügner sind). Noch ein Schwachpunkt: Die Presse räumt den *sucesos* (den aufregenden Ereignissen, die in Deutschland im Vermischten landen) unverhältnismäßig viel Platz ein. Was daran liegen mag, dass in Spanien bisher kein Boulevard-Blatt Fuß gefasst hat. Die Lücke füllen die Medien, die sich ansonsten seriös geben.

Zum Glück gibt es die liberale *El País* (Das Land), die 1976, kurz nach Francos Tod, zum ersten Mal erschien und sich mit ihrer Sonderausgabe zum Putschversuch vom 23. Februar 1981 dauernden Ruhm erwarb. Sie ist Spaniens größte Tageszeitung mit einer täglichen verkauften Auflage von 392 000 Exemplaren: so erfolgreich, dass um sie herum im Laufe der Jahre Spaniens größter Medienkonzern Prisa entstanden ist. Hans Magnus Enzensberger schrieb 1985, *El País* sei »nicht nur die bei weitem beste Zeitung, die in spanischer Sprache erscheint, sondern eines der besten Blätter der Welt«. Um die Euphorie zu dämpfen: Der erste Teil ist noch immer wahr, der zweite nicht. Wie die Konkurrenz leistet sich *El País* – wenn auch nur gelegentliche – Ausrutscher bei der Wahl ihrer Aufmacherthemen (und hält noch den kleinsten Ermittlungsfortschritt in der »Gürtel«-Affäre großer Lettern für würdig). *El País* ist weniger PSOE-fromm, als ihr die Gegner unterstellen, sie greift Zapatero an, so oft sie dafür einen guten Grund findet. Aber an der PP hat sie gar keine Freude, und das lässt sie ihre Leser deutlicher spüren als nötig. Auch teilt sie die unausrottbare Tendenz der spanischen Zeitungen zum Verlautbarungsjournalismus und deren Hang zum Boulevard (samt schaurigen Fotos). Trotzdem ist sie eine gute Zeitung, Spaniens beste, unverzichtbar für den, der über Spanien auf dem Laufenden sein will. Sie beschäftigt hervorragende Analysten (die zu den Fakten das Verständnis liefern) und nimmt (meistens) intelligente Gastautoren ins Blatt. Die wesentlichen Debatten zur spanischen Gegenwart finden in *El País* statt. Einmal in der Woche übt die Zeitung Selbstkritik, wenn die *Defensora del Lector* (die Ombudsfrau) verärgerte Leser zu Wort kommen lässt und mit ihren Anmerkungen eine Ahnung davon gibt, wie *El País* aussähe, wenn sie eines der besten Blätter der Welt wäre.

Lange glaubten die meisten Spanier, dass *El País* eine linke Zeitung sei. Das Missverständnis hat sich noch nicht ganz aufgeklärt, aber wer will, kann seit 1997 in der *Público* (Publikum, Auflage 74 000) nachlesen, was streitbarer linker Journalismus ist. Dem Zeitungspanorama, das in den vergangenen Jahren immer rechtslastiger wurde, hat das gutgetan. Wer ein wenig Abstand vom aufgeregten Hauptstadtjournalismus braucht, greift zu einer der beiden großen Tageszeitungen aus Barcelona: der bürgerlich-katalanistischen *La Vanguardia* (Die Avantgarde, Auflage 200 000) oder der links-katalanistischen *El Periódico*

(Die Zeitung, Auflage 142 000; erscheint sowohl auf Spanisch als auch auf Katalanisch). Daneben gibt es rund 80 Regionalzeitungen, deren Verbreitungsgebiet gewöhnlich auf eine der 50 spanischen Provinzen beschränkt ist. Die Gesamtauflage der spanischen Presse ist nicht besonders hoch. In kaum einem europäischen Land wird so wenig Zeitung gelesen wie in Spanien.

Dafür schauen die Spanier besonders gern fern, und seit ihnen mit dem terrestrischen Digitalfernsehen Dutzende Kanäle ins Haus flimmern, gucken sie noch mehr: an die vier Stunden täglich (etwa eine Viertelstunde mehr als die Deutschen). Nachdem die sozialistische Regierung Anfang 2010 die Werbung im staatlichen Fernsehen Televisión Española abschaffte, ist dessen erster Kanal TVE1 Marktführer. Gewöhnlich leidet TVE an ideologischer Nähe zur gerade regierenden Partei, doch unter Zapatero ist dieses Übel weniger zu spüren. Dafür machen die steuerfinanzierten Fernsehsender der Regionalregierungen hemmungslose Propaganda. Telemadrid ist nicht einfach konservativ, sondern ein schamloser Hofsender der rechten Regionalpräsidentin Esperanza Aguirre. So oder so pflegt das Fernsehen einen servilen Umgang mit Spaniens Politikern. Die Unterwürfigkeit erreichte ihren Tiefpunkt während des Wahlkampfs 2008, als sich José Luis Rodríguez Zapatero und Mariano Rajoy zweimal im Fernsehstudio gegenübersaßen, ohne von den anwesenden Journalisten belästigt zu werden: Die waren nur Stichwortgeber für einen fruchtlosen Austausch vorformulierter Verlautbarungen. Zum Streitgespräch mit klugen Opponenten geben sich die Politiker nicht her. In den Polit-*tertulias* treten sie nur in Ausnahmefällen auf, ihre Rolle nehmen stattdessen parteitreue Journalisten ein – *their master's voice*. Wie die politische Klasse argumentiert, erfahren die Spanier aus zweiter Hand.

Aber sie werden des Geredes nicht müde. Die meistgehörten spanischen Radiosender bringen Dauer-*tertulias* vom frühen Morgen bis spät in die Nacht. Hin und wieder werde ich zu solchen Programmen eingeladen. Im besten Falle erfahre ich vorher ganz allgemein, über welches Thema geredet werden soll. Nähere Absprachen gibt es nicht. Das fördert die Spontaneität und das leere Geschwätz. Reden können die Spanier. Manche können mehr: Sie sind auch noch hervorragende Journalisten. So wie Iñaki Gabilondo, der jahrzehntelang als Radiomoderator bei der Cadena Ser (dem Sender des Prisa-Konzerns) und dann als Fernsehmoderator bei CNN+ (dem leider 2011 eingestellten spanischen CNN-Ableger) gezeigt hat, dass auch in Spanien gelassene, gewissenhafte und gut informierte Gespräche möglich sind. In seinem Essay *Über die Gesprächs- und Diskussionskunst* schreibt Michel de Montaigne: »Tag für Tag dient mir das törichte Verhalten eines andern zur Warnung und weist mir so den Weg.« Der Satz könnte Gabilondos Motto sein.

Der geliebte und der ungeliebte König

»Man muss von jedem fordern, was er leisten kann«,
antwortete der König. »Die Autorität beruht vor allem
auf der Vernunft. Wenn du deinem Volke befiehlst,
zu marschieren und sich ins Meer zu stürzen, wird es
revoltieren. Ich habe das Recht, Gehorsam zu fordern,
weil meine Befehle vernünftig sind.«
»Was ist also mit meinem Sonnenuntergang?«, erinnerte
der kleine Prinz, der niemals eine Frage vergaß, wenn er
sie einmal gestellt hatte.
»Deinen Sonnenuntergang wirst du haben. Ich werde
ihn befehlen. Aber in meiner Herrscherweisheit werde ich
warten, bis die Bedingungen dafür günstig sind.«
(Antoine de Saint-Exupéry: *Der kleine Prinz*)

Im Februar 2007 erhielt der spanische König Juan Carlos I. in Baden-Baden den Deutschen Medienpreis, der an Persönlichkeiten verliehen wird, die »der Zeitgeschichte einen prägenden Stempel« aufgedrückt haben. Juan Carlos' Gelegenheit, Zeitgeschichte zu schreiben, war der 23. Februar 1981, als Guardia-Civil-Polizisten Spaniens Volksvertreter zur Geisel nahmen – und er zu handeln wusste. Er setzte sich in Uniform vor eine Fernsehkamera, beteuerte »die Treue der Krone zur Verfassung« und befahl den aufständischen Militärs, in die Kasernen zurückzukehren. Am folgenden Morgen gaben die Putschisten auf. »Kaum ein Medienereignis hat den Gang der europäischen

Geschichte so beeinflusst wie die Fernsehansprache des Königs, die vor 25 Jahren [in Wirklichkeit waren es 26 Jahre] den Putsch gegen Parlament und Demokratie beendete«, stand in der Begründung für die Vergabe des Medienpreises an Juan Carlos. Der gab sich in seiner Dankesrede bescheiden: »Die Krone tat, was sie zu tun hatte.«

Die Regentschaft Juan Carlos' wird für immer mit diesem 23. Februar verbunden sein, dem Tag, an dem er sich, mit den Worten von Javier Cercas, »sein Amt verdient hat« – das Amt, das er Jahre zuvor von Franco geschenkt bekommen hatte. Dass er heute eine Monarchie respräsentiert, »die ihre Legitimation aus dem Vertrauen ihrer Bürger ableitet« (wie in der Medien-preis-Begründung steht), ist seine eigene Leistung.

Knapp zehn Jahre bevor Juan Carlos König werden sollte, im Mai 1966, traf sich der Gesandte der britischen Botschaft in Madrid, Nicholas Henderson, mit dem damals 28-jährigen Prinzen. In seinen Notizen über das Treffen beschrieb der Diplomat Juan Carlos als »weder sehr reif noch profund, aber ausgesprochen angenehm und offen«. Dem Prinzen war klar, dass ihn viele kritisierten, weil er in Spanien lebte und damit Franco und sein Regime zu rechtfertigen schien. Er habe große Teile des Landes besucht, erzählte er Henderson: »Nirgendwo habe ich eine spontane starke Zuneigung der Spanier für die Monarchie gespürt.« Das war kein Wunder. Die Spanier hatten sich am 14. April 1931 die Republik erobert und ihren damaligen König Alfons XIII. aus dem Amt gejagt. Franco hatte die Republik zerstört. Warum sollten die Spanier ausgerechnet auf die Rückkehr der Monarchie hoffen? Noch dazu auf eine Monarchie, die absehbar durch einen Zögling Francos verkörpert würde?

Juan Carlos wurde am 5. Januar 1938 in Rom, wohin sich die frühere spanische Königsfamilie ins Exil zurückgezogen hatte, geboren. 1948 schickte sein Vater Juan de Borbón, Sohn von Alfons XIII., den zehnjährigen Juan Carlos nach Madrid in die Obhut Francos – in der Hoffnung, mit Hilfe des Sohnes seine eigenen Ansprüche auf den spanischen Thron durchset-zen zu können. Franco wollte den Kleinen dagegen zum treuen Gefolgsmann formen, der den Franquismus über den Tod des Diktators hinausretten sollte. »Der Prinz ist in dieser Zeit der Tennisball in einem Match, gespielt zwischen seinem Vater und

Franco«, sagt der Juan-Carlos-Biograf Paul Preston über die Jugendjahre des heutigen Königs. Aber weder Juan de Borbón noch Franco gewannen das Spiel. 1969 wurde Juan Carlos, nicht sein Vater, vom franquistischen Parlament zum Nachfolger Francos nach dessen Tod bestimmt. Der Prinz schwor, den Prinzipien des Franquismus treu zu bleiben, doch nach seiner Thronbesteigung brach er mit ihnen. Erzogen für die Diktatur, half er den Spaniern auf ihrem Weg in die Demokratie.

Als Juan Carlos am 22. November 1975, zwei Tage nach dem Tod Francos, zum König proklamiert wurde, wusste er, dass die einzige Chance für sein eigenes politisches Überleben und das der spanischen Monarchie die Demokratie war. Unterstützt von den gemäßigten Köpfen des alten Regimes, nicht geliebt, aber akzeptiert von großen Teilen der demokratischen Opposition, machte er es sich in den ersten Jahren der Nach-Franco-Zeit zur Aufgabe, die reaktionären Kräfte und vor allem das Militär im Zaum zu halten. »Mehr als Motor des Wechsels war Juan Carlos sein Schutzschild«, schreibt der Historiker Javier Tusell über dessen Rolle in den Jahren der *transición*. Formal legitimiert wurde die Stellung des Königs mit dem Segen der Spanier für die Verfassung von 1978, die Spanien zur parlamentarischen Monarchie erklärte. Seine endgültige gesellschaftliche Legitimation erwarb sich Juan Carlos in der Nacht vom 23. auf den 24. Februar 1981, als er seinen königlichen Schutzschild vor die Demokratie hielt. Wenige Tage nach dem Putschversuch sagte der Madrider General Guillermo Quintana Lacaci (der später von der ETA ermordet wurde): »Ich bin Franquist. Ich verehre das Andenken General Francos. Aber der Caudillo gab mir Befehl, seinem Nachfolger zu gehorchen, und der König befahl mir, den Putsch zu stoppen, und ich stoppte ihn. Wenn er mir befohlen hätte, das Parlament zu stürmen, hätte ich es gestürmt.« Weil er den richtigen Befehl im richtigen Moment gab, hatte sich Juan Carlos, 15 Jahre nach seinen Klagen über deren fehlende Zuneigung, den Respekt der Spanier erworben.

Das Königshaus ist noch immer populär. Aber nicht mehr so populär wie früher. Heute ist, Ironie der Geschichte, das Militär die höchstgeschätzte Institution des Landes. Je jünger die Spanier, desto geringer fühlen sie sich der Monarchie verbunden. Für die Jungen sind *transición* und 23-F Geschichte, was die

Älteren bekümmert. »Der König hat eine sehr wichtige Arbeit für Spanien geleistet«, sagt der Mittsechziger Félix Vázquez, ein Madrider Obsthändler, bei dem früher hin und wieder die Königinmutter Friederike von Hannover einkaufte. »Die Jugend weiß das vielleicht nicht mehr zu schätzen. Aber wie hat man früher in Spanien gelebt, und wie lebt man jetzt! Heute hast du Presse- und Meinungsfreiheit, und du hast Liebesfreiheit.« Auf einer Reise nach London während der Franco-Zeit war Vázquez am meisten davon beeindruckt, »dass sich die Jungen und die Mädchen auf der Straße geküsst haben. Hier war das verboten. Das war eine Todsünde.« Er sei in die Demokratie verliebt, sagt Vázquez. Nach Francos Tod habe eine riesige Ungewissheit geherrscht, »doch wir hatten Glück«. Das Glück der Demokratie ist für Vázquez untrennbar mit dem Namen des Königs verbunden.

Bei allem Respekt vor Juan Carlos' vergangenen Taten macht es die Jungen misstrauisch, dass sie über ihren König immer nur Gutes hören. Die spanischen Medien packen den Monarchen in Watte. Dabei gäbe es Geschichten, die der Recherche wert wären. Wie groß ist das Vermögen des spanischen Bourbonen? An welchen Unternehmen ist er beteiligt? Mit wem macht er Geschäfte? Der gewöhnliche Zeitungsleser und Fernsehzuschauer erfährt darüber nichts. Der Grund für die Selbstbeschränkung ist der alte Respekt vor dem König und das unbestimmte Gefühl, dass er noch immer Garant der spanischen Demokratie sei. Doch das Gefühl schwindet. Die Gefahr eines Militärputsches ist in Spanien heute so groß wie in Deutschland. Die Demokratie braucht keinen königlichen Schutzschild mehr. Weswegen ein paar Unzufriedene die ersten Attacken gegen das Königshaus wagen, Linke wie Rechte.

2004 heiratete der Kronprinz Felipe, neben zwei älteren Schwestern einziger Sohn von Juan Carlos und Königin Sofía, die Journalistin Letizia Ortiz. Das missfiel Spaniens Traditionalisten, die mit ihrer Meinung nicht hinterm Berg hielten: Die künftige spanische Königin war nicht nur eine Bürgerliche, sie hatte auch schon einmal (standesamtlich) geheiratet und sich wieder scheiden lassen. Eine Ehe ihres Sohnes mit der Norwegerin Eva Sannum, die gelegentlich in Unterwäsche Modell stand, hatten Felipes Eltern verhindern können. Jetzt hielt mit

Letizia doch die Gegenwart Einzug ins Königshaus. Die Brautleute ließen sich in der Madrider Kathedrale nach katholischem Ritus trauen, wie es die Tradition gebot, doch der Nimbus einer Monarchie, die über und außerhalb der Gesellschaft steht, verblasste.

Am 7. Februar 2007, am selben Tag, als Juan Carlos in Baden-Baden den Deutschen Medienpreis überreicht bekam, fand man den Leichnam von Érika Ortiz, der jüngeren Schwester Letizias, die sich in ihrer Wohnung das Leben genommen hatte. Es gelang dem Königshaus, das Wort Suizid aus fast allen öffentlichen Kommentaren zum Tod Érikas zu verbannen. Die alten Unterwürfigkeitsreflexe der spanischen Medien funktionierten noch einmal. (So wie sie 51 Jahre zuvor funktioniert hatten, als der damals 18-jährige Juan Carlos im portugiesischen Estoril beim Spiel mit einer Pistole seinen jüngeren Bruder Alfonso erschoss. Ein Unglück, dessen Umstände unklar geblieben sind. Bis heute wird der Todesschuss des späteren Königs von Spaniens Medien am liebsten verschwiegen. In den Netzforen, die Anwort auf alle Fragen haben, taucht immer wieder die ungläubige Frage auf: »Ist es wahr, dass der König seinen Bruder getötet hat?« Es ist wahr.)

Doch die Mauer des devoten Schweigens ums spanische Königshaus bröckelt. Im Juli 2007 veröffentlichte die Satirezeitschrift El Jueves (Der Donnerstag) auf ihrer Titelseite eine Karikatur des spanischen Kronprinzenpaares beim intimen Verkehr und legte Felipe die Worte in den Mund: »Wenn du schwanger wirst, ist dies hier einer Arbeit ähnlicher, als alles, was ich je in meinem Leben getan habe.« Die Karikaturisten spielten auf eine Ankündigung der Regierung an, den Eltern Neugeborener eine Geburtsprämie von 2 500 Euro zahlen zu wollen. Ein Untersuchungsrichter ließ die Zeitschrift kurz nach Erscheinen beschlagnahmen, woraufhin El Jueves in der Folgeausgabe eine Karikatur brachte, die Prinz Felipe als Biene zeigt, die eine Blume mit dem Gesicht Letizias umschwirrt: »Dies war das Titelblatt, das wir veröffentlichen wollten!«, stand über der Zeichnung. Ein eher humorloser Richter verurteilte zwei Mitarbeiter der Satirezeitschrift zu je 3000 Euro Geldstrafe wegen »Verunglimpfung des Kronprinzen«.

Iñaki Anasagasti, einer der bekanntesten Politiker der Baskischen Nationalistischen Partei, nannte die Königsfamilie in seinem Blog »una pandilla de vagos« (einen Haufen Faulpelze) und klagte über »einen Grad der Anbiederung der Mehrheit an eine hinfällige Institution, der zum Himmel schreit«. In Katalonien verbrannten radikale Separatisten öffentlich Bilder von Juan Carlos, dem Repräsentanten der ungeliebten spanischen Einheit. Im Radiosender Cadena COPE forderte Federico Jiménez Losantos den König zur Abdankung zugunsten seines Sohnes Felipe auf, weil sich Juan Carlos gerade nicht gebührend für den Zusammenhalt Spaniens einsetze. Während eines Mittagessens im königlichen Zarzuela-Palast wagte es Madrids Regionalpräsidentin Esperanza Aguirre, beim Monarchen ein gutes Wort für den Königskritiker Losantos einzulegen, worauf es zum Streit kam, über den *El País* einige Tage später genüsslich berichtete. Einen solchen Bruch der Vertraulichkeit königlicher Gespräche hatte es in Spanien noch nicht gegeben.

Mitte November jenes aufregenden Jahres 2007 trennte sich die älteste Königstochter Elena von ihrem Ehemann Jaime de Marichalar. Das spanische Königshaus nannte die Trennung eine »zeitweise Unterbrechung des Zusammenlebens«, doch diesmal hielt sich niemand an die offizielle Sprachregelung. Trennung blieb Trennung. Die Monarchie hatte die Macht über die Worte verloren. Zwei Jahre später ließen sich Elena und Jaime de Marichalar scheiden.

Einige Tage vor der Bekanntgabe von Elenas Trennung war Juan Carlos vor laufenden Kameras und eingeschalteten Mikrofonen aus der Rolle gefallen. Während des Iberoamerikagipfels in Santiago de Chile wies er den venezolanischen Präsidenten Hugo Chávez zurecht, weil der dem spanischen Regierungschef Rondríguez Zapatero ständig ins Wort gefallen war: »¿Por qué no te callas?«, entfuhr es dem sichtlich empörten König: »Warum hältst du nicht den Mund?« Dem Ansehen von Juan Carlos hat das nicht das geschadet, im Gegenteil. Den Ausbruch in Santiago haben auf Youtube Millionen angeklickt, seinen Fernsehauftritt in der Nacht des Putschversuches ein paar Zehntausend. Ein neues Medienereignis hat das alte überrollt. Der König ist den jüngeren Spaniern nicht mehr Symbol der *transición*, sondern ein älterer Herr, dem auch mal der Kragen platzt.

Baltasar Garzón und die schreckliche Justiz

»Dies ist ein niederträchtiges Land, wo es uns
nicht nur lästig ist, Sachen zu tun, sondern auch,
dass es die anderen tun.« (Francisco Umbral)

Baltasar Garzón könnte der Stolz Spaniens sein. »Garzón, der
kein Elitesportler ist, kein Radfahrer, Fußballer oder Tennis-
spieler, hat den Namen Spaniens auf der ganzen Welt bekannt
und angesehen gemacht«, schrieb der portugiesische Literaturnobelpreisträger José Saramago kurz vor seinem Tod im Juni
2010. Aber Spanien liebt seine Helden nicht, wenn sie keine
Sportler sind. Baltasar Garzón ist Richter. Er hat konsequent
und erfolgreich jene verfolgt, die Unrecht getan haben, und sich
dabei Feinde gemacht. Sie sind zum Angriff übergegangen. Sie
haben Garzón, den Ankläger, auf die Anklagebank gesetzt. Der
Hauptakteur in diesem schmutzigen Spiel ist die spanische Justiz. Sie ist sich selbst zur größten Gefahr geworden.
  Baltasar Garzón stammt aus einfachen Verhältnissen. Er
wurde im Oktober 1955 in Torres in der andalusischen Provinz
Jaén geboren, seine Eltern waren Landarbeiter, später betrieb
sein Vater eine Tankstelle. Nach der Grundschule besuchte
Garzón ein Priesterseminar, aber dann beschloss er, Jura zu
studieren. »Ich entschied mich für den Richterberuf, um damit
meine Welt zu verbessern und den anderen zu dienen«, sagte er
seiner Biografin Pilar Urbano. Nach dem Rechtsstudium in
Sevilla heiratete er seine Jugendliebe, gemeinsam sind sie Eltern
dreier Kinder. Ein Durchschnittsleben – wenn Garzón sich nicht
vorgenommen hätte, seinen Beruf ernst zu nehmen.
  Wenige Juristen haben in Spanien und in der Welt so viel
bewegt wie Garzón. Er ist einer von sechs Untersuchungsrich-
tern am Nationalen Gerichtshof – der Audiencia Nacional –
in Madrid, dem Gericht, das die meisten spektakulären Krimi-
nalfälle Spaniens verfolgt. Eigentlich sollte es einen Nationalen Gerichtshof in einem modernen Rechtssystem nicht geben:
Straftaten sind normalerweise dort zu verfolgen, wo sie verübt
wurden, also am nächsten Lokal- oder Regionalgericht. Doch
Spanien schuf sich 1977 den Nationalen Gerichtshof, weil es

glaubte, so dem ETA-Terror besser Herr zu werden: Die Richter in Madrid würden mit größerer Unabhängigkeit urteilen können als ihre Kollegen im Baskenland, die dem ständigen Druck des ETA-Umfeldes ausgesetzt wären. Da ein Sondergericht nur für ETA-Verbrechen undenkbar war, erhielt der Nationale Gerichtshof die Zuständigkeit für jegliche Form organisierten Verbrechens. Die Existenz der Audiencia Nacional, Geburtsfehler des spanischen Rechtswesens, hat dazu beigetragen, dass Garzón berühmt werden konnte.

Der Ruhm fand ihn schnell. Im Juli 1988, fünf Monate, nachdem Garzón seinen Dienst beim Nationalen Gerichtshof angetreten hatte, ließ er zwei Polizisten festnehmen, die er verdächtigte, an mehreren Morden der »Antiterroristischen Befreiungsgruppen« (GAL) beteiligt gewesen zu sein, die einige Jahre zuvor 25 wahre und vermeintliche ETA-Mitglieder getötet hatten. Die Polizisten wurden noch im Jahr ihrer Festnahme zu langen Haftstrafen verurteilt. In den folgenden Jahren machte Garzón mit spektakulären Schlägen gegen die galicische Drogenmafia von sich reden. Galicien war »kurz davor, ein zweites Sizilien zu werden«, schreibt der galicische Schriftsteller Manuel Rivas. Garzóns Ermittlungen bedeuteten »den Anfang vom Niedergang für die kriminellen Organisationen«. 1993 unterbrach Garzón seine Richterkarriere, um als Unabhängiger auf der Liste der Sozialisten für das spanische Parlament zu kandidieren. Er wurde gewählt, und Felipe González ernannte ihn zum nationalen Drogenbeauftragten. Nach neun Monaten hatte Garzón genug, weil er beim Ministerpräsidenten keinen Willen zur Aufklärung zahlreicher Korruptionsfälle erkennen konnte. Er kehrte an den Nationalen Gerichtshof zurück, nahm die Ermittlungen in Sachen GAL wieder auf und gelangte zu der Überzeugung, dass hinter den Attentaten das Innenministerium der González-Regierung steckte; ein früherer Innenminister und sein Staatssekretär wurden deswegen später zu je zehn Jahren Haft verurteilt. Garzón hatte Spanien seinen ersten großen Dienst erwiesen. Er hatte dafür gesorgt, dass staatlicher Terror nicht straffrei blieb. Das hat ihm die alte Garde der spanischen Sozialisten nicht verziehen.

Während Garzón dem illegalen Kampf gegen die ETA einen Riegel vorschob, eröffnete er gleichzeitig einen neuen, legalen

Weg, die Terrororganisation zu schwächen. Vor ihm hatten Polizei und Justiz nur den gewalttätigen Kern der ETA verfolgt. Garzón machte sich ab 1994 daran, das (in seinen Worten) »komplexe politisch-bewaffnete Geflecht« rund um die ETA zu entwirren, ein Geflecht, ohne das die Terrorgruppe nicht lebensfähig ist. Er ließ Papiere beschlagnahmen, Betriebe schließen und Verdächtige festnehmen, die nach seiner Überzeugung die ETA finanziell, organisatorisch und ideologisch unterstützten und damit den Terror überhaupt erst ermöglichten. Bis 2002 verbot Garzón sechs ETA-nahe Organisationen, darunter die Tageszeitung *Egin* (mit deren Schließung er nach einem späteren Urteil des Tribunal Supremo, des obersten spanischen Gerichtshofs, zu weit gegangen war). Dass die ETA heute kaum noch handlungsfähig ist, ist Garzóns zweites großes Verdienst. Den radikalen baskischen Separatisten und ihren europäischen Freunden ist er deshalb verhasst. Wie alle, die sich im Kampf gegen die ETA hervorgetan haben, lebt Garzón seit Jahren mit ständigem Geleitschutz.

Weltweiten Ruhm erwarb sich Baltasar Garzón im Herbst 1998. Am 16. Oktober erließ der spanische Richter einen Haftbefehl wegen Terrorismus, Folter und Völkermord gegen den chilenischen Ex-Diktator Augusto Pinochet, der sich damals zu Besuch in London aufhielt. Pinochet wurde fast anderthalb Jahre in Großbritannien festgehalten, bevor er im März 2000, vorgeblich aus Gesundheitsgründen, nach Chile zurückreisen durfte. »In der auserlesenen Welt des internationalen Rechts fragen sich die Menschen: Wo warst du, als Pinochet festgenommen wurde? Der 16. Oktober 1998 ist das ähnlichste, was man zum Mord an John F. Kennedy oder John Lennon finden kann«, sagt der britische Jurist und Professor für Internationales Recht, Philippe Sands. »Dieses Datum markiert den Beginn eines Prozesses, der die internationale Rechtsordnung verändert hat.« Seither ist klar, dass systematische Menschenrechtsverstöße überall auf der Welt verfolgt werden können, egal wo sie verübt wurden. Das hat den meisten Politikern nie gefallen. In Spanien beschloss das Parlament im Sommer 2009, im eigenen Land nur noch Verfahren zuzulassen, die einen Bezug zu Spanien haben. Einen solchen Bezug gibt es bei einem weiteren Ermittlungsverfahren Garzóns, das er im Frühjahr 2009 aufnahm: gegen den

»autorisierten und systematischen Folterplan« in Guantánamo. Eines der Folteropfer ist Spanier. US-Präsident Obama hält von diesen Ermittlungen nichts, er zieht es vor, »nach vorn zu blicken«. Doch anders als Politiker sind Richter beruflich dafür vorgesehen, zurückzublicken.

Lange Jahre blieb Garzóns internationales Aufklärungswerk unvollständig. Im Oktober 2000 schrieb Emilio Silva, der spätere Gründer des Vereins für die Wiedererlangung des Historischen Gedächtnisses, für die Lokalzeitung *La Crónica de León* einen Artikel über die erfolgreiche Suche nach den Überresten seines von Franco-Leuten ermordeten Großvaters. Während Garzón die Verbrechen der chilenischen und der argentinischen Militärdiktatur verfolgte, erinnerte Silva in seinem Artikel »Auch mein Großvater war ein Verschwundener« daran, dass die viel näher liegenden Verbrechen der Franco-Diktatur noch immer ungesühnt waren. Im Dezember 2006 erstatteten mehrere Geschichtsvereine und Einzelpersonen Anzeige bei der Audiencia Nacional wegen Freiheitsberaubung im Rahmen »eines systematischen und vorgefassten Plans zur Eliminierung politischer Gegner« während des Bürgerkriegs und der ersten Jahre der Franco-Diktatur. Die Staatsanwaltschaft lehnte die Aufnahme von Ermittlungen ab. Doch am 16. Oktober 2008, auf den Tag zehn Jahre nach der Festnahme Pinochets in London, erklärte sich Richter Garzón dafür zuständig, die Verbrechen der Franco-Diktatur aufzuklären. In seinem Beschluss schrieb er: »Bis zum heutigen Tag ist die Straffreiheit die Regel gewesen angesichts von Ereignissen, welche juristisch als Verbrechen gegen die Menschlichkeit bewertet werden könnten.« Gut einen Monat später machte er einen Rückzieher, weil die von ihm benannten mutmaßlichen Täter – die Führungselite der Anfangsjahre des Franco-Regimes – nicht mehr am Leben seien. Ein juristischer Rückschritt. Dennoch hatte Garzón den Spaniern erneut einen Dienst erwiesen: Seine vorübergehenden Ermittlungen schärften das gesellschaftliche Bewusstsein für das Ausmaß der Franco-Verbrechen und den Skandal ihrer Straflosigkeit. Es war ein neuer Schlag gegen den Geist der *transición*. Damit hatte sich Garzón das halbe Land zum Feind gemacht.

Im Januar 2009 reichte »Manos Limpias« (Saubere Hände) – eine ultrarechte Gruppierung, die sich selbst als »unabhängige

Gewerkschaft« definiert – beim Tribunal Supremo Strafantrag gegen Baltasar Garzón wegen angeblicher Rechtsbeugung ein. Er habe mit der vorübergehenden Aufnahme des Franco-Verfahrens bewusst gegen geltendes Recht verstoßen. Nach dem Amnestiegesetz von 1977 müssten alle politisch motivierten Straftaten der Franco-Zeit straffrei bleiben. Dem Strafantrag wegen Rechtsbeugung schloss sich später die Falange Española de las JONS an, die einst zu den Säulen des Franco-Regimes gehört hatte und heute eine unbedeutende Splitterpartei ist.

Überraschend für Freunde und Gegner Garzóns nahm der Oberste Gerichtshof, gegen das Votum der Staatsanwaltschaft, den Strafantrag an. Garzón habe sich mit »kreativer Vorstellungskraft« über das Amnestiegesetz von 1977 hinweggesetzt und damit gezeigt, dass er »wesentliche Prinzipien des Rechtsstaates« nicht kenne, schrieb der zuständige Richter Luciano Varela in seinem Beschluss vom 7. April 2010, der die offizielle Anklageerhebung gegen Garzón vorbereitete. Garzóns seitdem viel zitierte »kreative Vorstellungskraft« ist es gerade, die andere Juristen an ihm schätzen. Für den chilenischen Richter Juan Guzmán ist es »ganz klar, dass weder die Amnestie von 1977 noch die Verjährung für die fürchterlichen Verbrechen des Franquismus geltend gemacht werden können«. Das Amnestiegesetz vom Oktober 1977 war eine Antwort auf die Forderung der linken Opposition nach Freilassung der immer noch einsitzenden politischen Gefangenen der Franco-Zeit. Doch Spaniens Rechte interpretiert das Gesetz bis heute zugleich als Freibrief für alle franquistischen Verbrechen. Das Verfahren gegen Garzón hat unter spanischen Juristen eine angeregte Debatte darüber ausgelöst, ob das Amnestiegesetz als »Schlusspunktgesetz« zu verstehen ist oder nicht – und ob ein solcher Schlusspunkt internationalen Rechtsstandards entspräche. Um dem Tribunal Supremo zu zeigen, dass es eine weltweite Diskussion über diese Fragen gibt, wollte Garzón den Chilenen Guzmán und die frühere Staatsanwältin am Internationalen Strafgerichtshof, Carla del Ponte, vor Gericht auftreten lassen. Doch Richter Varela zeigte sich an solchen Debatten nicht interessiert: Darüber zu entscheiden, ob Garzóns Verhalten als Rechtsbeugung zu bewerten sei oder nicht, liege in »alleiniger und ausschließlicher Verantwortung« seines Gerichts.

Nachdem die Hatz auf Garzón einmal freigegeben war, akzeptierte der Oberste Gerichtshof noch zwei weitere Strafanträge von Privatleuten gegen Garzón wegen angeblicher Rechtsbeugung. In dem einen Fall ging es um Garzóns später eingestellte Ermittlungen gegen den Chef der spanischen Banco Santander, Emilio Botín, bei dem er einst Sponsorengelder für eine Vortragsreihe in New York eingeworben hatte, womit er möglicherweise in einem Interessenkonflikt verfangen gewesen sei. Der ermittelnde Richter nutzte die Gelegenheit, sämtliche Konten Garzóns unter die Lupe zu nehmen, obwohl die Anzeige Garzón keine persönliche Bereicherung unterstellte. In dem anderen Fall hatte Garzón mit Einverständnis der zuständigen Staatsanwaltschaft Gespräche zwischen Korruptionsverdächtigen im Fall »Gürtel« und ihren Anwälten mithören lassen, weil er die Anwälte verdächtigte, an den kriminellen Machenschaften ihrer Klienten beteiligt gewesen zu sein. Solche Mitschnitte seien illegal. Wieder habe Garzón bewusst geltendes Recht gebrochen. Beide Verfahren waren Anfang 2011 noch offen.

Nach dem Beschluss von Richter Varela, die Anklage gegen Garzón wegen seiner Franco-Ermittlungen vorzubereiten, wurde es unruhig in Spanien. Die rechte Presse, die für den unberechenbaren Garzón noch nie Sympathie empfunden hatte, jubelte. Anderseits gingen Zehntausende Menschen für Garzón und gegen die ungesühnten Franco-Verbrechen auf die Straße. »Die Verbrechen des Franquismus zu erforschen ist kein Vergehen!«, rief Filmemacher Pedro Almodóvar auf einer Kundgebung in Madrid. Für Spaniens Rechte waren die Proteste ein Anschlag auf die Unabhängigkeit des Obersten Gerichtshofs: »Hier steht die Justiz auf dem Spiel«, sagte PP-Chef Mariano Rajoy, »die Gleichheit der Bürger vor dem Gesetz.« Womit er ungewollt die Befürchtungen der Gegenseite in Worte fasste. Auf einem Solidaritätakt der beiden großen Gewerkschaften UGT und Comisiones Obreras für Garzón sagte der UGT-Chef Cándido Méndez: »Sie beabsichtigen, mit ihm Schluss zu machen und gleichzeitig mit den Ermittlungen, die er in Gang gesetzt hat: über die Verbrechen der Franco-Zeit und den größten Korruptionsfall unseres demokratischen Spaniens.« Der Korruptionsfall, den Méndez meinte, ist der Fall »Gürtel«: das millionenschwere Gespinst von Gefälligkeiten innerhalb der Volkspartei.

Die juristische Jagd auf Garzón begann, als er sich daran machte, die Fäden dieses Netzes zu entknoten.

Nun unterstellt den Richtern vom Obersten Gerichtshof niemand, Garzón aus dem Weg schaffen zu wollen, weil sie persönlich in den Fall »Gürtel« verwickelt wären. Wahrscheinlicher ist, dass sie sich den Politikern verpflichtet fühlen, denen sie ihre Karriere verdanken. Wer in der spanischen Justiz etwas werden will, muss einem der ideologisch ausgerichteten Berufsverbände angehören, die wiederum eng mit den politischen Parteien verbunden sind. Im Februar 2010 wurde ein Brief der Richterin und früheren Innenstaatssekretärin Margarita Robles an ihren eigenen Verband Jueces para la Democracia (Richter für die Demokratie) bekannt: Darin rühmte sich Robles, als Mitglied des mächtigen Consejo General del Poder Judicial (dem 21-köpfigen Allgemeinen Justizrat) insgesamt 18 Mitglieder der Jueces para la Democracia auf wichtige Justizposten gehievt zu haben.

Die enge Verknüpfung von Parteipolitik und Rechtswesen ist einer der Gründe dafür, dass die Justiz eine der am geringsten geachteten Institutionen Spaniens ist. Dazu kommen die dramatischen Fehlurteile, die sich spanische Richter regelmäßig leisten. Der Gerichtshof auf der Kanareninsel Las Palmas schickte einen Mann wegen mehrfacher Vergewaltigung für 36 Jahre ins Gefängnis, obwohl er nach den DNS-Analysen unmöglich der Täter sein konnte. Das Gericht argumentierte klug: »Die DNS-Probe hat entscheidende Bedeutung, wenn das Ergebnis positiv ist. Aber es kann nicht dieselbe Beweiskraft haben, wenn das Ergebnis negativ ist.« Nachdem der vermeintliche Vergewaltiger zwei Jahre in Haft gesessen hatte, setzte ihn der (diesmal klügere) Tribunal Supremo Anfang 2010 auf freien Fuß. Normalerweise arbeitet die spanische Justiz nicht so schnell. Die Gerichte schieben Millionen Prozesse vor sich her, und die Bugwelle wird immer höher. Das Jahr 2008 endete mit 2 788 198 offenen Verfahren, das nächste Jahr mit knapp 350 000 Fällen mehr. Im Oktober 2010 verurteilte ein Sevillaner Gericht den Andalusischen Gesundheitsdienst zu einer Entschädigungszahlung für einen ärztlichen Kunstfehler – 29 Jahre nach der Tat. Spaniens Justiz ist zum Verzweifeln.

Garzón, fleißiger, effizienter und vor allem origineller als die meisten seiner Kollegen, ist zum Störenfried geworden. Vielleicht ist sein Ruhm, mehr als jedes politische Intrigenspiel, der Hauptgrund für den Furor, mit dem ihn die spanische Justiz verfolgt. Am 12. Mai war Luciano Varela, der hartnäckige Richter vom Tribunal Supremo, soweit: Er erhob Anklage gegen Garzón. Am 14. Mai suspendierte ihn der Allgemeine Justizrat vom Dienst. Noch vor der Sitzung des Justizrates hatte Garzóns Verteidigung zum wiederholten Mal versucht, das Rechtsbeugungsverfahren gegen ihn zu stoppen, weil Varela den ultrarechten Klägern erlaubt hatte, ihre erste, rechtlich mangelhafte Anklageschrift zu überarbeiten und ihnen Hinweise gab, wie sie dabei vorzugehen hätten. Doch Varela ließ sich von keinen Einsprüchen bremsen. Im Gegenteil: er beeilte sich. Eine Woche vor Garzóns Suspendierung hatte der Chefankläger des Internationalen Strafgerichtshofes in Den Haag, der Argentinier Luis Moreno Ocampo, Garzón einen Beraterposten angeboten. Garzón war interessiert und wollte sich von seinem Richterposten in Madrid beurlauben lassen, womit sich die Suspendierung erübrigt hätte. Varela sah zu, die Anklage gegen Garzón so schnell wie möglich fertigzustellen, und ließ dem Justizrat keine andere Möglichkeit, als Garzón vom Dienst zu suspendieren. Diesen Makel wollte Varela seinem Kollegen auf keinen Fall ersparen.

Mit dem eigentlichen Prozess gegen Garzón war es Varela weniger eilig: Anfang 2011 hatte er noch immer keinen Auftakttermin festgelegt. Nicht Garzón ist das Opfer dieses Justiztheaters. Er besitzt genügend Freunde in der Welt und wird sich um seine weitere berufliche Karriere keine Sorgen machen müssen. Das Opfer des Garzón-Prozesses ist der spanische Rechtsstaat.

Im Schnellzug auf holprigen Gleisen

Aufschwung, Krise und Aufschwung

»Sollen doch sie erfinden, und wir werden uns ihre Erfindungen zunutze machen. Denn ich vertraue darauf und hoffe, dass du überzeugt sein wirst, wie ich es bin, dass das elektrische Licht hier so gut leuchtet wie dort, wo man es erfand.«
(Miguel de Unamuno: *El pórtico del templo*)

Im Frühsommer 2010 kam Rosalba Fanuzzi aus Neapel zum Wochenendbesuch nach Madrid, wo ihre Nichte Paola wohnt. Sie trafen sich zum Kaffee auf der Plaza Mayor, einem der schönsten Flecken Madrids. Die Sonne schien wie seit Wochen nicht mehr, die Straßencafés waren voll besetzt, und die Kellner eilten mit beladenen Tabletts von Tisch zu Tisch. Rosalba Fanuzzi wunderte sich. »Und dies soll ein Land am Rande des Bankrotts sein?« Seit Monaten waren aus Spanien nur schlechte Nachrichten zu hören gewesen. Aufgeschreckt durch Griechenlands Haushaltskalamitäten, hatten die Analysten ihre Suchscheinwerfer über die Europakarte gleiten lassen, um neue Sorgenkinder ausfindig zu machen, und waren auf Spanien gestoßen. In der viertgrößten Volkswirtschaft der Eurozone war Anfang 2008 der Immobilienmarkt zusammengebrochen, Millionen Beschäftigte hatten ihren Arbeitsplatz verloren, und die Regierung musste hilflos zusehen, wie zwischen ihren Einnahmen und Ausgaben eine wachsende Lücke klaffte. Spanien war das perfekte Sorgenkind.

Für eine unbefangene Beobachterin wie Rosalba Fanuzzi war von den Sorgen nichts zu spüren. Den ausländischen Besucher empfangen in Madrid und in Barcelona zwei Flughäfen mit nagelneuen, eleganten Terminals, von der einen zur anderen Stadt kann er mit Tempo 300 im AVE-Schnellzug von Siemens reisen, und wo immer er ankommt, findet er verstopfte Straßen, überlaufene Restaurants und gut besuchte Geschäfte. Mehr als 18 Millionen Menschen haben eine geregelte Beschäftigung, sie verdienen Geld und geben es aus. Gut möglich, dass auch von ihren Bekannten noch niemand aus dem Arbeitsmarkt gefallen ist. Ein Land am Rande des Bankrotts? Davon lesen die Spanier in der Zeitung. Für die Mehrheit ist *la crisis* keine Realität, sondern eine Warnung: dass es auch ihnen bald schlechter gehen könnte.

Die Krise ist keine Erfindung der angelsächsischen Wirtschaftspresse. Viele Spanier stecken mittendrin. 4,6 Millionen Menschen suchten im Sommer 2010 einen Arbeitsplatz: mehr als doppelt so viele wie zwei Jahre zuvor, 20 Prozent der aktiven Bevölkerung, die höchste Arbeitslosenrate in der entwickelten Welt. Doch falls die Metapher vom »Arbeitslosenheer« jemals ihre Berechtigung gehabt haben sollte, in Spanien führte sie derzeit völlig in die Irre. Die Arbeitslosen sind nicht organisiert, sie haben keine Leitung, und ihr Kampfgeist ist dem eigenen Überleben gewidmet. Sie sind beinahe unsichtbar. Dabei sitzen sie vielleicht in aller Ruhe neben einem am Tresen.

Ich mache die Probe und frage einen jungen Mann in meinem Frühstückscafé: Ob unter seinen Freunden jemand arbeitslos sei? »Da muss ich nicht lange suchen«, antwortet der 32-jährige Adrián Chinchilla. »Ich zum Beispiel.« Bis vor einem Jahr arbeitete er in einer Werbeagentur, das Geschäft brach ein, die Chefs wechselten, sie warfen ihn raus. Jetzt lebt er von 960 Euro Arbeitslosengeld, 700 Euro gehen allein für die Miete einer kleinen Wohnung in der Madrider Innenstadt drauf, dazu die Nebenkosten. Er zehrt noch von den 11 000 Euro Abfindung seines Arbeitgebers und von gelegentlichen kleinen Aufträgen, die er sich bar auf die Hand honorieren lässt. »Mein Defizit ist höher als das Griechenlands«, sagt Adrián. Er sucht Arbeit im Ausland. Und trinkt seinen Kaffee in der Bar. »Wir Spanier sind gesellig. Bevor wir beim Ausgehen sparen, fallen uns noch ein paar andere Dinge ein, auf die wir eher verzichten können.«

Die vollen Cafés und Kneipen führen den unbefangenen Beobachter in die Irre. Neben den Arbeitslosen wie Adrián, die nicht von ihren lieben Gewohnheiten lassen, gibt es andere, denen nichts anderes übrigbleibt, als ihre Gewohnheiten zu ändern. Segundo Pérez ist 43 Jahre alt und einer von 760 000 arbeitslos gemeldeten Bauarbeitern. In zwölf Jahren hatte er sich vom Hilfsarbeiter zum Polier hochgeschuftet, bis er seinen Job verlor – die Firma schloss, nachdem sie für die letzten 100 Wohnungen, die sie auf eigene Rechnung gebaut hatte, keine Käufer mehr fand. Pérez lebt mit seiner Frau Marisa und ihrem gemeinsamen zwölfjährigen Sohn in einer Eigentumswohnung im Madrider Vorort Carabanchel. Ihr Glück war ein 46 000-Euro-Lottogewinn, mit dem sie vor vier Jahren einen Großteil ihrer Hypothek abbezahlten. So kommen sie über die Runden. Segundo sucht Arbeit: Er klappert Baustellen ab und erhält nur Absagen. Seine Frau führt Listen, in denen sie die Preise der spanischen Supermarktkette Mercadona – »ein Segen!« – mit denen von Lidl vergleicht. »Jetzt gehst du eben nicht mehr in die Kneipe, sondern kaufst dein Bier im Laden und trinkst es zu Hause«, sagt Marisa. Sie rechnet mit schwierigen Jahren. »Vor 2013 oder 2014 wird das hier nicht wieder aufwärts gehen.«

Vor der Krise war es in Spanien 14 Jahre lang nur aufwärts gegangen. Spanien war das Wirtschaftswundermusterland. Von 1994 bis 2007 schuf es Arbeitsplätze wie kein zweites. Die Zahl der Beschäftigten stieg von 12 Millionen auf über 20 Millionen. Das spanische Prokopfeinkommen überflügelte das italienische. Spanische Unternehmen, von denen vor 20 Jahren außerhalb Spaniens kaum jemand gehört hatte, wuchsen zu Weltkonzernen heran: die Banco Santander, Telefónica, der Stromkonzern Iberdrola oder Inditex, das Mutterhaus der Modekette Zara. Spanien gewöhnte sich an den Gedanken, auf die EU-Solidarität und die Überweisungen aus Brüssel verzichten zu können. Es gewöhnte sich an den Gedanken, zu den Reichen dieser Welt zu gehören. Dann kam der Einbruch.

Aus der Rückschau ist alles ganz einfach zu erklären. Man konnte die Krise kommen sehen. Aber wer wollte das schon? Im September 2007 veröffentlichte die Deutsche Bank eine Studie mit dem Titel: »Spanien 2020 – die Erfolgsgeschichte geht weiter.« Über zwölf Seiten sang der Autor das Hohelied der spanischen Wirtschaft und kam zu dem Schluss, dass Spanien bis zum Jahr 2020 Deutschland beim Prokopfeinkommen überholen dürfte, denn: »Spaniens Erfolge sind nachhaltig.« Kurz darauf platzte die Blase. Das Land war in seinen Boomjahren zur Großbaustelle geworden, der Baukran zu Spaniens Wahrzeichen. Ohne jede ästhetischen oder ökologischen Bedenken hatten Immobilienentwickler, im Verbund mit kurzsichtigen oder korrupten Lokalpolitikern, alle halbwegs attraktiven Winkel des Landes mit immer gleichen Wohnblocks überzogen. Niemand stoppte den Wahnsinn, denn alle schienen davon zu profitieren. 2007 entstanden an die 800 000 Neubauwohnungen, für höchstens die Hälfte gab es eine reale Nachfrage. Die internationale Finanzkrise war der äußere Anstoß, der das Kartenhaus zusammenbrechen ließ.

Es war der Zusammenbruch eines Wirtschaftsmodells, das sich mit mühelosen Erfolgen zufriedengegeben hatte. Viele ahnten, dass dieses Modell keinen dauerhaften Reichtum schaffen würde, aber kurzfristig lockten märchenhafte Gewinne. Mitten in der heißen Phase des Booms, im Jahr 2005, sagte der spanische Professor für Immobilienwirtschaft Ricardo Vergés: »Was in Spanien los ist, hat es noch in keinem anderen Land der Welt gegeben. Wir sind verrückt geworden.«

Im Wahn steckte ein vernünftiger Kern. Die Menschen waren in den vorangegangenen Jahrzehnten reicher geworden. Weil die Spanier seit je eine innige Beziehung zu den eigenen vier Wänden haben (nur etwa 15 Prozent von ihnen wohnen zur Miete), legten sie ihren neu erworbenen Reichtum in größeren Wohnungen oder Sommerhäusern oder Wohnungen für ihre Kinder an. Der Immobilienmarkt begann sich aufzuheizen, als mit der Einführung des Euro die Zinsen auf so niedriges Niveau fielen, dass sie zeitweise unter der spanischen Inflationsrate lagen. Welches Risiko sollte es noch bergen, einen Hypothekenkredit aufzunehmen? Ohne viel zu überlegen, unterschrieben die Spanier Kauf- und Kreditverträge. Die Nachfrage nach Wohnungen stieg, weshalb die Preise stiegen. Das war der Moment, in dem die Spekulanten ins Spiel kamen. Sie kauften, um teurer zu verkaufen. Sie brauchten keine neue Wohnungen, aber sie ließen trotzdem neue Wohnungen bauen, weil sie gutes Geschäft versprachen. Einige Jahre gab es keine einfachere Art, Geld zu verdienen, als eine Immobilienfirma auf die Beine zu stellen – oder sich mindestens eine Wohnung zu kaufen, um sie zwei Jahre später mit ein paar zehntausend Euro Gewinn wieder zu verkaufen. Je mehr große und kleine Spekulanten von der wundersamen Wertvermehrung angelockt wurden, desto höher stiegen die Preise. Je höher die Preise stiegen, desto mehr Spekulanten wurden angelockt. Die Blase pumpte sich auf.

Die Zapatero-Regierung betrachtete das Schauspiel so zufrieden und tatenlos wie vor ihr die Aznar-Regierung. Der Erwerb eines Eigenheims blieb steuerlich begünstigt, während niemand auf die Idee kam, den Bau von Sozialwohnungen zu fördern, damit niedrige Mieten Druck von den Kaufpreisen nähmen. Arme und junge Leute fanden kein bezahlbares Dach über dem Kopf, während um sie herum Millionen neue Wohnungen heranwucherten. Egal. Die Wirtschaft wuchs. Kein Politiker wollte Spielverderber sein. Dann war das Spiel aus.

Der Zusammenbruch traf Gerechte wie Ungerechte. Verónica Chavero und Juan Luis Álvarez aus der Madrider Vorstadt Parla waren keine Spekulanten. Sie wollten nur mit ihren zwei Kindern von einer kleinen Wohnung in ein größeres Haus ziehen. Die Bank hatte ihnen vorgerechnet, dass sie nach dem Verkauf der Wohnung problemlos die Raten für das Haus bezahlen könnten. Aber alles kam anders. 2007 zogen sie ins neue Haus, das sie 200 000 Euro gekostet hatte, doch Pfusch am Bau versauerte ihnen das Leben vom ersten Tag an. Nach jedem Regenguss war der Patio überflutet, weil der Abflussrost nur zur Zierde und kein Rohr zur Kanalisation eingebaut worden war. Schlimmer: Niemand wollte ihre alte Wohnung in Parla kaufen. Denn inzwischen war die Spekulationsblase geplatzt und die Nachfrage nach Wohnungseigentum eingebrochen. Jetzt muss das Ehepaar zwei Hpotheken bedienen, jeden Monat 1800 Euro. Was sie vielleicht noch schafften, wenn Juan Luis nicht seine Stelle bei einem Autozulieferer verloren hätte und Verónica weiter als Aushilfskassiererin arbeiten könnte – doch der Supermarkt hat keinen Bedarf mehr an ihr. Die Familie ist wieder in die alte Wohnung nach Parla zurückgezogen. Ihr Haus, das ihnen nur Sorgen bereitet hat, steht für 150 000 Euro zum Verkauf. Sie verhandeln mit ihrer Bank, aber rechnen jeden Tag mit dem Räumungsbefehl. »Wenn es so weitergeht, werden wir die Schulden unseren Kindern hinterlassen«, sagt Verónica.

Der unbefangene Beobachter sieht die Krisenopfer nicht. 350 000 Familien befinden sich nach glaubwürdigen Schätzungen in einer ähnlichen Lage wie Verónica Chavero und Juan Luis Álvarez. »Wo sind diese Leute? Warum sind sie nicht auf der Straße?«, fragt sich Lucía Delgado, Sprecherin von Afectados por la Hipoteca, dem Unterstützerverband für Hypothekenopfer. Ihre eigene Antwort: »Die Betroffenen nehmen die Schuld auf sich selbst. Sie fühlen, dass sie versagt haben. Sie protestieren nicht.« Und tun stattdessen alles, um ihre Schulden zu begleichen. »Es ist ein Allgemeinplatz, aber er ist wahr: Die Hypothek ist das Letzte, was die Menschen aufhören zu bezahlen. Selbst die Großmutter mit ihrer kleinen Rente wird noch um Hilfe gebeten.« Zahlen der Banco de España, der spanischen Zentralbank, bestätigen das Bild: Von allen Krediten, die spanische Banken an private Wohnungskäufer vergeben haben, wackeln 2,9 Prozent. Von den Krediten an Immobilienfirmen wackeln 10 Prozent. Spaniens Familien beißen die Zähne zusammen und halten durch.

Wie schaffen sie das? Der Politologe Fernando Vallespín von der Madrider Universidad Autónoma spricht von den »vier Zufluchtsecken« der Spanier in Krisenzeiten wie diesen: den Hilfen des Sozialstaates, gelegentlichen regulären Beschäftigungen, Schwarzarbeit und dem familiären Netz. Der Rückzug der Betroffenen in diese Zufluchtsecken hat den gesellschaftlichen Aufstand gegen die bestehenden Verhältnisse bisher verhindert. Die Spanier finden sich ab. Sie warten auf bessere Zeiten und glauben nicht, dass lautstarker Protest ihre Wartezeit verkürzen könnte. Als die Gewerkschaften im Oktober 2010 zum eintägigen Generalstreik aufriefen, gingen die meisten trotzdem zur Arbeit.

Die Ruhe ist bemerkenswert. Vom Staat werden die Spanier nicht verwöhnt. Nach den letzten verfügbaren Eurostat-Daten von 2007 gibt Spanien 21 Prozent seiner Wirtschaftsleistung für Sozialleistungen aus, 6,7 Punkte weniger als Deutschland und 5,2 Punkte unter EU-Durchschnitt. Das staatliche Gesundheitssystem funktioniert ordentlich. Weniger gut funktioniert die Hilfe für die Vielen ohne geregeltes Einkommen. Der Madrider Informatiker Carlos Morejón de Girón, der seinen letzen Job vor zwei Jahren verlor, bekommt 426 Euro Arbeitslosenhilfe im Monat und sonst gar nichts. Davon lässt sich in Madrid nicht leben. Als Zuflucht bleibt dem 46-Jährigen nur die Familie: Er wohnt bei seiner Mutter in seinem alten 6-Quadratmeter-Kinderzimmer. Um sich und ihren Sohn über Wasser zu halten, bessert die 71-jährige Mutter ihre Witwenrente mit Schneiderarbeiten auf, für die sie keine Rechnungen ausstellt. Zu ihren

Kunden zählen etliche Beschäftigte des nahen Justizministeriums. Schwarzarbeit ist keine Schande, sondern ein gesellschaftlich anerkannter Rettungsring.

Ohne die Hilfe der Familie ginge für viele gar nichts, erst recht nicht für die Jugendlichen. In der Altersgruppe der 16- bis 25-Jährigen ist die Arbeitslosenrate auf über 40 Prozent geklettert. Als der 22-jährige Jorge Marín aus Burgos seine Informatikerausbildung abschloss, fand nur einer von 22 Kursteilnehmern eine Stelle. Jorge nicht. Er lebt gemeinsam mit seiner Mutter, seinem kleinen Bruder und seiner Tante bei der Großmutter. »Das Zusammenleben funktioniert genial«, versichert er. Auf eigenen Füßen zu stehen, davon träumt er nicht einmal. Aber er ist nicht tatenlos. Er hat sich mit einem Ausbildungskollegen zusammengetan, Visitenkarten und Handzettel gedruckt, und bietet nun seine Dienste als Webdesigner an. Vor kurzem hat er den Auftrag bekommen, den Netzauftritt einer kleinen Firma zu gestalten. Jorge ist stolz: »Wir haben 1300 Euro verdient.« Auf die Hand. Andere Freunde schlagen sich als Pizzaausträger durch. Aber Jorge kennt auch die *ni-nis*, die »Wedernochs«: junge Leute, die sich im elterlichen Nest eingerichtet haben und weder studieren noch arbeiten. Ein neues soziales Phänomen. Ein privater Fernsehsender brachte im Frühjahr 2010 eine Realityshow nach Big-Brother-Vorbild mit einer Gruppe von *ni-nis* im gläsernen Haus. Einer der besonders nichtsnutzigen Teilnehmer war ein Bekannter von Jorge. »Der hat jetzt aber Arbeit gefunden«, sagt Jorge.

Arbeit zu finden ist die große Herausforderung für alle Spanier, junge und nicht so junge, kluge und nicht so kluge, ehrgeizige und nicht so ehrgeizige. Nie gibt es Arbeit für alle. Selbst auf dem Höhepunkt des Aufschwungs, im zweiten Quartal 2007, lag die spanische Arbeitslosenrate mit 7,95 Prozent noch über dem EU-Durchschnitt. Und auch wer glücklich Arbeit gefunden hat, kommt nicht zur Ruhe, weil er wahrscheinlich nur befristet eingestellt wird. In Boomzeiten arbeitet rund ein Drittel der Beschäftigten mit Zeitarbeitsverträgen, in Krisenzeiten (in denen die prekären Jobs als erste verschwinden) immer noch rund ein Viertel. Die Spanier nennen die Zeitarbeitsverträge *contratos basura*: Müllverträge. Und weil sie sich wie Müll behandelt fühlen, sind sie wenig motiviert, am Arbeitsplatz ihr Bestes zu geben – was die spanischen Unternehmen krisenanfälliger macht. Die Arbeitgeber ignorieren den Schaden, den sie sich selbst zufügen, wenn sie den Mitarbeitern keine Perspektive in ihrem Betrieb bieten. Ihre Neigung zum Zeitarbeitsvertrag entschuldigen sie mit den vergleichsweise hohen Entlassungskosten für Festangestellte. Für jedes Jahr, das er bei seiner Firma gearbeitet hat, bekommt der Entlassene im Normalfall anderthalb Monatsgehälter als Abfindung. Das kann sich zu sehr ordentlichen Beträgen summieren. Bei Werksschließungen oder wenn sonst Massenentlassungen anstehen, handeln die Gewerkschaften gewöhnlich noch höhere Entschädigungen aus. Die Abfindungen geben den Entlassenen ein vorübergehendes Gefühl von Sicherheit, aber wahrscheinlich wäre das Geld besser in Sozialplänen angelegt, die den Arbeitern neue berufliche Chancen eröffneten. Doch Umschulungsprogramme und gezielte Fortbildungskurse für Arbeitslose sind in Spanien die Ausnahme. Die staatliche Arbeitsverwaltung hat zu wenig Geld und zu wenig Leute. Deswegen ist sie auch bei der Stellenvermittlung nicht besonders effektiv. Freunde und Verwandte sind als Stellenvermittler erfolgreicher. Ohne Beziehungen einen guten Job zu bekommen ist ein eher seltener Glücksfall.

Jetzt, wo mit dem Immobilienmarkt auch der Arbeitsmarkt kollabiert ist, ist jeder Job ein Glücksfall. Wer Arbeit hat, hat Angst, sie zu verlieren, denn wo sollte er eine neue finden? Alle Welt fragt sich, wie Spanien um Himmels Willen Ersatz schaffen will für die verlorenen Arbeitsplätze auf dem Bau. Die Arbeitsplätze müssten Unternehmer mit neuen Ideen schaffen. Vielleicht haben sie schon Ideen, die den nächsten, diesmal haltbareren Aufschwung tragen. Als Amancio Ortega 1975 in der galicischen Hafenstadt La Coruña seinen ersten eigenen Laden unter dem Namen Zara eröffnete, ahnte er nicht, dass er damit den Grundstein für den größten Textilkonzern der Welt gelegt hatte. Als Emilio Botín, Präsident der Banco Santander, 1999 die Fusion mit der Banco Central Hispano über die Bühne brachte, wusste er nicht, dass die neue Bank bald eine der solidesten Europas sein sollte und beinahe schadlos die internationale Finanzkrise überstehen würde. Und Florentino Pérez (der heutige Real-Madrid-Präsident) träumte höchstens von kommendem Ruhm, als er 1983 für eine Pesete ein bankrottes Bauunternehmen übernahm, das er unter dem Namen ACS zu einem der umsatzstärksten Baukonzerne der Welt umschmiedete, der erfolgreich der heimischen Krise trotzte und 2011 sogar die Übernahme des deutschen Marktführers Hochtief in Angriff nehmen konnte. Es gibt diese spanischen Erfolgsgeschichten. Vielleicht wird es neue geben.

Jenseits der Erfolgsgeschichten kämpft Spaniens Wirtschaft allerdings mit einem grundlegenden Problem: Sie ist auf dem Weltmarkt zu wenig wettbewerbsfähig, weil das durchschnittliche spanische Unternehmen weniger produktiv ist als die internationale Konkurrenz. Einfach gesagt: Fürs selbe Geld bietet ein deutsches Unternehmen wahrscheinlich bessere Ware als ein spanisches Unternehmen. Selbstverständlich gilt das nicht für alle Unternehmen und nicht für alle Waren, aber es gilt für die Volkswirtschaft als Ganzes. Über die Ursachen wird in Spanien seit langem nachgedacht.

Die erste Erklärung, die vielen Spaniern für ihre mangelnde Produktivität einfällt: Es hapere an der Arbeitsmoral. »Die Spanier haben gern einen Arbeitsplatz – aber sie arbeiten nicht gern«, glaubt der Politologe Fernando Vallespín. Die Erklärung passt in die alten Spanien-Schubladen, die mit *siesta* und *fiesta* etikettiert sind. Dass Arbeit den Menschen adele, gehört offenbar nicht zu den Kernvorstellungen der spanischen Lebensphilosophie. Stattdessen träumen die Spanier vom mühelosen Geld, worin sie sich nicht grundsätzlich von ihren europäischen Nachbarn unterscheiden. Nur träumen sie den Traum mutmaßlich etwas intensiver als die anderen. Der Traum hat auf Spanisch einen Namen: *dar un pelotazo* (etwa: einen großen Schuss landen). Der Inbegriff des *pelotazo* sind die spekulativen Baugeschäfte, die ein paar Leute in den vergangenen Jahren über Nacht reich gemacht haben. Dabei war regelmäßig Korruption im Spiel. Auf dem Korruptionsindex von Transparency International liegt Spanien im unteren europäischen Mittelfeld, weit entfernt vom besonders sauberen Dänemark, aber fast genauso weit entfernt von den mediterranen Sorgenkindern Italien und Griechenland mit ihrer hohen Neigung zu unsauberen Geschäften. Wer in Spanien nicht besticht oder sich bestechen lässt, kennt aus dem Firmenalltag mindestens die Praxis, am Fiskus vorbei zu wirtschaften. *Pagar en B* nennt man das im spanischen

Geschäftsjargon: in B bezahlen – also in bar und schwarz. Zu diesem Zweck sind in Spanien besonders viele 500-Euro-Scheine im Umlauf, etwa ein Viertel des gesamten Bestandes im Euroland (die Spanier nennen die Scheine »Bin Ladens«, weil jeder schon von ihnen gehört hat, sie aber nie jemand zu Gesicht bekommt). Mehr als 23 Prozent der spanischen Wirtschaft ist Schattenwirtschaft, sagt die Gewerkschaft der Finanzbeamten Gestha. Den Staat scheint es nicht zu kümmern. Er hält die Steuerinspektoren, die in die Unternehmen gehen und deren Bücher prüfen sollten, finanziell an der kurzen Leine. »Eine De-facto-Steueramnestie«, konstatiert der Berufsverband.

Was den nachdenklicheren Spaniern die stärksten Kopfschmerzen bereitet, ist die gesellschaftliche Akzeptanz, mit der die schlauen Geschäftemacher rechnen können. »Über den ewigen Fernsehbildschirm werden die Heranwachsenden pünktlich darüber informiert, dass die Helden Sportler-Multimillionäre sind, Spekulanten, *tertulia*-Schreihälse, Luxusprostituierte und all dieses Pack, das den ganzen Tag damit verbringt, andere abzuurteilen«, klagt der Schriftsteller Rafael Argullol. Der berühmteste aller *pelotazo*-Gauner, der 2004 gestorbene, offen korrupte Bauunternehmer (und Atlético-de-Madrid-Präsident) Jesús Gil y Gil, brachte es in den 1990er Jahren sogar so weit, dass er in Marbella drei Mal hintereinander mit großer Mehrheit zum Bürgermeister gewählt wurde.

Weil es aber den meisten nicht gegeben ist, so mühelos zu Geld und Ansehen zu kommen, müssen sie arbeiten. Tun sie das ungern, wie Fernando Vallespín glaubt? Wenn ich Spanier nach ihren Erfahrungen am Arbeitsplatz frage, höre ich fast nur Klagen: über die anderen. »Ich versuche, meine Arbeit perfekt zu machen«, sagt Adrián. »Aber die allermeisten machen ihre Arbeit so, wie es eben geht. Ohne Begeisterung. Hauptsache, der Chef staucht sie nicht zusammen. Vor allem die Jungen ... die sind so faul, dass es zum Erschrecken ist. Wer seine Arbeit wirklich gut machen will, bekommt Druck von den anderen: Sei nicht so ein Perfektionist!« Ich kenne den spanischen Arbeitsalltag nicht aus eigener Anschauung, ich muss mich auf Erzählungen wie die von Adrián verlassen. Aber hin und wieder erlebe ich als Kunde, welche Schwierigkeiten die Spanier mit ihrer Arbeit haben. Am meisten verblüffen mich die Bankangestellten.

Auf jedes Problem, das an Komplexität das Einrichten eines Dauerauftrags übersteigt, reagieren sie mit: »Da kann ich dir nicht helfen.« Sie sagen den Satz so oft, dass sie ihn als kleines Schild auf ihre Tische stellen könnten. »Da kann ich dir nicht helfen«, sagte mir neulich ein müder Bankangestellter, kaum dass ich begonnen hatte, mein Ansinnen zu erläutern. Gequält fragte ich ihn, ob vielleicht irgendeiner seiner Kollegen Lust hätte, mir weiterzuhelfen. Dass ich ihm Unlust unterstellte, stachelte seine Berufsehre an. Er wählte eine Telefonnummer und informierte sich. Nach einer halben Stunde wusste er, dass mein Problem für die Bank unlösbar war, und er konnte mir auch erklären, warum. Ich ging beinahe zufrieden nach Hause.

»Wahrscheinlich haben die Leute in anderen Ländern auch keine größere Lust zu arbeiten als in Spanien«, sagt mein deutscher Freund Alexandre, »aber nirgendwo lassen sie dich ihre Unlust so deutlich spüren wie hier.«

Sind an der niedrigen Produktivität der spanischen Wirtschaft also unverbesserlich lustlose Arbeiter schuld? Wahrscheinlich nicht. Wenn das so wäre, gäbe es keine spanischen Weltunternehmen, und es gäbe auch keine ausländischen Firmen, die in Spanien investierten. Das Opel-Werk in Figueruelas bei Zaragoza in Aragón ist eine der produktivsten Autofabriken der Welt. Spanische Arbeiter sind so gut wie andere auch – wenn die Bedingungen stimmen. Und die stimmen meistens nicht.

Ich neige dazu, eine in weiten Teilen unfähige Unternehmerklasse für die spanischen Wirtschaftssorgen verantwortlich zu machen. Darüber wird in Spanien wenig gesprochen, außer in himmelschreienden Fällen wie dem des langjährigen Präsidenten des spanischen Unternehmerverbandes CEOE, Gerardo Díaz Ferrán, der erst seinen Reisekonzern Marsans gegen die Wand fuhr und danach den Spaniern die Leviten las: »Es gibt nur einen Weg aus dieser Krise: mehr arbeiten und leider weniger verdienen.« Die Spanier arbeiten allerdings schon relativ viel (nach OECD-Daten 1654 Stunden im Jahr, 264 Stunden mehr als die Deutschen) und verdienen wenig (nach Eurostat nur etwa gut halb so viel wie die Deutschen – bei etwa gleich hohem Preisniveau). Im Sommer 2005, als die spanische Wirtschaft noch brummte, schrieb die damals 27-jährige Carolina Alguacil aus Barcelona einen Leserbrief an *El País*, den sie mit den Worten betitelte: »Ich bin *mileurista*« – jemand der *mil euros*, 1000 Euro, im Monat verdient. Alguacil, die damals in einer Werbeagentur arbeitete, hatte gerade ein paar Freunde in Berlin besucht und fand deren private wirtschaftliche Situation so viel entspannter als ihre eigene, dass sie beschloss, den berühmt gewordenen Leserbrief zu schreiben: »Der *mileurista* ist ein junger Akademiker mit Abschluss, Sprachkenntnissen, Master, Fortbildungskursen, der mehr als ein Drittel seines Gehaltes für die Miete ausgibt. Er spart nicht, hat keine eigene Wohnung, kein Auto, keine Kinder, lebt von Tag zu Tag. Manchmal macht es Spaß. Aber es beginnt anstrengend zu werden.« Ein neuer Begriff, der *mileurista*, war mit diesem Leserbrief geboren und wurde zum festen Bestandteil des spanischen Wortschatzes. Seitdem ist die Lage nicht besser, sondern schlechter geworden. Mehr Arbeit und weniger Verdienst wäre also ein eher ungeeignetes Rezept für den spanischen Wiederaufschwung. Was Spanien braucht, sind Unternehmer, die Arbeit effizient zu organisieren verstehen.

In den meisten Betrieben haben die Beschäftigten keine Anreize, sich für ihr Unternehmen ins Zeug zu legen. Motivation fehlt nicht nur den Arbeitern mit zeitlich befristeten *contratos basura*, sondern auch den Festangestellten. Sie werden schlecht bezahlt, schlecht auf ihren Posten vorbereitet und eher nie als selten auf Fortbildungen geschickt. Ihre erste Pflicht ist Anwesenheit. Überstunden sind selbstverständlich und werden selbstverständlich nicht bezahlt. Sie vertrödeln Stunden am Arbeitsplatz, ohne mit ihren Aufgaben voranzukommen, weil ihre Chefs alles unter Kontrolle zu behalten versuchen und auf keinen Fall Verantwortung abgeben. Eigeninitiative ist Sünde. Vor Jahren lernte ich einen jungen deutschen Juristen kennen, der es während eines Praktikums in einer Madrider Anwaltskanzlei gewagt hatte, den Fotokopierer mit ein paar Handgriffen wieder in Gang zu bringen. Das gab einen Anschiss. Dafür sei schließlich der Techniker da. Einmal rief ich bei der Pressestelle der Policía Nacional an. Es war 15 Uhr, also Mittagspause. Es ging trotzdem jemand ans Telefon. Ich sagte, was ich wissen wollte. Es tue ihm leid, antwortete mir der Mann am anderen Ende der Leitung, der Pressesprecher sei leider nicht da. »Können *Sie* mir denn nicht weiterhelfen?«, fragte ich. »Nein, nur der

Pressesprecher«, antwortete der Mann. »Warum sind Sie denn überhaupt ans Telefon gegangen?«, fragte ich. »Ich bin der Beamte, der dafür zuständig ist, das Telefon abzunehmen«, antwortete er.

Die Spanier misstrauen sich gegenseitig (weswegen sie hohe Mauern um ihre Grundstücke bauen und schwere Eisengitter vor ihren Fenstern anbringen). Sie gehen vorsichtshalber davon aus, dass ihre Mitmenschen in erster Linie auf den eigenen Vorteil bedacht sind. *Barrer para casa* ist der spanische Ausdruck für die Haltung des Egoisten: Er »fegt ins eigene Haus«. Das Misstrauen ist Spaniens größtes Entwicklungshindernis: weil das Misstrauen der Chefs gegen ihre Untergebenen die Mitarbeiter zu pawlowschen Automaten macht, die den Telefonhörer abnehmen, wenn's klingelt. Wie Adrián sagt: Jeder macht seine Arbeit, wie es eben geht. Hauptsache, der Chef staucht ihn nicht zusammen (weil er ungefragt den Fotokopierer repariert).

Wer davon ausgeht, dass die anderen Egoisten sind, wird selbst zum Egoisten. Für alle Fälle: *barrer para casa*, die anderen tun's ja auch. Die Atmosphäre des Misstrauens und der Sorge um das eigene Wohlergehen am Arbeitsplatz begünstigt die Mittelmäßigkeit. Wer herausragt, macht sich verdächtig, nicht nur in der Privatwirtschaft. Spaniens Universitäten und Forschungsinstitute fördern nicht die Besten, sondern diejenigen, die am besten zu gefallen verstehen. Wer gefallen will, braucht Beziehungsnetze, die in Spaniens akademischem Betrieb die Denkschulen ersetzen. Das Problem hat einen Namen: *endogamia*, Endogamie, was in diesem Fall ein etwas vornehmerer Begriff für (universitäre) Inzucht ist. Sie sorgt dafür, dass spanische Universitäten selten Spitzenleistungen hervorbringen und in der Welt der Wissenschaft nur eine Nebenrolle spielen. Spaniens Fähigkeit, sich den Herausforderungen der technologischen Entwicklung zu stellen, benotet der »Innovationsanzeiger« der Europäischen Union auf einer Skala von 0 bis 1 mit bescheidenen 0,377 Punkten (womit Spanien hinter Estland, Slowenien und der Tschechischen Republik liegt, aber vor Italien). Zum Vergleich: Deutschland wird mit 0,596 Punkten benotet. Eines der Kriterien für die Punktvergabe ist die Anzahl der Patente, die ein Land gleichzeitig in der EU, Japan und den USA anmeldet. Die Schweiz bringt es auf 118 Patente pro Million Einwohner, Deutschland auf 76,4 – Spanien auf 5,3. *¡Que inventen ellos!* – die Haltung des spanischen Philosophen Miguel de Unamuno (1864–1936) ist aktuelle spanische Wirklichkeit: Sollen doch die anderen erfinden!

Nicht dass die Spanier sich ihrem Schicksal ergeben hätten. Sie wollen sich bilden. 45 Prozent der Schüler machen das *bachillerato* (Abitur), mehr als in Deutschland (da sind es 42 Prozent). Und 29 Prozent der Erwachsenen besitzen einen Universitätsabschluss, ebenfalls mehr als in Deutschland (25 Prozent). Doch Spaniens akademische Atmosphäre ist nicht erkenntnisfördernd. Wie die Betriebe ihren Angestellten jeden Arbeitsschritt vorgeben, geben die Universitäten ihren Studenten jeden Gedanken vor. »Die Schüler machen sich Notizen (die traurig berühmten *apuntes*) von dem, was ihnen der Professor gesagt hat. Monate später, um die Prüfung vorzubereiten, lernen sie auswendig, was sie aus ihren Mitschriften zu entziffern in der Lage sind«, beschreibt der Madrider Professor für Medizingeschichte, José Lázaro, den üblichen Universitätstrott. Vielleicht findet deswegen auch nur gut die Hälfte der Absolventen eine Beschäftigung auf der Höhe ihrer Ausbildung. »Spaniens Bildungssystem ist ein Desaster«, sagt der junge US-Amerikaner Zaryn Dentzel (Jahrgang 1983), der 2006 in Spanien Tuenti gründete, einen erfolgreichen Facebook-Konkurrenten. »Spanien hat unglaubliche Leute. Aber diejenigen, die wir finden und anstellen, sind Leute, die sich selbst ausgebildet haben.« Das größte Desaster ist die hohe Zahl junger Leute, die nach Ende ihrer zehnjährigen Schulpflicht auf jede weitere Bildung verzichten. Rund 30 Prozent der 19-Jährigen haben weder Abitur noch eine abgeschlossene Lehre. Die Berufsbildung (*formación profesional,* FP) ist theorielastig und hat einen schlechten Ruf, wahrscheinlich einen schlechteren, als sie verdient. Deswegen fehlt in Spanien zwischen Akademikern und Ungelernten ein starker Mittelbau aus gut ausgebildeten Fachleuten in Lehrberufen.

Zum Schluss die gute Nachricht: Spanien steht trotz allem nicht am Rande des Bankrotts. Rosalba Fanuzzis Zweifel sind berechtigt. Die langen Jahre des Aufschwungs nutzten die Regierungen unter Aznar und Zapatero dazu, die Staatsverschuldung bis 2007 auf 36,1 Prozent des Bruttoinlandsprodukts (BIP) zu senken. Von solch niedrigem Wert träumte Deutschland nicht einmal. Dann kam die Krise, auf die Zapatero mit teuren Konjunkturprogrammen reagierte. Innerhalb von zwei Jahren, bis Ende 2009, schoss die Verschuldung auf 53,2 Prozent des BIP empor. Das waren immer noch gut 20 Punkte weniger als in Deutschland, aber die internationalen Anleger trauten den Deutschen nur Gutes zu und den Südländern nicht, weswegen spanische Staatspapiere plötzlich als unsichere Anlage galten. Wollte Zapatero nicht seinen halben Haushalt für Zinszahlungen drangeben, musste er das Ruder herumreißen. Seine neue Priorität war eisernes Sparen. In Spanien machte er sich damit keine Freunde. Die Rechte hielt ihm vor, die Krise viel zu spät bei den Hörnern gepackt und sie damit noch verschärft zu haben. Die Linke hielt ihm vor, dem Diktat anonymer Märkte und nicht politischer Klugheit gehorcht zu haben. Leider geben sich die anonymen Märkte nicht so bald zufrieden: Anfang 2011 war Spanien noch immer offizielles Sorgenkindes und wird wahrscheinlich noch etliche Jahre mit den Folgen der Krise zu kämpfen haben.

Es ist erst gut ein halbes Jahrhundert her, dass Spanien eines der ärmsten Länder der westlichen Welt war. Mit dem »Stabilisierungsplan« der franquistischen Opus-Dei-Technokraten gelang dem Land während der 1960er Jahre der Aufstieg zur Industrienation. Zwei weitere Wachstumswellen unter Felipe González in den 1980er Jahren und unter José María Aznar und José Luis Rodríguez Zapatero von 1994 bis 2007 hoben die spanische Volkswirtschaft auf Weltniveau. Bis die Krise offenlegte, dass das Gleisbett, auf dem der spanische Schnellzug zum Reichtum unterwegs war, an vielen Stellen reparaturbedürftig ist. Nicht, weil die Politik tatenlos gewesen wäre, sondern weil sie nicht immer Schritt gehalten hatte mit dem Tempo des wirtschaftlichen Aufschwungs. Bisher schienen noch in jeder Krise die Hindernisse für einen Wiederaufschwung unüberwindbar zu sein, um dann schließlich doch überwunden zu werden. Die Probleme sind erkannt. Wenn sie in Angriff genommen werden, spricht nichts dagegen, dass Spaniens Wirtschaft bald wieder Geschwindigkeit aufnehmen kann. Auch wenn das meine spanischen Freunde, abends beim Rotwein, bezweifeln.

Cayucos, Pateras, Touristenvisa

»In Spanien ist es gut, wenn du Arbeit hast.
Wenn du keine Arbeit hast, ist es nicht gut.«
(Amadou Gaye)

Antonio Villalba sitzt am Kai im Hafen von Los Cristianos und
hält seine Angel ins Wasser. Er erwartet keinen großen Fang:
kleine Fische, deutet er mit Daumen und Zeigefinger an, und
vielleicht einen Seebarsch. Es ist Spätsommer 2006, und Villalba
macht sich Sorgen. »Man muss das stoppen«, sagt er, die Zigarette im Mund. »Man hätte das längst stoppen müssen. Ich kann
nicht mehr in Ruhe angeln.«

Seine Ruhe ist Villalba los, seit im Hafen an der Südspitze
Teneriffas beinahe täglich *cayucos* einlaufen: 20 Meter lange,
schmale Holzboote, mit denen sich junge Afrikaner übers offene
Meer auf den Weg nach Europa machen. Gerade ist einige Mei-
len südlich von Teneriffa das nächste *cayuco* geortet worden.
Villalba muss seinen Platz räumen, damit das Rote Kreuz am
Kai das Notwendige für die Ankunft des Bootes vorbereiten
kann. Um kurz vor vier fährt das *cayuco*, begleitet von einem
Schiff der Seenotrettung, in die Bucht von Los Cristianos ein.
Zwischen den Bootsplanken sitzen dicht gedrängt 104 Männer
und eine Frau, still, mit leeren Gesichtern. Als sie angelegt
haben, zieht ein spanischer Polizist den ersten hinauf, den zweiten ... Alle verlassen geordnet das Boot, das sie eine Woche lang
oder länger übers Meer getragen hat. Die Kraft, die sie für ihre
ersten Schritte brauchen, haben sie noch beisammen. Freund-
liche Hände geleiten sie zu ein paar bereitstehenden Zelten.
Thierry, ein immerzu strahlender Helfer, spricht mit ihnen, er
fasst den Jüngsten, einen 14-Jährigen, um die Schultern, er lacht
und zaubert ein erstes schmales Lächeln auf einige Gesichter.
Thierry ist ein wundervoller Mann. Dann beginnt der Presse-
zirkus. Fotografen und Kameraleute richten ihre Objektive auf
die Immigranten, die ergeben auf dem Betonboden sitzen. Sie
schauen nirgendwohin, sie ahnten wohl schon, was sie erwarten
würde, weil sie ähnliche Bilder zu Hause im Fernsehen gesehen
haben. Schließlich rollen zwei Busse an, um die Ankömmlinge

zum überfüllten Aufnahmelager zu bringen. Als sie losfahren, winken ein paar der Afrikaner den Fotografen zu.

Ein paar Monate lang, im Frühjahr und im Sommer 2006, gingen die Bilder erschöpfter Bootsmigranten auf Teneriffa und den anderen Kanareninseln beinahe täglich über die spanischen und europäischen Bildschirme. Die Boote waren von den Küsten Mauretaniens und Senegals aus in See gestochen, ein 40-PS-Außenbordmotor trieb sie durch die Wellen, ein GPS-Navigationssystem und Teneriffas 3718 Meter hoher Teide wiesen den Weg. Die Überfahrt dauerte bis zu zehn Tage, wenn alles gut ging. Der Weg über den Atlantik zu den Kanaren war wie ein frisch angelegter Trampelpfad, dessen Existenz sich herumspricht und der in kurzer Zeit zum viel benutzten Schleichweg wird. Auch vorher schon waren Boote auf den Kanarischen Inseln gelandet, kleinere Boote: *pateras*, mit vielleicht einem Dutzend Menschen an Bord, die aus der marokkanisch besetzten Westsahara Richtung Lanzarote oder Fuerteventura aufbrachen. – Andere Migranten nahmen den Landweg und versuchten die schwer gesicherten Grenzanlagen der spanischen Nordafrikaexklaven Ceuta und Melilla zu überwinden. Im Herbst 2005 schafften es etliche Hundert Schwarzafrikaner mit koordinierten Massenanstürmen auf die Grenzzäune, von marokkanischem auf spanisches Territorium zu gelangen. Fünf von ihnen starben bei dem Versuch. Spanien reagierte, indem es die Zäune von drei auf sechs Meter erhöhte. Marokko verschärfte die Kontrollen seiner Außengrenzen, einschließlich der Küsten. Die Menschen, die sich ein besseres Leben in Europa ausmalten, begannen Marokko zu meiden und wichen auf die südliche Seeroute aus, auf den langen und gefährlichen Weg von Mauretanien und Senegal über den Atlantik zu den Kanaren.

Die Migranten nahmen Strapazen und Risiken in Kauf, weil die wenigsten Afrikaner eine Möglichkeit haben, legal nach Spanien einzureisen. Sie erhalten noch nicht einmal Touristenvisa. Das Boot ist der Ausweg für die Mutigsten, für die Kräftigsten, für die Jungen. Doch anders, als es den besorgten Europäern erscheint, sind es nur wenige, die einen solchen Schritt erwägen. »Das Bild von den Afrikanern, die in Massen nach Europa drängen, ist falsch«, sagt Beatriz Alvear, Schwarzafrika-Expertin im spanischen Außenministerium. »Sie ziehen es eindeutig vor, in

Afrika zu bleiben. Im Verhältnis zur innerafrikanischen Migration macht die Emigration nach Europa und Amerika nur einen kleinen Prozentsatz aus.«

In Spanien kamen im Laufe des Jahres 2006 an die 40 000 Bootsmigranten an – fast 32 000 auf den Kanarischen Inseln, allein 18 000 an den Küsten Teneriffas: mehr als jemals vorher oder nachher. Nicht alle, die in See stachen, erreichten ihr Ziel. Ein Beispiel von Dutzenden: Anfang März 2006 näherte sich ein marokkanischer Fischkutter vor der Westsahara-Küste einer *patera* in Seenot, die beim ersten Kontakt mit dem Kutter auseinanderbrach. 23 Menschen ertranken, 15 wurden vom Fischkutter lebend aus dem Meer geholt.

Während Boot um Boot auf den Kanaren landete, beschloss Spaniens sozialistische Regierung, dem Drama ein Ende zu machen: um weitere Tote zu verhindern, aber auch, um innenpolitischem Druck zu begegnen. Spaniens Rechte hatte die massenhafte Ankunft von Bootsmigranten zur Stimmungsmache gegen Ausländer genutzt, und die Stimmungsmache verfing. 69 Prozent der Spanier fanden nach einer Umfrage von *El Mundo* im Frühjahr 2006, dass in ihrem Land »übermäßig viele« Immigranten lebten. Das Verfahren, mit dem die Regierung im Vorjahr 600 000 illegal beschäftigten Ausländern Papiere verschafft hatte, habe für einen »Sogeffekt« gesorgt, glaubten mehr als 70 Prozent der Befragten. Der damalige PP-Generalsekretär und frühere Aznar-Minister, Ángel Acebes, schürte die Ängste vor den Einwanderern: »Diese Flut hat unsere Grenzen durchlöchert wie ein Sieb, und das nutzen die Verbrecherbanden, um nach Spanien einzudringen.« In einer Parlamentsdebatte erinnerte Ministerpräsident Zapatero daran, dass Spanien bis vor kurzem selbst ein Emigrantenland war (erst seit 1993 wandern mehr Menschen nach Spanien ein als auswandern). Er sagte: »Wir müssen den Ankömmlingen gegenüber eine Haltung bewahren, wie wir sie früher für uns selbst eingefordert haben.«

Den Weg übers Meer versuchte die Zapatero-Regierung trotzdem zu versperren. Mit Erfolg, wenn als Erfolg zu werten ist, dass die Zahl der Bootsmigranten nach den Kanaren spürbar zurückgegangen ist: auf gut 2200 im Jahr 2009. Für den Rückgang dürfte vor allem die schärfere Abschiebepolitik Spaniens verantwortlich sein. Die Afrikaner, die vor einigen Jahren auf den Kanarischen Inseln landeten, konnten in den meisten Fällen in Spanien bleiben, weil es keine Rücknahmeabkommen mit ihren Herkunftsländern gab. Das hat sich geändert. Die spanische Regierung setzte ihren diplomatischen Apparat in Bewegung, eröffnete neue Botschaften in Afrika, versprach und gewährte Entwicklungshilfe und konnte dafür die ersehnten Rücknahmeabkommen unterzeichnen. Heute müssen die Bootsmigranten, die an den spanischen Küsten aufgegriffen werden, damit rechnen, bald wieder im Flugzeug Richtung Heimat zu sitzen. Wer trotzdem noch die Überfahrt im Boot nach Spanien wagt, tut es am ehesten übers Mittelmeer Richtung Festland: Während er auf den Kanarischen Inseln kaum seiner Entdeckung entgehen kann, hat er auf dem spanischen Festland eine gewisse Chance, sich als *clandestino* (als Heimlicher) durchzuschlagen. Aber auch diese Chance wird immer geringer. Ein elektronisches Überwachungssystem (abgekürzt SIVE) hat mittlerweile fast die gesamte spanische Südküste im Blick und spürt die meisten Bootsmigranten auf, schon bevor sie einen Fuß auf spanischen Boden gesetzt haben. Sich übers Meer nach Spanien durchzuschlagen, ist zu einem Unternehmen mit selten glücklichem Ausgang geworden.

Auch während ihres Höhepunktes 2006 war die Bootsmigration nur der augenfällige, der dramatische Teil der Einwanderung nach Spanien. Die allermeisten Ausländer, die heute in Spanien leben, sind unauffällig als Touristen ins Land eingereist – und geblieben. Kein europäisches Land hat in so kurzer Zeit so viele Immigranten aufgenommen wie Spanien. 1998 lebten 720 000 Ausländer legal in Spanien – zehn Jahre später sechs Mal so viele: 4,5 Millionen (und mutmaßlich noch 700 000 *sin papeles*, Immigranten ohne Papiere). Heute sind rund 12 Prozent der 47 Millionen Einwohner Spaniens Ausländer. Sie haben das Land grundlegend verändert. Als ich 1994 von Deutschland nach Madrid zog, kam mir die 3-Millionen-Stadt auffällig homogen vor: Ich sah nur spanische Gesichter (und spanische Frisuren und eine spanische Mode, die mir eine Mode für alle zu sein schien). Heute sehe ich zwischen den spanischen überall ausländische Gesichter (und viele Spanier, die Frisör und Bekleidungsläden gewechselt haben). Madrid ist nicht London oder Paris, noch nicht einmal Frankfurt – aber eine Stadt, die endlich von den Migrantenströmen dieser Welt berührt worden ist. Wie ganz Spanien. Die neue Farbe im Land ist noch frisch. Die Spanier sind erst dabei, sich an die neuen Nachbarn in ihrem Viertel zu gewöhnen. Doch den gewaltigen sozialen Wandel, den der Zuzug der Ausländer bedeutet, hat das Land (trotz gelegentlicher Ausfälle der rechten Elite) gut gemeistert. Die Spanier neigen dazu, jeden gleich (meistens freundlich) zu behandeln, auch wenn sie im Inneren Vorurteile hegen mögen. Eine hässliche Ausnahme waren die fremdenfeindlichen Unruhen Anfang 2000 in El Ejido, einem Zentrum des Obst- und Gemüseanbaus in der andalusischen Provinz Almería. Doch nach den islamistischen Terroranschlägen vom 11. März 2004 blieb das Land ruhig, die Hatz auf Moslems, die manche befürchteten, blieb aus. Das Zusammenleben wird wahrscheinlich durch die kulturelle Nähe zwischen Einheimischen und vielen Zugezogenen erleichtert. 44 Prozent der Ausländer mit Papieren sind Europäer, weitere 28 Prozent Lateinamerikaner. Innerhalb weniger Jahre sind die Rumänen zur größten Einzelgruppe (790 000, knapp 17 Prozent aller Immigranten) herangewachsen, noch vor Marokkanern (760 000) und Ecuadorianern (380 000). Die Deutschen stehen mit knapp 115 000 Einwanderern an zwölfter Stelle.

Was Spanien in den vergangenen Jahren für Ausländer so attraktiv machte, war die große Nachfrage nach (ungelernten) Arbeitskräften – erst in der Landwirtschaft, dann im Hotelgewerbe, in der Gastronomie, als Haushaltshilfen, und später vor allem auf dem Bau. Spaniens Wirtschaftswunder zwischen 1994 und 2007 ist ohne die Ausländer nicht denkbar. Die wenigsten kamen mit einem Vertrag in der Tasche, den Arbeitsplatz suchten sie sich, als sie schon im Land waren. Sie nahmen fast jeden Job zu fast jeder Bedingung an. Die Unternehmer, die Immigranten ohne Papiere (und also auch ohne Sozialversicherung und Steuerkarte) beschäftigten, mussten kaum mit Kontrollen rechnen, der Staat drückte beide Augen zu. Andererseits erlaubte er es den Zugewanderten, sich bei den Gemeindeverwaltungen ihrer neuen Heimatorte anzumelden, selbst wenn sie sich illegal im Land aufhielten; mit der Anmeldung war das Recht auf kostenlose medizinische Behandlung im staatlichen Gesundheitssystem verbunden. Wer sich drei Jahre lang durchgeschlagen hatte und dann jemanden fand, der ihm einen regulären Arbeitsvertrag anbot, erhielt endlich die ersehnte Arbeits- und Aufenthaltsgenehmigung – wenn er nicht vorher schon in einem der zahlreichen Sonderverfahren Papiere ergattert hatte.

Solange es mit der spanischen Wirtschaft bergauf ging, waren die Ausländer willkommen, ob sie Papiere besaßen oder nicht. Wer es einmal ins Land geschafft hatte, konnte sich normalerweise dem eigenen Überleben widmen, ohne von den Behörden belästigt zu werden. Doch die Zeiten sind nicht mehr so. Ministerpräsident Zapatero hat seine eigenen Worte (dass Spanien die Immigranten behandeln möge, wie es die Spanier früher für sich selbst eingefordert haben) vergessen. Stattdessen lässt seine Regierung Jagd auf *sin papeles* machen. »Du steigst wie alle anderen aus der Metro, und die Hiesigen – die Europäer – glauben, es sei alles in Ordnung. Doch auf uns – die Afrikaner, die Latinos, die Asiaten – wartet die Polizei«, schilderte der Senegalese Daouda Thiam, Sprecher des Madrider Verbandes der Ausländer ohne Papiere, Anfang 2010 den Alltag der Nichtweißen in Spanien. Wer bei einer Polizeikontrolle keine gültige Aufenthaltsgenehmigung dabei hat, wird auf die nächste Wache gebracht. Nach dem, was Daouda Thiam am eigenen Leib erfahren hat und was er von anderen weiß, wird den Immigranten das Leben in Madrid, in Valencia und in Sevilla besonders schwer gemacht. Was die Polizei da tut, ist illegal, sagt der Madrider Strafrechtsprofessor José Miguel Sánchez Tomás: weil nach spanischem Recht allgemeine Personenkontrollen und Razzien nur erlaubt sind, wenn sie zum Ziel haben, Straftäter ausfindig zu machen. Keine Aufenthaltsgenehmigung zu besitzen ist aber keine Straftat, sondern eine Ordnungswidrigkeit wie falsch parken. Gegen Falschparker werden in Spanien bisher keine Razzien veranstaltet.

Der Umgang des spanischen Staates mit den Immigranten ist unfreundlicher geworden. Seit Ende 2009 dürfen Ausländer bis zu 60 Tage in Abschiebehaft genommen werden; vorher waren es 40 Tage. Die Familienzusammenführung ist erschwert und die Anwerbung von Arbeitern im Ausland massiv eingeschränkt, während gleichzeitig Eingewanderte, die seit Jahren legal in Spanien leben, finanzielle Anreize erhalten, um in ihre Heimat zurückzukehren. Zapatero macht eine verschreckte Ausländerpolitik, weil ihm keine bessere einfällt.

Welche Zukunft haben die Immigranten in Spanien? Die Krise nach dem Zusammenbruch des Immobilienmarktes hat sie noch härter getroffen als die Spanier. Die Arbeitslosigkeit unter den Ausländern bewegt sich um die 30-Prozent-Marke. Weil die meisten noch nicht lange in Spanien leben, fehlen ihnen familiärer Rückhalt und Beziehungsnetze. Der 51-jährige Peruaner Dani Cabrera landete vor acht Jahren in Alcorcón, einer Vorstadt Madrids. Vor zwei Jahren verlor er seinen Arbeitsplatz in der Industriereinigung. Seine Frau und zwei seiner drei erwachsenen Kinder sind arbeitslos wie er. »Ich suche überall«, sagt Cabrera. »Ich bin bei 200 Unternehmen gewesen. Ich bin durch ganz Madrid gelaufen. Aber ich habe nichts gefunden.« Einmal in der Woche schaut er in einem kleinen Lokal in der Calle la Nacho im Zentrum Alcorcóns vorbei. Dort hat Pedro Oma, ein 66-jähriger Äquatorial-Guineaner mit spanischem Pass und Offizier im Ruhestand, vor einigen Jahren seine eigene kleine Hilfsorganisation gegründet: Er verteilt Lebensmittel an Bedürftige. »Ich hatte drei Millionen Peseten (18 000 Euro) gespart und wusste nicht, was ich damit machen sollte.« Die Waren erhält er gratis von der Banco de Alimentos, der Lebensmittelbank der Madrider Regionalregierung, er kümmert sich darum, dass sie in Alcorcón unter die Leute kommen: frisches Gemüse, Brot, Milch, manchmal Süßigkeiten. »Das Nötigste, um unser Leben fristen zu können«, sagt Dani Cabrera. Wie er versorgen sich hier 396 weitere Immigranten- und 138 spanische Familien. Wohlfahrt als letzter Rettungsanker.

Danach bliebe nur noch die Rückkehr in die Heimat. Amadou Gaye aus Senegal kam 2006 im *cayuco* auf Teneriffa an. Es verschlug ihn nach Madrid, er lebte auf der Straße. »Nicht gut«, sagt er. »Man kann sich nicht waschen.« Schließlich begann er, vor den Kinos in der Madrider Innenstadt Papiertaschentücher zu verkaufen. Das reichte, um monatlich 350 Euro für ein Bett zu bezahlen. Aber er hat noch immer keine geregelte Arbeit und also auch keine Papiere. Er ist es leid. »Ich geh zurück nach Senegal.« Zurück zu seiner Frau und seinen fünf Kindern. »In Senegal war ich Busfahrer. Da war ich nie länger als zwei Monate ohne Arbeit. Man verdient nicht viel. Aber Arbeit gibt's. In Spanien ist es gut, wenn du Arbeit hast. Wenn du keine Arbeit hast, ist es nicht gut.«

Und nun zum Wetter

»The rain in Spain stays mainly in the plain.«
(Alan J. Lerner: *My Fair Lady*)

Die Tablas de Daimiel sind ein Feuchtgebiet, sagt das spanische Fremdenverkehrsamt. Der knapp 2000 Hektar große Nationalpark nahe Ciudad Real beherberge »ein eigentümliches und einzigartiges Ökosystem« aus Sumpfseen, in denen sich Haubentaucher, Ohrentaucher, Fischreiher, Kuhreiher, Nachtreiher und verschiedene spanische Entenarten tummelten. Eine Idylle. Leider ging sie im Herbst 2009 in Rauch auf. Die Grundwasserquellen unter den Seen waren 1984 versiegt, und die beiden vorbeiziehenden Flüsse führten zu wenig Wasser, um den Park am Leben zu erhalten. 2005 lagen die Tablas de Daimiel trocken. Vier Jahre später entzündeten sich im ausgedörrten Torf unterirdische Schwelbrände, die niemand zu löschen wusste.

Dass Spanien ein trockenes Land ist, sieht man auf den ersten Blick. Eine Landschaft wie eine Stierhaut, von Rinnsalen statt Flüssen durchzogen. Es regnet in Spanien kaum weniger als im Rest Europas: im langjährigen Mittel etwa 15 Prozent unter EU-Schnitt. In Oviedo regnet es so viel wie in München, in Sevilla so viel wie in Berlin, in Bilbao viel mehr als in Hamburg. Trotzdem hat Spanien ein Wasserproblem. Ein so gewaltiges, dass sich ein Feuchtgebiet im Feuer verzehren kann und manchmal hier und dort die Wasserhähne trocken bleiben.

Das Problem hat mehrere Ursachen. Es regnet ganz ordentlich in Spanien, aber das Wasser verdunstet schnell, weil es in Spanien heißer ist als im Norden Europas – in Sevilla fast doppelt so heiß (auf der Celsius-Skala) wie in Berlin. Es regnet ganz ordentlich, aber es regnet nicht gleichmäßig – im Juli und August fast gar nicht. Manchmal fallen auch im Rest des Jahres kaum Niederschläge. Im Mai 2007 stellten die Wolken ihre Arbeit über Spanien für ein ganzes Jahr weitgehend ein, weswegen sich die Menschen spätestens im Februar 2008 zu sorgen begannen. In Katalonien buchte die Regionalregierung Tankschiffe, um Wasser aus Frankreich und aus einer südspanischen Meerwasserentsalzungsanlage herbeischaffen zu lassen. Die ersten Wassertanker fuhren Mitte Mai im Hafen von Barcelona ein – dann fing es plötzlich aus vollen Kübeln zu schütten an, und Katalonien brauchte keine weiteren Tankschiffe. Es regnete einen Monat lang, kein Mensch konnte sich an einen solch nassen Mai und Junianfang erinnern. Doch gewöhnlich tut der Regen nie dem ganzen Lande Recht. Nur an der Nordküste, von Galicien bis zum Baskenland, fällt er fast immer reichlich. Weiter südlich, jenseits der Cordillera Cantábrica, ist auf die Niederschläge weniger Verlass. Dass der Regen in Spanien »mainly in the plain« bleibe, klingt schön, ist aber nicht wahr: Die Ebenen der Meseta sind besonders trocken. Noch weniger regnet es in der Provinz Almería und der dortigen Wüste von Tabernas und am wenigsten auf den östlichen Kanareninseln.

Um der immerzu und fast überall drohenden Wasserknappheit zu begegnen, haben Spaniens Regierungen das Land im vergangenen Jahrhundert mit Stauseen überzogen. Weil er dauernd irgendwo einen Stausee einweihte, erhielt Francisco Franco im Volksmund den Beinamen *Paco Pantanos* (Paco ist die Koseform von Francisco, *pantanos* das spanische Wort für Stauseen). Heute gibt es in Spanien mehr als 1300 Stauseen, so viele wie in keinem anderen europäischen Land. Zusammengenommen fassen sie 55 Milliarden Kubikmeter Wasser; wären sie einmal alle voll, könnte Spanien damit seinen Wasserbedarf für beinahe drei Jahre decken.

Aber die Stauseen sind nie alle voll. Manche sind sogar meistens ziemlich leer. Die Stauseen im Einzugsgebiet des Júcar bei Valencia und des Segura bei Murcia füllen sich in normalen Jahren nur zu 15 bis 30 Prozent. Deswegen appellieren Spaniens trockene Südostregionen gerne an die interterritoriale Solidarität, das heißt: Sie fordern Wasser aus dem Norden ein. Seit 1979 verbindet eine rund 300 Kilometer lange Überlandleitung (*trasvase*) den Oberlauf des Tajo mit den Segura, um bei Bedarf Wasser aus Zentralspanien in den Südosten strömen zu lassen. Die Idee scheint auf den ersten Blick überzeugend: In einem Land mit so ungleich verteilten Niederschlägen wie Spanien geben die regenreicheren Gegenden den trockenen von ihrem Überfluss ab. Doch die Praxis hat ihre Tücken: denn oft braucht der Süden gerade dann am dringendsten Wassernachschub, wenn es auch im Rest des Landes wenig geregnet hat.

Weil der Tajo nicht der Amazonas ist, sorgt die Entscheidung darüber, wie viel Tajo-Wasser zum Segura abgezweigt werden soll, regelmäßig für politischen Streit zwischen der Geberregion Kastilien-La Mancha und der Empfängerregion Murcia. Die Kastilier behielten das Wasser gerne für sich und halten den Murcianern vor, dass sie sich ihre Wassernot mindestens teilweise selbst zuzuschreiben hätten. In Murcia wurden in den vergangenen Jahren, wie überall am Mittelmeer, Siedlungen von der Größe mittlerer Provinzstädte hochgezogen, um spanischen und ausländischen Touristen den Traum von der Zweitwohnung mit Meerblick zu verwirklichen (oder weil Spekulanten den Bau von Zweitwohnungen mit Meerblick für ein gutes Geschäft hielten). Das war nicht nur eine kulturelle und ästhetische Katastrophe, sondern auch ökologisch widersinnig, weil es an Wasser für die neuen Residenten fehlte. Privatinvestoren bauten (und verdienten), die Regionalparlamente steuerten die laxe Gesetzgebung bei, die den Widersinn zuließ, und die Regierung in Madrid sah dem Treiben beinahe machtlos zu. Das Umweltministerium verpflichtete die regionalen Wasserverbände, »ausdrücklich über die Existenz und Nichtexistenz einer ausreichenden Wasserversorgung« zu informieren, aber Konsequenzen hatte das keine. Die Wohnungen wurden trotzdem gebaut. Die meisten in den Regionen Valencia und Murcia, dort wo die Stauseen gewöhnlich nur zu 15 bis 30 Prozent gefüllt sind.

Um den Durst des Südens zu stillen, plante die Aznar-Regierung vor einigen Jahren den Bau einer gewaltigen, 750 Kilometer langen Wasserleitung vom Ebro über Valencia und Murcia bis nach Almería, doch die Zapatero-Regierung legte das Projekt auf Eis. Sie setzt stattdessen auf den Bau von Meerwasserentsalzungsanlagen: Das sei immer noch billiger und energiesparender, als Ebro-Wasser ans südliche Mittelmeer zu pumpen. In Carboneras in der andalusischen Provinz Almería nahm im Mai 2005 die größte Entsalzungsanlage Europas ihren Betrieb auf. Fünf Jahre später nutzte sie nur rund 20 Prozent ihrer Kapazität: weil das dazugehörige Leitungsnetz noch nicht komplett war und weil ihren potenziellen Kunden, den Obst- und Gemüsebauern der Gegend, das Wasser aus der Entsalzungsanlage zu teuer ist. Die Landwirte haben sich an billiges Wasser gewöhnt. Wenn in trockenen Sommern aus den Stauseen nichts mehr zu holen ist, bohren sie illegale Brunnen und zapfen das Grundwasser an – das kostet sie fast nichts. Trotzdem verkündet das Umweltministerium optimistisch: »Das Wasser der Zukunft, jenes, das eine nachhaltige Entwicklung garantieren kann, kommt aus dem Meer.« Zurzeit deckt das Wasser aus den Entsalzungsanlagen rund 1 Prozent des spanischen Wasserbedarfs ab. Der Rest kommt (zu drei Vierteln) aus den Stauseen und (zu einem Viertel) aus den Grundwasserreservoirs.

Spanien braucht besonders viel Wasser, weil es seine Landwirte im Überfluss damit versorgt. Aufs Konto der Landwirtschaft gehen drei Viertel des gesamten spanischen Wasserkonsums. Rund 3,4 Millionen Hektar Land (das entspricht der Fläche Nordrhein-Westfalens) werden künstlich bewässert, etwa ein Fünftel der gesamten landwirtschaftlichen Fläche Spaniens (ohne Wälder und Weiden). Vielerorts wäre die Landwirtschaft ein unmögliches Geschäft, wenn der Mensch nicht dort nachhälfe, wo sich die Wolken verweigern. Anders als in Nordeuropa, wo auf brachliegendem Ackerland über kurz oder lang Wald heranwächst, verwandelte sich unbebautes Land in den trockenen Regionen Spaniens in Wüste. Das ist eines der wichtigsten Argumente des spanischen Staates für die großzügige hydrologische Subventionierung ihrer Landwirtschaft.

Wasserpolitik war in Spanien jahrzehntelang nichts anderes als die Erschließung immer neuer Wasserressourcen, um die immer weiter steigende Nachfrage zu befriedigen. Weil Wasser zwar knapp, aber billig war, gingen die Bauern verschwenderisch damit um: Wollten sie ihrer Felder bewässern, überschwemmten sie einfach das Land. Doch das Umdenken hat begonnen. Langsam setzen sich (mit staatlicher Hilfe) moderne Bewässerungssysteme durch, die den Pflanzen die Wassermenge zuführen, die sie brauchen, und nicht mehr. Knapp die Hälfte des bewässerten Landes ist mittlerweile mit solchen Systemen ausgestattet, was der Hauptgrund dafür ist, dass Spaniens Wasserkonsum seit einigen Jahren wieder zurückgeht. Jedenfalls der registrierte Konsum. Viele Landwirte besorgen sich ihr Wasser immer noch aus mutmaßlich hunderttausenden illegalen Brunnen. Das ist fatal, denn anders als im regnerischen Nordeuropa füllen sich die spanischen Grundwasserreservoirs nur langsam wieder auf. Oder gar nicht, wenn es die Brunnenbohrer zu bunt

treiben. Die Tablas de Daimiel speisten sich aus kräftig spru-
delnden Quellen, den Ojos del Guadiana, die sich wiederum aus
einem Grundwassersee speisten. 1965 begann man das unterirdische Reservoir anzuzapfen, um die Landwirte oben mit
Wasser zu versorgen. Jahr für Jahr wurde mehr Wasser entnom-
men, als auf natürliche Weise ins Grundwasser zurücksickerte.
Nach 20 Jahren war das Reservoir erschöpft, die Ojos del Guadiana versiegten, die Tablas de Daimiel trockneten aus. Und
brannten den ganzen Herbst 2009. Gerettet hat sie die Natur.
Im Januar 2010 gingen über dem Nationalpark die heftigsten
Regenschauer nieder, seit darüber Buch geführt wird. Die Tablas de Daimiel sind wieder eine Idylle. Bis zur nächsten Trocken-
zeit.

Wenn es lange nicht regnet, wird nicht nur das Wasser knapp.
Wenn es lange nicht regnet, brennt Spanien. Nach einem regen-
reichen Winter und Frühling brechen vielleicht 10 000 Waldbrände aus, nach langer Trockenheit mehr als 25 000. Das sind
viele – Deutschland verzeichnet 500 bis 3000 Waldbrände im
Jahr. Spaniens Brandbekämpfer haben aus den wiederkehren-
den Katastrophen gelernt. Die meisten Feuer löschen sie schnell,
noch bevor die Flammen mehr als ein Hektar Wald ergriffen
haben. Aber immer wieder sind sie machtlos: Drei Dutzend
Feuer im Jahr wälzen sich über mehr als 500 Hektar aus. Das
sind die Brände, die den Katastrophenschützern wirklich den
Schlaf rauben. Ihre Erfolge gegen die Flammen lassen sich nur
über lange Zeiträume messen, und es sind erst bescheidene Erfolge: In den 1990er Jahren verbrannten in Spanien jedes Jahr
durchschnittlich 150 000 Hektar Wald- und Buschland, im vergangenen Jahrzehnt noch etwa 125 000 (also das halbe Saar-
land).

Für die Waldbrände sind nicht Hitze und Trockenheit verantwortlich, sondern der Mensch. Hitze und Trockenheit schaffen
bloß die idealen Voraussetzungen dafür, dass menschliche Un-
achtsamkeit in die Katastrophe führt. Die Fantasielosigkeit der
unfreiwilligen Brandstifter ist verblüffend. Die *cultura del fuego*
(die Angewohnheit, Gartenabfälle zu verbrennen oder ein kleines Stück Land abzufackeln, um es von Buschwerk zu säubern)
ist besonders tief in Spaniens regenreichster Region Galicien
verwurzelt – mutmaßlich, weil hier die Feuergefahr weniger

offensichtlich ist als im dürren Süden. In Galicien, wo 7,8 Prozent des spanischen Waldes stehen, brechen die Hälfte aller spanischen Waldbrände aus. Das vergleichsweise feuchte Klima verhindert immerhin, dass jeder Brand zur Feuerwalze anwächst. Dennoch verliert die Region im Jahr durchschnittlich 25 000 Hektar Wald- und Buschland durch Feuer.

Anders als die vielen kleinen Feuer, die zum Großteil menschlicher Dummheit geschuldet sind, ist fast die Hälfte der Großfeuer, die mehr als 500 Hektar Wald vernichten, der kriminellen Energie von Brandstiftern zuzuschreiben. Sie legen die Feuer an besonders schwer zugänglichen Orten oder zündeln gleich an mehreren Stellen, um den Löschtrupps die Arbeit zu erschweren. Ihre Motive sind vielfältig. Manche sind irre Pyromanen, manche wollen sich an anderen Menschen oder gleich an der ganzen Gesellschaft rächen. Dass Immobilienentwickler Wälder abfackeln, um Bauland zu gewinnen, ist eher unwahrscheinlich. Einerseits dürfen Waldflächen nach einem Brand nicht bebaut werden, andererseits sind Gemeinde- und Regionalverwaltungen großzügig genug, Wald als Bauland auszuweisen, ohne dass er vorher in Flammen aufgegangen sein müsste. Um das jährliche Waldbranddrama in den Griff zu bekommen, fordert der spanische WWF dringend besseres Waldmanagement: Vor allem die Privatwälder seien schlecht gepflegt und damit ein leichtes Opfer der Flammen.

Die erbarmungslose spanische Sonne hat auch ihre Vorzüge. Sie holt Touristen ins Land und bietet sich als unerschöpfliche Stromquelle dar. Spanien brauchte lange, um aus seinem Sonnenreichtum energetisches Kapital zu schlagen. Während es die Fotovoltaikanlagen im bewölkten Deutschland Ende 2004 zusammen auf eine Spitzenleistung von mehr als 500 Megawatt brachten, waren in Spanien erst 10 Megawatt installiert. Doch das Land hat in atemberaubender Geschwindigkeit aufgeholt. 2005 beschloss die Zapatero-Regierung, den Sonnenstrom großzügig zu subventionieren – so großzügig, dass sie damit einen Fotovoltaikboom auslöste, der ihr bald finanziell über den Kopf wuchs. Privatinvestoren begannen halb Spanien mit Sonnenparks zu überziehen. Ende 2008 standen plötzlich Anlagen mit einer Spitzenleistung von 3400 Megawatt in der Landschaft. Erschrocken über ihren eigenen Erfolg, stutzte die Regierung ihre Subventionen so weit zurück, dass die Fotovoltaik seitdem nur noch gezügelt weiterwächst. Mit den vorhandenen Anlagen ist Spanien bei dieser Technologie, nach Deutschland, immer noch Europas Nummer 2.

Europaweit konkurrenzlos erprobt Spanien seit kurzem den Einsatz der Solarthermie. Anders als Fotovoltaikanlagen, die auch in Deutschland ihren Dienst tun, funktioniert ein solarthermisches Kraftwerk nur in wirklich sonnigen Erdgegenden. Tausende zu Rinnen angeordnete Spiegel lenken die Sonnenstrahlen auf ein gläsernes Rohr, in dem sich ein synthetisches Öl auf bis zu 400 Grad erhitzt – am Ende erzeugt den Strom, wie in jedem konventionellen Kraftwerk, eine Dampfturbine. Europas erstes solarthermisches Kraftwerk, Andasol, ist seit Dezember 2008 in der Nähe von La Calahorra, etwa 50 Kilometer östlich von Granada, in Betrieb. Am Bahnhof von La Calahorra drehte Sergio Leone einst die berühmte Eingangssequenz von »Spiel mir das Lied vom Tod« (1968), in der drei schweigsame Männer bei flimmernder Hitze die Ankunft eines Zuges erwarten. Aus der flimmernden Hitze macht Andasol jetzt Strom.

Während die Sonnenenergie in Spanien gerade erst an Bedeutung gewinnt (2009 deckte sie 2,6 Prozent des Strombedarfs), ist die Windenergie schon etabliert. Mit einer Gesamtkapazität von gut 19 000 Megawatt (Ende 2009) besitzt Spanien, nach den USA, Deutschland und China, den viertgrößten Windmühlenpark der Welt, der 2009 rund 14 Prozent des spanischen Stroms zur Verfügung stellte. Die geografischen Bedingungen für den Ausbau der Windkraft sind günstig. Spanien ist mit 89 Einwohnern pro Quadratkilometer ein relativ dünn besiedeltes Land (in Deutschland leben 230 Einwohner je Quadratkilometer), weswegen es selten zu Konflikten zwischen den Windparkbetreibern und genervten Anwohnern kommt. Außerdem weht der Wind in Spanien besonders kräftig. So kräftig, dass die Windparks am Morgen des 8. November 2009 zum ersten Mal für ein paar Stunden mehr als die Hälfte des spanischen Stroms lieferten. Spaniens Stromnetz zeigte sich der Windstromspitze gewachsen, worauf der Netzbetreiber REE zu Recht stolz war. Beflügelt durch den Erfolg im eigenen Land, ist die spanische Windindustrie in die Weltelite aufgestiegen: Der spanische Energiekonzern Iberdrola ist der größte Windparkbetreiber der

Welt, Gamesa und Acciona gehören zu den weltweit gefragtesten Windturbinenbauern.

Spanien ist gerade dabei, die energiepolitische Wende zu schaffen. Das Land muss sich sputen. In keinem entwickelten Industrieland hat der Ausstoß von Kohlendioxid und anderen Treibhausgasen seit 1990 so stark zugenommen wie in Spanien: um 53,5 Prozent bis 2007. Weil sie 1990 nur wenig Treibhausgase produzierten – pro Kopf etwa halb so viel wie die Deutschen –, erlaubte das Kyoto-Abkommen den Spaniern bis 2012 eine Zunahme der Emissionen um 15 Prozent. Doch dieses Ziel wird Spanien kaum erreichen. Schuld daran sind frühere Versäumnisse. Der Politik waren die Treibhausgase egal. »Niemand wird uns zwingen, die Kyoto-Vorgaben auf einem Unternehmensfriedhof zu erfüllen«, sagte Aznars Wirtschaftsstaatssekretär José Folgado 2003. Der Energieverbrauch wuchs, das war normal, aber er wuchs stärker als die Wirtschaft. »Neureichensyndrom« nannte das Zapateros erste Umweltministerin Cristina Narbona. Unter Zapatero begann die Wende. Er ließ erneuerbare Energien fördern und brachte gesetzliche Energiesparpläne auf den Weg. Seit 2005 konsumiert Spanien nicht mehr jährlich mehr, sondern weniger Energie für die gleiche Wirtschaftsleistung, und seit 2008 ist der Ausstoß an Treibhausgasen deutlich zurückgegangen. Sonne und Wind seien Dank.

Zersplitterndes Spanien

»Aber das Prinzip des Nationalstaats ist nicht ›natürlich‹,
und die Idee, dass es natürliche Einheiten gibt, wie Nationen,
oder sprachlich oder rassisch einheitliche Gruppen,
ist völlig fiktiv.« (Karl Popper: *Die offene Gesellschaft
und ihre Feinde*)

Wenn der Ch. Links Verlag auf die Idee kommt, eine Reihe von
Länderportraits herauszugeben, dann nimmt er nicht nur an,
dass es verschiedene Länder gibt (was eine ganz vernünftige
Annahme ist), sondern auch, dass es über diese Länder etwas
Besonderes zu sagen gäbe: etwas, was sie von anderen Ländern
unterscheidet. Ich lasse mich auf das Spiel ein und tue so, als
könnte ich über Spanien schreiben wie über eine Person, mit
ihren biografischen Daten, ihrer Physiognomie, ihren persönlichen Ticks, ihrer eigenen Sicht auf die Welt. Das Spiel funktioniert. Jeder Deutsche, der zum ersten Mal nach Spanien reist,
macht die (gar nicht unsympathische) Erfahrung, in der Fremde
gelandet zu sein. Ein Buch wie dieses ist der Versuch, die Elemente, die das Gefühl der Fremdheit entstehen lassen, beim Namen zu nennen. Ich erfinde dafür nicht nur ein ideelles Gesamt-
spanien, sondern male mir auch einen ideellen Gesamtdeutschen
aus, den in Spanien dieselben Dinge überraschen wie mich. Auch
das funktioniert. So verschieden ein Deutscher vom anderen
ist, trägt er doch offenbar ein kulturelles Paket mit sich herum,
dessen Existenz er sich erst in der Begegnung mit der Fremde
bewusst wird. Bei einem meiner ersten Madrid-Besuche lotste
mich eine spanische Freundin in ein brechend volles Restaurant.
Mit geübtem deutschen Blick entdeckte ich an einem der Tische
zwei freie Sitzplätze und eilte ihnen zielstrebig entgegen, doch
gerade als ich mich setzen wollte, bekam mich die Freundin, die
mir hinterhergelaufen war, am Arm zu fassen und sagte mir ins
Ohr, dass man sich in Spanien nicht zu fremden Leuten an den

Tische setze. Ich fragte: Warum das denn nicht? Das ist die Frage des Neulings, der seine Heimaterfahrungen für den Maßstab der Welt nimmt. Ein paar Jahre später reiste ich mit einem spanischen Geschwisterpaar nach Deutschland. In einer Cafeteria setzte sich eine Gruppe von Deutschen an unseren Tisch, was den Geschwistern beinahe den Appetit verschlug. Sie fragten mich: Warum setzen die sich zu uns an den Tisch? Sehen die nicht, dass *wir* hier schon sitzen?

Die Fremde kann man überall erleben, dafür braucht man nicht unbedingt ins Ausland zu reisen. Das Kind erlebt sie im Elternhaus des neuen Freundes, wo es ungläubig feststellt, dass dort nach anderen Ritualen gespeist wird als in der eigenen Familie. Der Dörfler erlebt sie beim ersten Besuch in der Großstadt: so wie ich bei meinem ersten Besuch mit 17 in Berlin, wo ich mich wirklich sehr klein fühlte. Später, während meines Zivildienstes in Südhessen, nannte mich (den Niedersachsen) jemand Fischkopf, und ich hatte keine Ahnung, was das bedeuten sollte. Bei einem Besuch in Regensburg traf ich auf unerwartete Schwierigkeiten, als ich beim Bäcker ein paar Brötchen holen wollte: In Regensburg heißen die Brötchen nicht Brötchen, und auch sonst verstand ich die Leute nicht. Ein befreundetes Ehepaar zog vor ein paar Jahren nach Köpenick im Berliner Osten, wo sie keine Sprachprobleme hatten, aber als Wessis einige Zeit brauchten, um von den Alteingesessenen akzeptiert zu werden. Überall Parallelgesellschaften. Das kulturelle Paket, das wir mit uns herumtragen, ist nicht bei allen gleich gepackt, bloß weil wir alle Deutsche sind. Erst im Ausland machen wir die Erfahrung, dass uns mehr miteinander verbindet, als wir ahnten. Wir merken es spätestens, wenn uns das schlechte Benehmen von Landsleuten peinlich berührt: als wenn wir etwas für das schlechte Benehmen unserer Landsleute könnten.

Kann ich, wenn ich über Spanien schreibe, guten Gewissens so tun, als ob es *ein* Spanien gäbe? Als ich meinen spanischen Freunden von diesem Buch erzählte, fragten sie sofort: Und schreibst du auch über die verschiedenen Regionen? Ich antwortete: Ich schreibe keinen Reiseführer, ich schreibe über das, was ganz Spanien gemeinsam ist. Worauf sie sagten: Aber Spanien ist doch so unterschiedlich! Worauf ich sagte: Ich finde das nicht.

Ein Spanier auf Deutschland-Besuch wird in dem, was er sieht, das Deutsche entdecken – egal ob er eine Rundfahrt durch den Hamburger Hafen macht oder einen Gang über das Münchner Oktoberfest, ob es ihn in eine niedersächsische Kleinstadt verschlägt oder in ein südhessisches Dorf, ob er die Schönheit von Regensburg bestaunt oder die von Köpenick. So geht es mir in Spanien: Ich entdecke überall das Spanische. Heute fallen mir die Unterschiede im Land stärker auf als früher: Ja, die Galicier sind unergründlicher, die Kastilier spröder, die Katalanen disziplinierter, die Andalusier redseliger als die anderen. Spanien ist groß, wer erwartete da Homogenität. Aber über all den Unterschieden nehme ich das Gemeinsame wahr. Und wenn ich kulturelle Brüche erleben will, muss ich nur vom Barrio de Salamanca, wo Madrids wohlhabende *pijos* leben, nach Getafe, eine Arbeitervorstadt im Madrider Süden, fahren. Ihr sozialer Status prägt die Spanier mehr als ihre regionale Herkunft. Trotzdem reiten sie sehr auf ihrer Herkunft herum.

Wenn man einen Spanier fragt, wo er herkommt, antwortet er meistens mit dem Namen seiner Heimatprovinz: »Soy de Granada« – »ich bin aus Granada.« Die naheliegende Nachfrage ist: »¿Granada capital?« – »aus der (Provinz-)Hauptstadt Granada?« Die Antwort ist dann ein einfaches Ja oder eine komplizierte Beschreibung der Lage des Dorfes, in dem er aufgewachsen ist. Spanien ist seit 1833 in (ursprünglich 49, heute) 50 Provinzen gegliedert, die etwa mit den deutschen Regierungsbezirken vergleichbar sind. Die Provinzen sind unterschiedlich groß (die größte, Badajoz in der Extremadura, misst knapp 22 000 Quadratkilometer, die kleinste, Guipúzcoa im Baskenland, knapp 2000) und vor allem unterschiedlich stark besiedelt (die bevölkerungsreichste ist die Provinz Madrid mit 6,4 Millionen Einwohnern, die bevölkerungsärmste die kastilische Provinz Soria mit 95 000 Einwohnern). Als politische Entscheidungsebene haben die Provinzen, außer im Baskenland, kaum noch Bedeutung. Sie sind aber mit den Wahlkreisen für die nationalen Wahlen identisch, und die zweite Kammer des spanischen Parlaments, der Senat (Senado), ist vornehmlich die nationale Vertretung der Provinzen, was ein Anachronismus ist. Vor allem haben die Provinzen ihre Bedeutung als regionale Identifikationsrahmen bewahrt: Heimat ist die Heimatprovinz mit ihrer Heimatzeitung und ihrer heimatlichen Sparkasse (umso dramatischer der erzwungene Zusammenschluss etlicher Sparkassen in Gefolge der schweren Wirtschaftskrise 2010). Der Heimatstolz ist gewöhnlich maßlos. Ich habe noch keine journalistische Recherchereise in Spanien unternommen, ohne dass mir irgendwann irgendjemand ungefragt erklärte, warum sein Stück Heimat vor allen anderen Gegenden Spaniens das lebenswerteste sei (und warum man unmöglich in Madrid, diesem Moloch, leben könne). Manchmal ist die Provinz als Identifikationsrahmen noch zu groß. Jerez gehört zur andalusischen Provinz Cádiz, was den Leuten aus Jerez nicht gefällt, und Vigo zur galicischen Provinz Pontevedra, was den Leuten aus Vigo nicht gefällt. Auf den Inseln ist das Abgrenzungsbedürfnis gegen alle anderen noch stärker. Auf Fuerteventura lernte ich einmal eine Frau kennen, die etliche Jahre zuvor von der Nachbarinsel Gran Canaria nach Fuerteventura herübergezogen war. »Glaub nicht, dass sie mich hier als ihresgleichen akzeptieren«, sagte sie. »Ich bin immer noch die Auswärtige.«

Die Spanier lieben ihr kleines Stück Heimat mehr als das ganze Land. Der sprichwörtliche stolze Spanier ist ausgestorben. Wenn die Spanier noch auf etwas stolz sind, dann auf ihre Lebensart und ihre Küche, und manchmal auf die Leistungen ihrer Sportler. Ansonsten sind sie so selbstbewusst wie realistisch: Spanier zu sein ist weder ein Vorzug noch ein Makel. Dickköpfigen Nationalismus nach außen üben sie nur in der Gibraltar-Frage: Gibraltar, vor 300 Jahren von den Engländern eingenommen, müsse früher oder später an Spanien zurückfallen. (Die knapp 30 000 Einwohner Gibraltars sehen das anders. Zuletzt – in einem Referendum Ende 2002 – erklärten 98,5 Prozent von ihnen, dass sie keinesfalls eine zwischen Großbritannien und Spanien geteilte Souveränität über ihren Felsen wünschten. Einen Anschluss an Spanien schon gar nicht.)

Obwohl die Menschen mehr an ihrer Heimatregion als am ganzen Land hängen, fühlen sich die meisten doch ganz selbstverständlich als Spanier. Aber nicht alle. An den geografischen Rändern des Landes, vor allem in Katalonien und im Baskenland, ist die nationale Gefühlslage weniger eindeutig. Wenn sich Spaniens Rechte hin und wieder dem fahnenschwenkenden Nationalismus ergibt, dann ist das kein Nationalismus nach außen, sondern einer nach innen: einer der auf die Einheit Spaniens pocht, die er durch die regionalen Abkehrtendenzen gefährdet sieht.

Spanien ist, wie alle anderen Länder dieser Welt, keine natürliche Einheit, sondern das Ergebnis von Kriegen, Machtkämpfen und königlichen Hochzeiten. Aber hinter den Ereignissen, die Spanien seine heutige Form gaben, vermuten etliche Historiker ein weit zurückreichendes Zusammengehörigkeitsgefühl. »Bereits in der Zeit römischer Besetzung war das lateinische Hispania nicht nur ein geografischer Begriff«, schreibt der deutsche Hispanist Horst Pietschmann; mit dem Begriff sei auch die Vorstellung einer »politischen und kulturellen Identität« verbunden gewesen. Die »Einheit Spaniens«, sagt Pietschmann, hätten schließlich die Westgoten *(visigodos)* hergestellt, die im 5. Jahrhundert auf die Iberische Halbinsel vordrangen und dort ein von Rom unabhängiges Reich errichteten. Vom Westgotenreich blieb allerdings nach der weitgehenden moslemischen Eroberung Iberiens im 8. Jahrhundert nur ein schmaler Streifen im Norden der Halbinsel übrig. Während der folgenden Epoche der Reconquista entstanden im christlichen Herrschaftsbereich mehrere konkurrierende Königreiche, die nicht nur gegen Al Andalus zu Felde zogen, sondern sich ebenso hartnäckig untereinander bekriegten. Doch der Einheitsgedanke, sagt Pietschmann, lebte fort, wovon mittelalterliche Chroniken und Volksgesänge Zeugnis ablegten.

Im 15. Jahrhundert, kurz vor Abschluss der Reconquista, waren Kastilien und Aragón (beide selbst wieder in Teilreiche gegliedert) zu den beiden mächtigsten spanischen Königreichen aufgestiegen. Die Hochzeit der 18-jährigen Isabella, Tochter des damaligen kastilischen Königs, und des 17-jährigen Ferdinand, Sohn des damaligen aragonesischen Königs, im Oktober 1469 in Valladolid, legte den Grundstein für ein künftiges einiges Spanien. Isabella erbte 1474 die Krone Kastiliens, Ferdinand 1479 die Krone Aragóns. Die beiden Herrscher, die späteren »Katholischen Könige«, regierten gemeinsam über ihre Reiche, die dennoch ihre Unabhängigkeit bewahrten. Erst der Enkel Isabellas und Ferdinands, König Karl I. (zugleich Kaiser Karl V.), wurde als Erbe beider Reiche König Spaniens genannt. Doch die früheren, mittelalterlichen Einzelreiche verschwanden nicht einfach von der Landkarte: Sie verteidigten, mit unterschiedlicher Beharrlichkeit und wechselndem Erfolg, weiter ihre Machtansprüche gegen den König. In diesem Machtkampf setzte sich das Königtum schließlich weitgehend durch. Der erste Bourbonenkönig, Philipp V., schaffte zwischen 1707 und 1716 mit den Decretos de Nueva Planta die mittelalterlichen Sonderverfassungen der aragonesischen Teilreiche Valencia, Aragón, Mallorca und Katalonien ab – als Strafe dafür, sich im Erbfolgekrieg gegen ihn gestellt zu haben. Spanien wandelte sich zum zentralistisch organisierten Staat.

Der alte Widerstreit zwischen gesamtspanischem Einheitsverlangen und regionalem Abgrenzungsbedürfnis wurde im 19. Jahrhundert neu belebt, als sich die Menschen in Europa nicht mehr als königliche Untertanen, sondern als Angehörige von Nationen zu begreifen begannen. Doch die Nationen, denen sich die Menschen zugehörig fühlten, stimmten nicht immer mit den bestehenden Staatsgebilden überein. In den italienischen und deutschen Kleinstaaten strebten die nationalistischen Bewegungen nach staatlicher Einheit, im Einheitsstaat Spanien strebten die nationalistischen Bewegungen Kataloniens und des Baskenlandes nach Abspaltung. Bis heute stellen die katalanischen und baskischen Nationalisten ihre Zugehörigkeit zu einer spanischen Nation in Frage. Da Nationen politische Konstrukte und nicht naturgegeben sind, haben sie mit ihren Zweifeln ebenso Recht wie die spanischen Nationalisten, für die Katalonien und das Baskenland ganz zweifellos Teile der spanischen Nation sind. In ihrer Unergiebigkeit ähneln nationalistische Debatten religiösen – ihre Argumente sind nicht von dieser Welt.

Nach dem Tod Francos (der mit harter Hand gegen alle Eigenständigkeitsbestrebungen der Regionen vorgegangen war) machten sich die Politiker der *transición* auf die Suche nach einer pragmatischen Lösung für die grundsätzlich unlösbare Nationenfrage. Sie fanden die Lösung in einem einmaligen Staatsmodell: dem *Estado de las Autonomías* – einem in autonome Regionen gegliederten Staat. Die Verfassung von 1978 gestand den spanischen »Nationalitäten und Regionen« das Recht auf Autonomie zu, und innerhalb weniger Jahre taten sich alle 50 spanischen Provinzen mit anderen Provinzen zu einer Comunidad Autónoma (wörtlich: Autonomen Gemeinschaft) zusammen (Andalusien, Aragón, Baskenland, Extremadura, Galicien, Kanaren, Kastilien-La Mancha, Kastilien und León, Katalonien, Valencia) oder erklärten sich zu einer eigenständigen Region (Asturien, Balearen, Kantabrien, Madrid, Murcia, Navarra, La Rioja). Die beiden spanischen Nordafrikaexklaven Ceuta und Melilla erhielten 1995 den Status Autonomer Städte.

Der *Estado de las Autonomías* funktioniert, aber er funktioniert nicht besonders gut. Zum einen bewahrt er die Ticks eines zentralistisch organisierten Staates. Madrid ist noch immer die Stadt, in der sämtliche Entscheidungen getroffen werden, die das ganze Land angehen. Hier sitzen alle nationalen Gerichte und (bis auf eine) alle nationalen Behörden, vom Centro Nacional de Inteligencia (dem Geheimdienst) bis zur Dirección General de Tráfico (der obersten Straßenverkehrsbehörde). Als Ministerpräsident Zapatero die Comisión del Mercado de las Telecomunicaciones (die Aufsichtsbehörde für den Telekommunikationsmarkt) als erste gesamtspanische Behörde 2005 nach Barcelona umziehen ließ, schimpfte die Madrider Regionalpräsidentin Esperanza Aguirre: »Wir lehnen es ab, dass wir Madrider ungerechterweise bestraft werden.« Der alte Zentralismus sitzt noch tief.

Auf der anderen Seite hat die Aufgliederung Spaniens in 17 Comunidades Autónomas dazu geführt, dass die Regionalfürsten in Barcelona, Vitoria, Zaragoza oder Santiago de Compostela nur ihre kleine Machtparzelle im Auge haben und notfalls lieber gegen den Rest des Landes als solidarisch mit ihren Mitspaniern regieren. Ein Gegenstück zum deutschen Bundesrat, das die Regionen in die nationale Politik einbinden würde, gibt es nicht. Der Senat könnte dazu umgewandelt werden, aber für die notwendige Verfassungsänderung hat sich im spanischen Parlament bisher keine Mehrheit gefunden.

Mit der Einrichtung einer Kammer der Regionen würde sich Spanien einem föderalen System nähern, von dem es bisher recht weit entfernt ist. Das größte Manko des derzeitigen Autonomiemodells (im Gegensatz zum föderalen) ist seine konstitutionelle Unbestimmtheit: Die Verfassung zieht keine Grenzlinie zwischen zentralstaatlichen und regionalen Kompetenzen. Den Grad ihrer Autonomie handeln die Regionen immer wieder neu mit der Zentralregierung aus. Der Prozess ist grundsätzlich nie abgeschlossen. Gewöhnlich sind Katalonien und das Baskenland Vorreiter beim Erwerb neuer Zuständigkeiten; die anderen Comunidades Autónomas sehen in der Folge zu, ihren Kompetenzrückstand aufzuholen. Als Gradmesser für die stete Verschiebung der Zuständigkeiten vom Zentralstaat zu den Regionen mögen die öffentlichen Ausgaben dienen: 1988 entschied die Regierung in Madrid noch über 45 Prozent der Ausgaben, siebzehn Jahre später über 21 Prozent; im selben Zeitraum stieg der Ausgabenanteil der Comunidades von 20 auf 36 Prozent (den Rest teilen sich Sozialversicherung und Kommunen). Doch der stete Kompetenzzuwachs der Regionen hat die widerstreitenden Nationalismen nicht miteinander versöhnt. Der Ruf nach »mehr Autonomie« ist nicht leiser geworden – und die Furcht vor einem zersplitternden Spanien nicht geringer.

Die skeptische Distanz zum Rest des Landes ist in Katalonien und im Baskenland am deutlichsten zu spüren, aber starke nationalistische oder regionalistische Bewegungen gibt es auch anderswo. In elf der siebzehn spanischen Regionalparlamente sitzen Parteien mit nationalistischem oder regionalistischem Programm, sieben von ihnen sind außerdem im spanischen Parlament vertreten: neben der baskischen PNV und der katalanischen CiU noch die Republikanische Linke Kataloniens (Esquerra Republicana de Catalunya, ERC), die Union des Volkes Navarras (Unión del Pueblo Navarro, UPN), die Wahlkoalition Ja zu Navarra (Nafarroa Bai), der Galicische Nationalistische Block (Bloque Nacionalista Galego, BNG) und die Kanarische Koalition (Coalición Canaria, CC).

Auf den Kanaren vor der Südküste Marokkos ist die Distanz zum Rest des Landes nicht nur eine gefühlte. Die Uhren auf den afrikanischen Atlantikinseln sind den Uhren auf dem spanischen Festland um eine Stunde hinterher, und von Teneriffa oder Gran Canaria nach Madrid ist es weiter als von Frankfurt nach Madrid. Die Einwohner der Kanaren, die ein Spanisch mit weicherem Akzent als ihre Landsleute auf dem Festland sprechen, sagen über sich, dass sie mit dem Kopf in Europa, mit den Füßen in Afrika, aber mit dem Herzen in Amerika leben. Amerika, vor allem Venezuela, war bis in die 1960er Jahre das Ziel von Zehntausenden kanarischen Emigranten – bis der Massentourismus den Kanaren, wie den Balearen, Wohlstand und

Beschäftigung brachte. Die Kanarischen Inseln sind für Nordeuropäer attraktiv, weil sich in ihrem subtropischen Klima das ganze Jahr über Sommerurlaub machen lässt und man als Besucher trotzdem das Gefühl hat, noch in Europa zu sein. Weil das Gefühl aber trügt und die Kanaren weit weg von Europa liegen, fördert Spanien die Inseln mit dem Segen der EU durch ein besonderes Steuerregime, wovon der Konsument in Form niedriger Verbrauchsteuern profitiert und der Investor in Form niedriger Körperschaftsteuersätze. Die Kanarischen Inseln gehören seit der Zeit der Katholischen Könige zu Spanien (als letzte Insel wurde 1496 Teneriffa erobert); von der Kultur der unterworfenen einheimischen Bewohner, der *guanches*, blieb fast keine Spur. Geblieben ist nur das Gefühl, sich von den Festlandspaniern – den *godos* (Goten) – zu unterscheiden. Die Coalición Canaria, die seit 1993 den Regionalpräsidenten stellt (aber im Laufe der Jahre an Popularität verloren hat), setzt sich in ihrem Programm für die »nationale Einheit« der Kanaren ein. Die Abspaltung vom Rest Spaniens betreibt sie nicht.

Die anderen beiden afrikanischen Besitzungen Spaniens, Ceuta und Melilla an der marokkanischen Nordküste, bereiten dem Land mehr Sorgen als Freude. Rings um die mittelgroßen Städte (Ceuta hat 80 000 Einwohner, das 250 Kilometer weiter östlich gelegene Melilla 73 000) ziehen sich Europas einzige Landgrenzen mit Afrika. Weil sich Europa Afrika lieber vom Halse halten möchte, sind die Grenzen mindestens so schwer gesichert wie die zwischen den USA und Mexiko. Andererseits sind sie durchlässig genug, dass marokkanische Schmuggler, an ihrem Heimatzoll vorbei, Konsumgüter aus den spanischen Exklaven herausschaffen können, was für Ceuta und Melilla ein einträgliches Geschäft ist. Die marokkanische Regierung findet, dass die beiden Städte zu Marokko gehören sollten, aber davon will die spanische Regierung nichts wissen. Melilla ist seit 1497 in spanischem Besitz, Ceuta (endgültig) seit 1668. Heute sind mehr als die Hälfte der Einwohner Melillas und gut 40 Prozent der Einwohner Ceutas marokkanischen Ursprungs – aber auch sie ziehen es in ihrer großen Mehrheit vor, spanische Staatsbürger zu sein. Allerdings wäre ihnen daran gelegen, dass ihre Muttersprachen – das Arabische und die Berbersprache Tamazight – offiziellen Status in den beiden Exklaven erhielten.

Die Sprache ist der Dreh- und Angelpunkt der spanischen Nationalitätendebatte. Wenn in Spanien über den (geografisch) peripheren Nationalismus gesprochen wird, denkt kaum jemand an die Kanarischen Inseln, weil der kanarische Nationalismus keine andere Sprache als das Spanische für sich beansprucht. Andererseits ist die Forderung nach Anerkennung der eigenen Sprachen in Ceuta und Melilla nicht mit einem spezifischen Nationalismus verbunden. Erst wo sich Sprachen- und Nationalitätendebatte miteinander vereinen, gewinnen sie an Lautstärke und Aufmerksamkeit: in Katalonien und dem Baskenland sowie (deutlich leiser) in Galicien, Navarra, Valencia und auf den Balearen. In diesen Regionen wird neben dem Spanischen noch eine zweite Sprache gesprochen: In Galicien Galicisch, in Katalonien, Valencia und auf den Balearen Katalanisch, im Baskenland und in Teilen Navarras Baskisch. Der Anspruch der Nationalisten auf Anerkennung einer eigenen, nicht-spanischen Nationalität, würde den Rest Spaniens wahrscheinlich eher kühl lassen (so wie ihn der kanarische Nationalismus kühl lässt), wenn mit diesem Anspruch nicht eine Politik der *normalización lingüística* verbunden wäre, der »sprachlichen Normalisierung«. Das Ziel dieser Politik ist die feste Verankerung der Regionalsprachen im öffentlichen Leben: in Behörden, Schulen, Universitäten, in den Medien, im Kulturbetrieb. Die Politik der *normalización* geht in der Regel zu Lasten des Spanischen: An Kataloniens Schulen wird grundsätzlich auf Katalanisch unterrichtet, Spanisch (*castellano*) steht als Fremdsprache auf dem Stundenplan wie Englisch. Die Sprachpolitiker argumentieren, dass Katalanisch nur mit seiner Bevorzugung gegenüber dem Spanischen eine Chance habe, zur Sprache aller Katalanen zu werden – wie es das Spanische aus historischen Gründen schon ist.

Die *normalización lingüística* hat in den betroffenen Regionen nur wenige Gegner, doch im Rest des Landes werden die Spanier über die neue Sprachpolitik nicht froh. Als Besucher kommen sie weiterhin im ganzen Land mit ihrem Spanisch durch, aber für eine berufliche Karriere oder ein Studium in den Regionen sind fehlende Katalanisch-, Galicisch- oder Baskischkenntnisse ein immer größeres Hindernis. Die zunehmende Bedeutung der Regionalsprachen beschränkt die Mobilität der

Spanier innerhalb Spaniens: dem Land, das sie weiterhin in seiner ganzen Ausdehnung als ihr eigenes Land begreifen. Aus Sicht der katalanischen, galicischen und baskischen Nationalisten ist die Sprachbarriere allerdings eine unvermeidliche. So wie in der Schweiz müsse auch in Spanien, wer von einem Sprachraum in den anderen ziehe, die dort verbreitete Sprache lernen. Weil die Spanier, im Unterschied zu den Schweizern, bisher jedoch Einsprachigkeit gewöhnt sind, ist für sie die Forderung, Katalanisch zu lernen, so irritierend, wie für einen Deutschen die Forderung wäre, im Falle eines Umzugs nach Niedersachsen Plattdeutsch zu lernen. Mit dem Plattdeutschen lässt sich, bei allen sonstigen Unterschieden, erklären, mit welchen Gefühlen die meisten Spanier den Regionalsprachen begegnen. Wie das Plattdeutsche sind das Katalanische, Baskische und Galicische Sprachen, die einem nicht den zusätzlichen Gewinn bringen, den Deutschschweizern das Französische und Italienische bringen – den Gewinn nämlich, diese Sprachen auch außerhalb der Grenzen des eigenen Landes benutzen zu können. Und wie überall, wo man Plattdeutsch spricht, auch Deutsch gesprochen wird, spricht man (von wenigen Ausnahmen abgesehen) überall, wo Katalanisch, Baskisch und Galicisch gesprochen wird, auch Spanisch. So ist der innere Ansporn, sich die Regionalsprachen anzueignen, für die Spanischsprecher gering. Was umgekehrt ein gewichtiges Argument für die Nationalisten ist, die Regionalsprachen nicht nur zu fördern, sondern deren Beherrschung zu fordern: weil sie sonst gegen die mächtige Weltsprache Spanisch nicht bestehen könnten.

Das Katalanische und Galicische haben sich wie das Spanische und Portugiesische (und ebenso das heute kaum noch gesprochene Aragonesische und Asturianische) im Laufe des Mittelalters von lokalen Lateindialekten zu eigenständigen Sprachen entwickelt. Die Verbreitung des Galicischen – in der Struktur dem Portugiesischen ähnlich, in der Aussprache dem Spanischen – blieb auf Galicien im Nordwesten Spaniens beschränkt, während sich das Katalanische mit der christlichen Reconquista im 13. Jahrhundert von Katalonien auf Valencia und die Balearen ausdehnte. (Weil die Spanier gern auf ihren regionalen Eigenheiten bestehen, nennen die heutigen Valencianer ihre Sprache Valencianisch, was nicht dasselbe wie Katalanisch sei. In

Wirklichkeit unterscheiden sich Valencianisch und Katalanisch wie Bremisch und Hamburgisch – also kaum.) Dass sich schließlich das Kastilische zur spanischen Verkehrssprache entwickelte, war wie immer in diesen Fällen eine Frage der Machtverhältnisse: Das kastilische war das bedeutendste der Königreiche auf spanischem Boden, und von der kastilischen Stadt Madrid aus wurde seit 1561 das gesamte spanische Weltreich regiert. Anfang des 18. Jahrhunderts verbot Philipp V. in den Decretos de Nueva Planta den Gebrauch des Katalanischen als Amts- und Unterrichtssprache. Auch der Galicier Franco, der sich Spanien nur als *una, grande y libre* vorstellen konnte, tat, was in seiner Macht stand, um die Regionalsprachen zu unterdrücken. Wer nicht Spanisch (also Kastilisch) sprach, wurde zurechtgewiesen: »¡Habla cristiano!« – »sprich christlich!« Dass sich die spanischsprechenden Spanier in ihrem Land an Einsprachigkeit gewöhnen konnten, ist unter anderem Folge früherer, intoleranter Sprachpolitik.

Unter den spanischen Sprachen ist das Baskische ein Sonderfall. Das Baskische ist eine der wenigen Sprachen der Welt (und die einzige Europas), die keine bekannten Verwandtschaftsbeziehungen zu anderen lebenden Sprachen hat. Während sich zur Zeit der Römerherrschaft (ab etwa 200 vor Christus) auf der Iberischen Halbinsel das Lateinische durchsetzte, blieben die Menschen an der nordöstlichen Atlantikküste beim Baskischen. Doch schriftliche Zeugnisse der Sprache von gewisser Bedeutung gibt es erst ab dem 16. Jahrhundert, und erst im 19. Jahrhundert, mit dem aufkommenden baskischen Nationalismus, beginnt der Prozess der Vereinheitlichung der baskischen Dialekte zur standardisierten Hochsprache. Ebenso wie das Galicische und das Katalanische war das Baskische unter Franco lange Zeit geächtet, doch ebenso wie die anderen Regionalsprachen überlebte es alle Unterdrückungsversuche. Trotz staatlicher Förderung ist das Baskische im Baskenland allerdings weniger verbreitet als das Katalanische in Katalonien oder das Galicische in Galicien. Gut ein Drittel der Basken spricht es, ein weiteres knappes Viertel versteht es, ohne es gut sprechen zu können. Selbst der langjährige baskische Ministerpräsident Juan José Ibarretxe musste das Baskische erst erlernen, bevor er sich 1998 zum ersten Mal von der Baskischen Nationalistischen

Partei zur Wahl aufstellen ließ. Die Hürde, Baskisch zu erlernen, ist für einen Spanischsprecher sehr viel höher als die Hürde, Katalanisch oder Galicisch zu erlernen.

Zwischen Sprache und Nationalismus besteht eine offensichtliche Verbindung – aber keine eindeutige. Nimmt man die Wahlergebnisse der nationalistischen Parteien als Thermometer, um das nationalistische Fieber zu messen, kommt man in manchen Regionen mit eigener Sprache auf harmlose Werte. In Galicien hat der Bloque Nacionalista Galego in seinen besten Zeiten ein Viertel und zuletzt noch gut 16 Prozent der Stimmen auf sich vereinen können – die Galicier vertrauten jahrelang lieber dem Altfranquisten Manuel Fraga. Auf den Balearen sprechen die verschiedenen Insularnationalismen gemeinsam rund ein Viertel der Wähler an, und in Valencia kommen die regionalen Parteien zusammen auf weniger als 10 Prozent der Stimmen. Nun haben sich in allen drei Comunidades auch die großen spanischen Parteien einen regionalistischen Diskurs zugelegt, der ihren Gegenden eine besondere, von der Sprache geprägte »Identität« zuspricht, aber den Schritt zum Nationalismus tun sie nicht. Bemerkenswert ist, dass sich die wenigsten Valencianer und Balearenbewohner, trotz gemeinsamer Sprache, einer denkbaren (groß-)katalanischen Nation zugehörig fühlen. Wenn die Sprache das entscheidende Motiv für das Entstehen gemeinsamer nationalistischer Gefühle wäre, müsste der Pankatalanismus eine starke politische Kraft in Spanien sein, was er nicht ist. Der Nationalismus folgt keinen Gesetzmäßigkeiten. Man kann seine Existenz nicht erklären wie man Sonnenauf- und -untergang erklären kann. Man kann seine Existenz nur konstatieren. Und ernstnehmen.

Nirgendwo in Spanien ist die Überzeugung, sich vom Rest Spaniens zu unterscheiden, so weit verbreitet wie in Katalonien. Die katalanischen Nationalisten sagen, dass dieses Gefühl tief in ihrer Geschichte wurzle. Das heutige Katalonien war seit dem Mittelalter ein Teilreich der Corona de Aragón – und Aragón eine bedeutende europäische Macht, die über weite Gebiete am Mittelmeer herrschte: Sizilien, Sardinien, einige Jahrzehnte lang Athen und seit Mitte des 15. Jahrhunderts Neapel. Doch unter Kaiser Karl V., dem Enkel der Katholischen Könige, begannen Aragón und seine italienischen Besitzungen im spanischen Reich aufzugehen. Im Zuge des spanischen Erbfolgekriegs verloren – durch Beschluss des siegreichen bourbonischen Königs Philipp V. – alle vier aragonesischen Teilreiche, Valencia, Aragón, Mallorca und Katalonien, ihre mittelalterlichen Sonderrechte, doch nirgendwo erinnert man sich dieses Verlustes mit solcher Wehmut wie in Katalonien: Seit 1980 wird dort der 11. September als nationaler Feiertag begangen, um der Einnahme Barcelonas durch die Truppen Philipps V. am 11. September 1714 zu gedenken.

Die Geschichte *erklärt* den katalanischen Nationalismus nicht (genauso wenig wie ihn die eigene Sprache erklärt), aber sie lässt sich gut benutzen, um den Nationalismus lebendig zu erhalten. Dagegen ist grundsätzlich nichts einzuwenden – der spanische Nationalismus hat auch keine besseren Argumente, um Spanien als unteilbare Nation zu verteidigen. Was den katalanischen Nationalismus, wie alle Nationalismen, so anstrengend macht, ist seine Weigerung, sich selbst als das zu erkennen, was er ist: eine politische Option. Der Konflikt zwischen spanischem und peripherem Nationalismus ist kein Konflikt zwischen unterschiedlichen »Völkern« (und Spanien ist kein »Vielvölkerstaat«, wie manche glauben), sondern ein Konflikt konkurrierender Ideologien. Am Beispiel des baskischen Nationalismus lässt sich das noch besser zeigen.

Der baskische Nationalismus ist den Europäern durch gelegentliche Nachrichten über die Terrororganisation ETA ein Begriff. Die ETA repräsentiert nur eine Minderheit der baskischen Nationalisten, aber Mord macht größere Schlagzeilen als politische Debatten. Im Juli 2005 vermeldete eine kleine Zeitungsnotiz, dass sich in einem Vorort von San Sebastián ein paar Hundert Demonstranten versammelt hatten, um des ETA-Aktivisten Imanol Gómez zu gedenken. Der 27-jährige Gómez war vier Tage zuvor im Südwesten Frankreichs auf der Flucht vor der Polizei mit seinem Wagen gegen einen Baum gefahren und dabei ums Leben gekommen. Die Demonstranten riefen: »Das Volk wird nicht vergeben!« Dann ergriff Joseba Permach das Wort, einer der bekanntesten Köpfe von Batasuna (dem früheren, mittlerweile verbotenen parlamentarischen Arm der ETA), und wandte sich an die Eltern von Gómez, die einst aus Galicien ins Baskenland gezogen waren. »Die *izquierda abertzale* empfängt alle Immigranten und deren Kinder, die für die baskische Heimat und ihre Rechte kämpfen wollen, mit offenen Armen«, sagte Permach, und die Demonstranten klatschten Beifall. *Izquierda abertzale* (patriotische Linke) ist die Selbstbeschreibung des ETA-Umfeldes, das ein staatlich unabhängiges und zugleich sozialistisches Großbaskenland anstrebt – einschließlich der Nachbarregion Navarra mit ihrer baskischsprachigen Minderheit und einschließlich des französischen Baskenlandes. Der Anspruch der *izquierda abertzale,* »das Volk« zu vertreten, wird allerdings von den meisten Basken seit Jahren nicht mehr anerkannt.

Der baskische Nationalismus, dessen terroristischer Auswuchs die ETA ist, kam Ende des 19. Jahrhunderts, etwas später als der katalanische Nationalismus, auf. Sabino Arana, ein junger Mann aus Bilbao, gründete 1895 die Baskische Nationalistische Partei (PNV), weil er sich nicht damit abfinden konnte, dass seine Heimat zu Spanien gehörte. Er fürchtete die Überfremdung: »Unter der Menge an schrecklichem Unheil, das heute unser geliebtes Vaterland heimsucht, ist keines so schrecklich und betrüblich, wie der Umgang seiner Söhne mit jenen der spanischen Nation.« Die jungen Männer, die 1959 Euskadi ta Askatasuna (Baskenland und Freiheit), kurz ETA, gründeten, lasen eifrig die Schriften Sabino Aranas. Die Franco-Diktatur schien Arana Recht zu geben: Alles Übel kam aus Spanien. Doch anders als die mittlerweile gutbürgerliche PNV war die ETA davon überzeugt, dass die Freiheit des Baskenlandes nur kämpfend, notfalls mit der Waffe in der Hand, zu erringen wäre. Die ersten Mordattentate begingen die Jungterroristen 1968. Fünf Jahre später jagten sie in Madrid den franquistischen Regierungschef Luis Carrero Blanco samt Dienstwagen in die Luft. Der Nimbus der ETA als Gruppe von Freiheitskämpfern entstand. Als das spanische Parlament nach dem Tod Francos 1977 eine Generalamnestie für alle politisch motivierten Straftaten während der Diktatur beschloss, kamen auch die einsitzenden ETA-Leute frei. Die ETA organisierte sich neu und brachte mehr Menschen denn je um, immer wahlloser, weswegen sie schließlich auch im Baskenland den Strahlenkranz der Freiheitskämpfer verlor. Von Polizei und Justiz verfolgt, ist sie heute so geschwächt wie nie in ihrer Geschichte und steht nach optimistischen Prognosen kurz vor dem Aus – im Januar 2011 erklärte sie ihre dritte »dauerhafte Waffenruhe«, die vielleicht ihre endgültige ist. Aber viele Basken halten den Terroristen immer noch zugute, im Grunde von der Sorge um das Wohl des baskischen Volkes geleitet zu sein. Doch welches Volk ist gemeint?

Spanier und Basken sind nicht ohne weiteres auseinanderzuhalten. Für den PNV-Gründer Arana war Baske, wer baskische Vorfahren hatte und die richtigen, baskischen Nachnamen trug. Die rassische Definition des wahren Basken teilen heute aber weder PNV noch ETA. Zu viele Menschen aus dem Rest Spaniens sind seit Ende des 19. Jahrhunderts zugezogen, spätestens die Kinder fühlen sich mit dem selben Recht als Basken wie ihre Nachbarn mit den baskischen Nachnamen. Also haben die meisten Nationalisten pragmatisch reagiert: Baske soll sein, wer die baskische Sprache beherrscht. Der Übervater des baskischen Nationalismus der Nach-Franco-Zeit, der langjährige PNV-Vorsitzende Xabier Arzalluz, brachte es einmal auf den Punkt: »Lieber ein Schwarzer, der Baskisch spricht, als ein Weißer, der es nicht tut.« Aber das Baskische ist, trotz aller Förderung der vergangenen Jahrzehnte, noch immer eine Minderheitensprache im Baskenland. Also gibt es Basken ohne baskische Nachnamen und Basken ohne baskische Sprachkenntnisse. Schließlich bleibt nur noch die Baskendefinition des Batasuna-Politikers Joseba Permach: Baske ist, wer »für die baskische Heimat und ihre Rechte kämpfen« will. Weder die ETA noch die *izquierda abertzale*, noch der baskische Nationalismus vertreten die Interessen irgendeines Volkes, sondern die Interessen derer, die ihre nationalistische Ideologie teilen. Die Grundlage dieser Ideologie ist die Behauptung, dass jenseits der eigenen kleinen Grenzen die Fremde beginnt. Die Behauptung lässt sich mit keinen guten Argumenten bestreiten. Fremd fühlen kann man sich überall.

Die Debatte darüber, wie Katalonien und das Baskenland in ein Spanien einzupassen sind, das sich nicht selbst auflösen will, ist noch lange nicht abgeschlossen. Bisher strebt weder die Mehrheit der Basken noch die Mehrheit der Katalanen die definitive Trennung vom Rest des Landes an. Falls sich das ändern sollte, und falls die staatsrechtlichen Fragen, die jedes Abspaltungsbegehren aufwirft, befriedigende Antworten fänden, könnten eines Tages ein baskischer und ein katalanischer Staat entstehen. Dann würde der Ch. Links Verlag zwei neue Länderportraits herausgeben, und deren Autoren würden sich zweifelnd fragen, ob sie guten Gewissens so tun könnten, als ob es *ein* Katalonien und *ein* Baskenland gäbe.

Jedes Länderporträt birgt eine Gefahr. Es beschreibt lauter Merkwürdigkeiten. Wie eine Zeitung, die nicht über die zehntausend sicher gelandeten Flugzeuge berichtet, sondern über das eine, das abgestürzt ist. Am Ende hängt das Bild, das ich von Spanien gezeichnet habe, schief.

Um es in den letzten Zeilen zurechtzurücken: Spanien und Deutschland haben eine ganze Menge gemein. Und das wichtigste: Spanier und Deutsche mögen sich. Sie mögen sich, weil die Spanier gern ein bisschen wie die Deutschen wären und die Deutschen gern ein bisschen wie die Spanier.

Anhang

Ein paar historische Daten, die es sich zu merken lohnt

711	Tarik beginnt die Eroberung der Iberischen Halbinsel, Geburtsstunde von Al Andalus.
2. Januar 1492	Isabella und Ferdinand, die späteren Katholischen Könige, nehmen Granada ein. Abschluss der Reconquista. Todesstunde von Al Andalus.
12. Oktober 1492	Kolumbus betritt zum ersten Mal amerikanischen Boden.
23. April 1616	Offizielles Todesdatum von Cervantes (und Shakespeare).
2. Mai 1808	Madrider Volksaufstand gegen die napoleonischen Truppen.
1898	*Desastre del 98*, Verlust der letzten amerikanischen Kolonien
14. April 1931	Ausrufung der Zweiten Republik.
18. Juli 1936	Militärrebellion gegen die Republik, Beginn des Bürgerkriegs.
1. April 1939	Franco erklärt den Bürgerkrieg für siegreich beendet.
20. November 1975	Franco stirbt.
6. Dezember 1978	Verfassungsreferendum.
23. Februar 1981	Putschversuch gegen die Demokratie.
11. März 2004	Islamistisches Attentat auf vier Madrider Vorortzüge, 191 Tote.

Basisdaten Spanien

Fläche: 506 030 km²

Länge der Küsten: Festland 4872 km (davon 2814 km Atlantik-küste, 2058 km Mittelmeerküste), Balearen 1428 km, Kanaren 1583 km

Bevölkerung: 47 Mio., davon 5,7 Mio. (12,2 %) Ausländer, vor allem Rumänen, Marokkaner, Ecuadorianer

Bevölkerungsdichte: 89 Einwohner pro km²

Religion: 72,7 % Katholiken, 2,1 % andere Religionen, Rest nicht gläubig oder atheistisch (CIS-Umfragewerte)

Landessprachen: Spanisch, Katalanisch, Galicisch, Baskisch

Staatsform / Regierungsform: parlamentarische Monarchie. Zwei-kammerparlament: *Congreso de los Diputados* und *Senado.* Der *Congreso de los Diputados* wählt den Regierungschef *(Presidente del Gobierno)*

Verwaltungsstruktur des Landes: Zentralregierung, 17 *Comunidades Autónomas* (autonome Regionen), 50 *provincias* (Provinzen), 8114 *municipios* (Städte und Gemeinden)

Hauptstadt: Madrid (3,26 Mio. Einwohner)

Größte Städte: Madrid, Barcelona (1,62 Mio. Einwohner), Valencia (814 000), Sevilla (703 000), Zaragoza (674 000), Málaga (568 000)

Nationalfeiertage: 12. Oktober (zur Erinnerung an Kolumbus' Landung in Amerika), 6. Dezember (Verfassungstag)

Bruttoinlandsprodukt (BIP, 2009): 1054 Mrd. €

Prokopfeinkommen (2009, kaufkraftgewichtet): 24 300 €, 103 % des EU-Durchschnitts

Höchste Berge: Teide (Teneriffa) 3718 m, Mulhacén (Sierra Nevada, Provinz Granada) 3482 m

Bedeutendste Flüsse: Tajo (1007 km), Ebro (910 km), Duero (895 km), Guadiana (818 km), Guadalquivir (657 km)

Stand 2010; Quellen: Instituto Geográfico Nacional, Instituto Nacional de Estadística (INE), Centro de Investigaciones Sociológicas (CIS), Eurostat

La Coruña

Santiago
de Compostela

Lugo

GALICIEN

Pontevedra

Vigo

Orense

Río Miño

Oviedo

Gijón

ASTURIEN

Santander

KANTABRIEN

CORDILLERA CANTÁBRICA

León

Burgos

Palencia

Zamora

Valladolid

Duero

KASTILIEN UND
LEÓN

Douro

Salamanca

Segovia

Ávila

SISTEMA CENTRAL

Guadalaj

PORTUGAL

Madrid

MADRID

Tejo

Cáceres

EXTREMADURA

Tajo

Toledo

KASTILIEN -
LA MANCHA

Lissabon

Badajoz

Mérida

Guadiana

Ciudad Real

SIERRA MORENA

Córdoba

Guadalquivir

Jaén

Huelva

Sevilla

ANDALUSIEN

Granada

Mulhacén
(3482m)

Alme

Atlantischer
Ozean

Cádiz

Jerez

Marbella

Málaga

GIBRALTAR (U.K.)

N

Straße von Gibraltar

0   50   100 km

Ceuta (Sp.)

Golf vor
Biscaya

1	VIZCAYA
2	GUIPÚZCOA
3	ÁLAVA

■ Landeshauptstadt
◉ Hauptstadt der autonomen Region
○ Hauptstadt der gleichnamigen Provinz
◉ sonstige Stadt
  (alle Städtenamen in kastilischer Schreibweise)
– · – Landesgrenze
······· Grenze der autonomen Region
······· Provinzgrenze

Bilbao
San Sebastián
FRANKREICH
1
2
BASKENLAND
3
Vitoria
Pamplona
NAVARRA
ogroño
LA RIOJA
P Y R E N Ä E N
ANDORRA
Huesca
Soria
Ebro
ARAGÓN
Gerona
KATALONIEN
Zaragoza
Lérida
Barcelona
Tarragona
Teruel
Cuenca
Castellón
Mittelmeer
Menorca
VALENCIA
Palma
Valencia
Mallorca
Albacete
BALEAREN
Segura
Ibiza
Alicante
Formentera
Murcia
MURCIA

KANARISCHE INSELN
Lanzarote
Spanien
La Palma
Pico de Teide
(3718m)
Santa Cruz
Atlantischer
Ozean
La Gomera
Las Palmas
Marokko
Teneriffa
Fuerte-
ventura
El Hierro
Gran Canaria

197

Literatur

Barrucand, Marianne/Bednorz, Achim: Maurische Architektur in Andalusien, Köln 2002.

Bernecker, Walther L.: Spaniens Geschichte seit dem Bürgerkrieg, München 1988.

Bernecker, Walther L. (Hrsg.): Spanien heute, Frankfurt am Main 2008.

Bernecker, Walther L./Brinkmann, Sören: Kampf der Erinnerungen. Der Spanische Bürgerkrieg in Politik und Gesellschaft 1936–2006, Nettersheim 2006.

Bernecker, Walther L.; Pietschmann, Horst: Geschichte Spaniens, Stuttgart/Berlin/Köln 1997.

Cáceres, Javier: Fútbol. Spaniens Leidenschaft, Köln 2006.

Cercas, Javier: Anatomie eines Augenblicks. Die Nacht, in der Spaniens Demokratie gerettet wurde, Frankfurt am Main 2011.

Elorza, Antonio (Hrsg.): La historia de ETA, Madrid 2000.

Feuchtwanger, Lion: Goya oder Der arge Weg der Erkenntnis, Berlin 2008.

García de Cortázar, Fernando/González Vesga, José Manuel: Breve historia de España, Madrid 1994.

Gibson, Ian: Federico García Lorca, Frankfurt am Main 1999.

Haubrich, Walter: Spanien, München 2009.

Herzog, Werner: Spanien, München 1987.

Kamen, Henry: Die spanische Inquisition. Verfolgung und Vertreibung, München 1980.

Löber, Burckhardt/Steinmetz, Alexander/Lozano, Fernando: Ausländer in Spanien, Frankfurt am Main 2008.

Mann, Klaus: Das Wunder von Madrid. Aufsätze, Reden, Kritiken 1936–1938, Reinbek bei Hamburg 1993.

Nooteboom, Cees: Der Umweg nach Santiago, Frankfurt am Main 2007.

Orwell, George: Mein Katalonien. Bericht über den Spanischen Bürgerkrieg, Zürich 1975.

Preston, Paul: Franco. Caudillo de España, Barcelona 2006.

Preston, Paul: La Guerra Civil española, Barcelona 2006.

Preston, Paul: Juan Carlos. El rey de un pueblo, Barcelona 2003.

Preston, Paul: Las tres Españas del 36, Barcelona 2001.

Thomas, Hugh: Die Eroberung Mexikos, Frankfurt am Main 2000.

Thomas, Hugh: The Spanish Civil War, London 1990.

Urbano, Pilar: Garzón. El hombre que veía amanecer, Barcelona 2000.

Dank

Dank an Antje Grabenhorst, Jens Borchers und Merten Worthmann fürs kluge Gegenlesen. Besonderen Dank an Alexandre Froidevaux für seine ebenso klugen Hinweise zur spanischen Geschichte. Dank an Piedi Gabriel y Galán für ihre Hilfe bei der spanischen Kommasetzung. Dank allen Freunden, die ich zitieren durfte. Dank an Rop Zoutberg für die Fotos und Dank dafür, mir die Patenschaft seiner Tochter Adriana anzutragen, die am Tag geboren wurde, als ich dieses Buch zu schreiben begann.